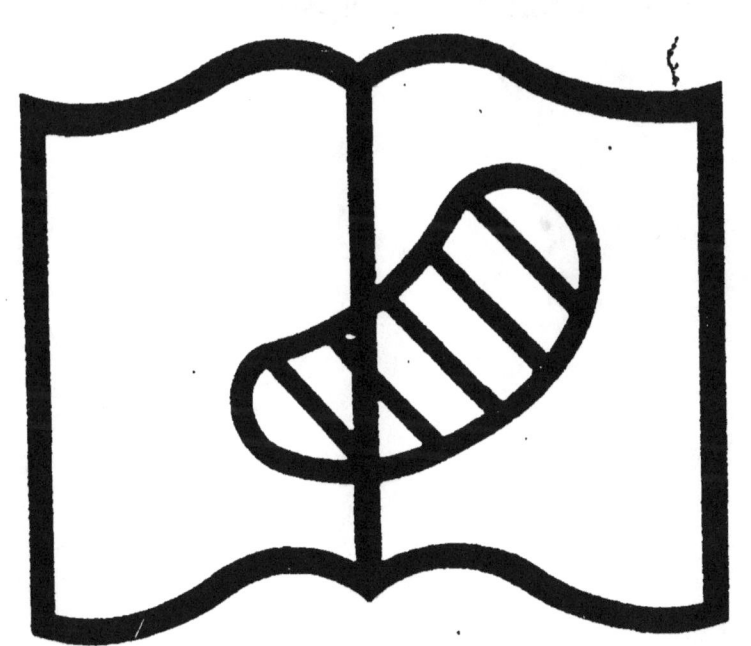

Original illisible

NF Z 43-120-10

"VALABLE POUR TOUT OU PARTIE
DU DOCUMENT REPRODUIT".

PARIGI NEL 1889

PARIGI NEL 1889

GUIDA PRATICA TASCABILE

ILLUSTRATA

PER IL

VIAGGIATORE ITALIANO A PARIGI

ADORNA DI 160 FINISSIME INCISIONI

MILANO
EDOARDO SONZOGNO, EDITORE
14 — Via Pasquirolo — 14
1889.

PREFAZIONE

Una guida, e specialmente una guida di Parigi, non è la cosa più facile a farsi. Essa deve aggiungere qualche cosa all'esperienza del viaggiatore, soddisfare la sua curiosità, dirigerne i passi, distribuire il suo tempo, dare ordine alle sue corse errabonde, amministrare il suo peculio, rispondere al suo gusto estetico, iniziarlo alle costumanze del popolo che si accinge a visitare, e montare fino all'alto seggio della Storia per discendere, al bisogno, fino agli umili gradini dell'economia amministrativa. Semplice dito che accenna, deve, in certi casi, diventare il Mentore che ammaestra. Intimo consigliere, compagno indivisibile, probo sensale, cicerone erudito e maestro di cerimonia perfetto, essa deve unire l'utile al dilettevole, il sacro al profano, e col senso pratico dei tempi, consacrare qualche pagina a questa povera prosa della vita, di cui si compiacciono perfino i poeti.

No, non è cosa subito fatta il far conoscere una città come Parigi, una città, cioè, che, come nuovo Proteo, assume aspetto differente ad ogni stagione, ad ogni ora del giorno, diremmo quasi, ad ogni minuto.

Come pure, per riuscire nuovi e completi, bisognerebbe fare, non già una guida della metropoli, presa in tutta la sua totalità, ma una guida per ciascheduno dei venti circondari in cui è divisa, e più ancora per ognuno dei suoi ottanta quartieri, per ogni via, per ogni piazza, per ogni quadrivio, per ogni casa; poichè, percorrendone un tratto qualunque, soffermandosi e discorrendovi sopra, anche superficialmente, si può fare, in meno di mezz'ora, un corso di storia antica e contemporanea dei più interessanti.

Non per niente la bibliografia di Parigi consta di 1200 opere, formanti più di 3500 volumi, e non per niente tra questi volumi sono più quelli che differenziano che quelli che si rassomigliano.

Ma, comunque sia, fedeli all'antico adagio *Multa paucis*, noi faremo di tutta questa biblioteca un solo volume, e racconteremo come similmente le maraviglie del mondo che erano sette e sparse in vari siti, dopo essere divenute mille, si sono riunite tutte in una sola città.

Questo lavoro noi faremo con amore e coscienza; ma se qualche arcigno censore vorrà coglierci in fallo, noi risponderemo con Vasari: *Abbiamo fatto quanto abbiamo potuto, non potendo fare quanto abbiamo voluto.*

Il Compilatore.

INTRODUZIONE

Per visitare Parigi, ad essere poco esigenti, *non vi vogliono meno di otto o quindici giorni*. Ora, tutti possono, nella loro vita, disporre di qualche po' di tempo; ma pochi sanno metterlo a profitto.

A Parigi, più che altrove, bisogna fissare un programma e non uscire di lì, avvenga che può; tanto più che i monumenti e i musei sono visibili solamente in certi giorni e a certe ore, come succede colle persone di gran riguardo.

Cogliere i momenti opportuni ed evitare i contrattempi, è guadagnar tempo in viaggio.

Benchè Parigi sia la città delle risorse, e vi si possa vivere a tutti i prezzi, pure una povera borsa non potrà trovare che magre soddisfazioni.

Grandi o piccole però che siano le vostre possibilità pecuniarie, convertitele in oro, o in biglietti di banca francese, per evitare le spese di cambio, sempre costose e dannose.

Per norma del viaggiatore diremo dunque che oltre alla MONETA FRANCESE hanno corso, in Francia, le monete d'oro e d'argento del Belgio, della Grecia, dell'Italia e della Svizzera. La moneta francese poi è così suddivisa. *Pezzi d'oro* da 100, 50, 20, 10 e 5 franchi. *Pezzi d'argento* da 5, 2, 1 franco, 50 e 20 centesimi, ed aggiungeremo che il popolino ha l'abitudine di contare a *soldi* anzichè a *centesimi*.

I biglietti della Banca di Francia sono i soli valevoli e

che abbiano corso alla pari; ve ne sono da 5000, 1000, 500, 100 e 50 franchi.

A Parigi, in tempi normali, si può vivere modestamente con 10 franchi; ma non è difficile spendere anche 50 e più franchi al giorno specialmente quando si è forestieri. Non sarà quindi cattiva precauzione il portar seco, oltre alla somma posta in bilancio per il viaggio, qualche centinaio di franchi in più, poichè non bisogna dimenticare che all'ora della partenza è pur d'uopo pensare ai regali da portarsi ai bimbi, alle mogli, alle sorelle, alle mamme rimaste a casa.

È poi anche buona precauzione aver sempre in tasca degli spiccioli per le MANCIE, poichè generalmente le persone di servizio mancano quasi sempre, in questi casi, del necessario per rendervi la moneta!

∴

Questa guida essendo più che altro redatta per gl'italiani che verranno a visitare l'Esposizione Universale ci asteniamo dal dare lunghi schiarimenti sui prezzi dei biglietti di FERROVIA, prezzi che per l'occasione subiranno certamente fortissimi ribassi. In tempi ordinari però si paga cent. 12,20 per chilom. in 1.ª classe, cent. 9,20 per la 2.ª classe, cent. 6,75 per la 3.ª classe.

La velocità dei treni varia dai 60 ai 70 chilom. all'ora per i direttissimi ed è inferiore ai 60 chilom. per i treni ordinari. Ricordiamo pure al viaggiatore che non vi sono RISTORANTI che nelle stazioni principali. Sulla linea del Moncenisio i migliori sono quelli di Modane, Culoz, Macon e Dijon. In quest'ultima città la fermata è sempre abbastanza lunga per permettere al viaggiatore di pranzare. Il pranzo si può avere discreto ma costa sempre più di 3 fr.

Sulla linea del Gottardo vi sono buoni ristoranti a Chiasso, Zurigo, Basilea, Nancy. A Basilea si ha tempo per pranzare ed i prezzi sono moderati.

In molte stazioni vi sono degli uffici di *consegna*, nei quali i viaggiatori possono deporre i loro bagagli pagando 10 cent. contro rilascio d'una ricevuta.

Il viaggiatore ha diritto sulle ferrovie francesi al TRASPORTO GRATUITO *di 25 chilog. di* BAGAGLIO, pagando 10 cent. per la registrazione. L'eccedenza di peso dei bagagli (superanti i 25 chilog.) si paga in ragione di 25 cent. da 1 a

5 chilog. fino a 110 chilometri. Per i lunghi tratti cent. 4 per chilometro.

Per le indicazioni d'orario comperare un *Indicateur des chemins de fer* che costa 75 cent.

Il PASSAPORTO non è più necessario per entrare in Francia, sarà però molto prudente il viaggiatore che lo porterà seco o che per lo meno se ne procurerà, non fosse altro, uno per l'interno tanto per avere sulla persona una carta di riconoscimento per ogni evenienza.

Alla frontiera la DOGANA visita i bagagli, ma per i viaggiatori che hanno consegnato il loro bagaglio per Parigi la visita del loro bagaglio si farà in quest'ultima città. La visita è poco rigorosa e gl'impiegati doganali sono cortesissimi. La loro attrazione è specialmente rivolta alla frode del tabacco che è colpita da fortissime multe. Il tabacco paga di dogana 36 fr. al chilog. ed i sigari 15 fr., però siccome i sigari sono abbastanza buoni a Parigi, benchè alquanto più cari, non vale la spesa di arrischiare di pagare una multa per frodarne.

All'arrivo a Parigi si è pure soggetti alla visita del DAZIO DI CONSUMO, ma è cosa di poco momento e che finisce in un batter d'occhio.

ARRIVO A PARIGI

Il viaggiatore italiano giungendo a Parigi dall'Italia non può scendere che a due stazioni, alla *Stazione di Lione* o a quella dell'*Est*. I viaggiatori che, passando per Torino, prendono la linea del Cenisio scendono alla *Stazione di Lione*. Quelli che da Milano si dirigono, per il Gottardo e Basilea, a Parigi scendono alla *Stazione dell'Est*. Tanto l'una che l'altra di queste stazioni essendo fuori del centro e lontane dal Campo di Marte, ove sorge l'Esposizione, sarà necessario al viaggiatore di prendere una vettura per recarsi a trovar alloggio negli alberghi del centro.

A questo proposito aggiungeremo che al viaggiatore poco pratico di Parigi è da consigliarsi l'impiego della vettura anzichè quello degli omnibus, tanto più che questi ultimi, oltrechè avere degli itinerari determinati, non prendono bagaglio.

Le vetture pubbliche alle stazioni di Parigi sono tutte munite, sull'imperiale, d'una galleria per i bagagli. Il prezzo delle corse delle vetture, bagaglio compreso, è fissato a fr. 2 per due persone, a fr. 2,50 per quattro persone di giorno, e 2,75 e 3 fr. la notte.

Al facchino che vi avrà serviti per portare i bagagli dalla sala della visita doganale — operazione che dura sempre da 8 a 10 minuti — alla vettura, è abbastanza il dare da 25 a 30 centesimi di mancia. Sarà sempre bene saper indicare al facchino il numero della vettura per ovviare errori.

Siccome il viaggiatore italiano che arrivasse di notte non avrebbe forse la volontà di girare per Parigi in cerca d'un Hôtel, così gl'indicheremo quelli che si trovano nei dintorni delle stazioni d'arrivo coi relativi prezzi.

Stazione di Lione. — Dalla parte della partenza, al n. 46 della rue Châlon l'*Hôtel de l'Univers* (camere da 2 fr. in su). — Boulevard Diderot, n. 19-21, *Grand Hôtel et restaurant du chemin de fer de Lyon* (camere da 2,50 a 5 fr.).

Stazione dell'Est. — Dalla parte dell'arrivo nella rue de Metz l'*Hôtel de Saint-Laurent et de Mulhouse* al n. 4 e l'*Hôtel de Bâle* al n. 6. Nella rue de Strasbourg al n. 11 l'*Hôtel du chemin de fer* (camere da 2,50 in su) e al n. 13 l'*Hôtel français* (camere da fr. 3,50 in su).

Agli italiani poi che arriveranno col direttissimo delle 6,45 del mattino alla Stazione di Lione raccomandiamo principalmente gli alberghi posti nel centro della città che senza avere, in generale dei prezzi più degli altri elevati, hanno il vantaggio di mettere in più comoda situazione il viaggiatore.

ALBERGHI.

Le persone che vengono a Parigi a borsa piena, e col deliberato proposito di divertirsi, preferiscono generalmente gli alberghi sparsi lungo i grandi boulevards o quelli delle vie laterali a queste grandi arterie parigine.

In questi alberghi i prezzi delle camere variano fra i 2 e i 30 fr. al giorno esclusi il servizio e la candela. Agli scapoli ci permettiamo di indicare preferibilmente gli alberghi situati nelle vie laterali ai boulevards, ove potranno trovare un buon alloggio a prezzi abbastanza moderati. Nei grandi alberghi dei boulevards degl'Italiani, delle Cappucine, di Montmartre, della Maddalena, del Corso *(avenue)* dell'Opera, delle vie di Rivoli, della Pace, di Castiglione, una camera semplicissima, al 3° e 4° piano al disopra degli ammezzati, si paga 5 fr., e 10 fr. quelle del 1° e 2° piano.

Grand-Hôtel, Hôtel Scribe e Grand-Café

Hanno prezzi più moderati gli alberghi situati nelle vie Vivienne, Richelieu, Daunou, dei Petits-Champs di Sant'Onorato, Laffitte, le Peletier, del Helder ove i prezzi ordinari variano dai 2 ai 3 fr.

Scelto un albergo, e massime in questi tempi d'affluenza di forestieri, è buona precauzione lo scrivere o il telegrafare all'albergatore di ritenervi una camera, tanto più quando si arriva a Parigi di notte.

La prima colazione si fa generalmente all'albergo e costa da 1,25 a 2. fr. Alle 6 pom. in quasi tutti gli alberghi v'è *tavola rotonda (table d'hôte)* che però non è obbligatoria. Siccome a Parigi si va generalmente a letto tardi e ci si leva anche tardi, molte persone non prendono la prima colazione e s'accontentano della seconda che ha luogo alle 11 ant. Per evitare errori e *sgradite sorprese* è buona norma il chiamare il proprio conto all'albergatore ogni tre o quattro giorni. Quando vedrete che sul vostro conto è stato notato anche il *servizio*, darete ancora di mancia, partendo, da 2 a 3 fr. al primo cameriere (se vi avrà reso dei servigi) e altrettanto al portinaio ed al facchino dell'albergo. Quando invece il *servizio* non vi sarà portato in conto, calcolate ad 1 fr. al giorno, per tutti i giorni della vostra permanenza, ed il totale della somma risultante la distribuirete in parti uguali al basso personale dell'albergo che vi avrà reso servizio.

Qualche pezzo da 50 cent. distribuito a proposito durante il vostro soggiorno non sarà una spesa fuor di luogo.

Se avete delle forti somme o dei valori con voi sarà meglio che li teniate rinchiusi nella vostra valigia anzichè nei mobili dell'albergo che chiudono generalmente malissimo; altrimenti potrete consegnarli all'albergatore (mediante rilascio d'una ricevuta), o ad un banchiere o ad un amico. Non dimenticare altresì di chiudere, di notte, a doppio giro la porta della camera.

*
* *

Fatte queste premesse, ecco una nota di alberghi raccomandabili al viaggiatore:

Hôtel Continental angolo delle vie Rivoli e Castiglione, di fronte al giardino delle Tuileries: camere da 4 a 35 fr. al giorno, candela 1 fr., servizio fr. 1,50, prima colazione (caffè e latte) fr. 2,50, seconda colazione 5 fr., pranzo a ta-

Corte d'onore del Grand-Hôtel.

vola rotonda 7 fr. vino compreso, 8 fr. in tavola separata 10 fr. pranzo in camera.

Grand-Hôtel sul Boulevard delle Cappuccine di fianco all'Opéra; *Grand-Hôtel du Louvre* nella via di Rivoli, vicino al Louvre ed al Palazzo Reale. In questi due alberghi i prezzi uguagliano quelli dell'*Hôtel Continental*. Questa triade rappresenta quanto v'ha di meglio e di grandioso a Parigi in fatto di alberghi. Ognuno di questi stabilimenti possiede da 600 a 700 camere disponibili.

Fra gli alberghi primari sono pure da notarsi, sul Boulevard Poissonnière l'*Hôtel du Beau-Séjour* al n. 30 (camere da 3 a 20 fr.); nella *Cité Bergère*, gli alberghi di *Francia* al n. 2 bis; del *Reno* al n. 3; della *Cité et Bernand* al n. 4; *Lacombe* al n. 6; delle *Arti* al n. 7; della *Haute-Vienne* al n. 8; di *Mosca* al n. 10; delle *Due Cité* al n. 12, tutti con prezzi moderatissimi. Nella Via Faubourg Montmartre n. 38 il *Grand-Hôtel de Paris* (camere da 2 a 5 fr., colazione a 3 fr. e pranzo a fr. 3,50). Nella Via Richer al n. 60, il *Grand-Hôtel Richer* (camere da 2 fr. in su). Nella Via di Treviso, l'*Hôtel di Edimburgo* (all'angolo della via Richer) che si raccomanda per la modicità dei prezzi, l'*Hôtel d'Hollande*, di *Colonia* e cento altri che sarebbe ora troppo lungo l'enumerare, ma che pei prezzi variano di poco da quelli già nominati.

RISTORANTI E TRATTORIE.

Le tavole rotonde dei ristoranti e delle trattorie ordinarie non danno, generalmente, che una debolissima idea della perfezione a cui è giunta in Francia l'arte culinaria, la quale però si trova negli alberghi di primo ordine ove un sol piatto costa talvolta tanto quanto un pranzo in un albergo di secondo ordine.

Le borse modeste ed i palati non eccessivamente difficili possono però trovare un discreto pranzo con 2,50 fino a 4 fr. nei ristoranti a prezzo fisso e nei Bouillon Duval.

Fra i ristoranti di questa categoria sono specialmente raccomandabili quelli che trovansi nelle gallerie del Palazzo Reale.

Gl'italiani poi potranno sempre trovare un pranzo e una colazione di loro gusto ed a prezzi discreti (da 2,50 a 4 fr.) nei noti ristoranti italiani del *Monferrino* dietro l'Opéra e di *Aldegani* nella Galleria Montmartre del Passaggio dei Panorama.

Sala da pranzo del Grand-Hôtel.

Le borse modeste faranno bene a diffidare alquanto dei ristoranti dei *boulevards* ove i pezzi da venti franchi si liquefano come ghiaccio al sole ed ove la *carta* non segnando prezzi generalmente si fa il conto dopo aver squadrato per bene il visitatore che paga... a seconda della faccia che ha, certo quando è riconosciuto forestiero o tenuto in conto d'un milord, paga caro e salato. So di un ristorante in voga che fece un conto, per un pranzo di tre persone, che salì a più di 170 franchi!

I ristoranti dai prezzi abbordabili si trovano generalmente nelle vie laterali dei *boulevards* e specialmente in quelle poste nei dintorni della Borsa.

Questi ristoranti sono poi preferibili ai Bouillon Duval ove i prezzi non sono certo esagerati, ma le porzioni sono talvolta troppo microscopiche.

Regola generale, non dare mai meno di 30 o 40 cent. d mancia ai camerieri.

CAFFÈ E BIRRERIE.

La raccomandazione fatta per i ristoranti serve anche per i caffè: schivare cioè quelli dei *boulevards*, ove una tazza di moka si paga da 40 a 60 cent. senza essere migliore di quella dei caffè delle altre vie ove la si può avere a 30 centesimi.

Però il forestiero che vorrà vedere da vicino il cosidetto *tout Paris* farà bene a visitare anche i caffè dei *boulevards* ricordando il proverbio che *un fiore non fa primavera*. Fra i principali caffè vanno annoverati il *Riche*, l'*Americain*, il *Grand Café*, ecc.

Per gli amatori della bionda cervogia aggiungeremo che Parigi si è arricchito in questi ultimi anni di buonissime birrerie ove con 30 o 35 centesimi si può avere un buon bicchiere di birra.

La birra la si comanda generalmente a quarti e a mezzo litri, cosicchè non si avrà che a chiedere *un quart de brune* (o *de blonde*) a seconda del gusto.

Nei caffè e nelle birrerie la mancia ai garzoni è ordinariamente di 10 centesimi.

Chi poi desidera un buon gelato vada al *Caffè Napoletano*, o da *Tortoni* sul Boulevard des Italiens, da *Imoda* nella via Reale o da *Ruzé* presso la Maddalena.

A Parigi si fanno anche eccellenti pasticcini. I migliori confettieri sono anch'essi sui *boulevards*.

Medici e Medicine. — La guida-Sonzogno crede poco ai

Sala da pranzo dell'Hôtel du Louvre.

medici, e meno ancora alle medicine; ma siccome altri potrebbe credervi e averne bisogno, o pei maligni influssi di un'aria corrotta e dell'instabile temperatura, o per altre cagioni, così noi redigiamo le seguenti istruzioni:

Restaurant Ledoyen.

1.° I medici sono a Parigi più numerosi dei malati; ma, in mezzo all'infinita falange, per trovarne uno di buono, bisogna dirigersi agli ospedali, od altri pubblici stabilimenti, ove la pratica continua, e la molteplicità dei casi,

Café Riche.

dà loro un'esperienza, di cui si può solamente fidarsi e profittare.

2.° Le visite di detti medici si pagano generalmente da 3 a 10 franchi, secondo la clientela che hanno e l'opinione che godono.

3.° Non guardare poi tanto pel sottile ai prezzi fatti nelle farmacie (del resto tutte care) e preferire sempre le migliori. Tra queste, per esempio : La *Normale*, 15, via Drouot; *Cadet-Gassicourt*, via Marengo, 6; *Dancourt*, via Caumartin, 60; *Laroze*, via nuova dei Piccoli Campi, 26; e *Garnier*, via S. Onorato, 243.

4.° Esiste a Parigi un apposito stabilimento per gli stranieri, sorpresi da malattia, conosciuto sotto il nome di *Casa municipale di Salute*, con 240 letti, appartamenti da 15 a 12 franchi al giorno, camere particolari da 10, 8 franchi e letti in comune da 7 a 4 franchi.

5.° Ogni malattia, ogni cura speciale ha i suoi stabilimenti; ma fra tanti i più famosi sono l'*Istituto idroterapico e ginnastico di Parigi*; — la *Casa del dottor Sémelaigne*; — la *Casa di Salute del dottor Blanche* e gli stabilimenti idroterapici del dottor *Thermes*, Mr. *Bouviez*, d'*Auteuil*, di *Bellevue*, ecc.

Bagni. — Tutte le materie solide, liquide e gazose, tutti i fluidi ponderabili e imponderabili, tutte le epoche, tutte le architetture, tutte le mollezze dei popoli, i capricci e le esigenze della moda e le arti degli speculatori hanno concorso a fare i bagni di Parigi. Ve ne sono perciò di caldi, freddi, dolci, marini, minerali, alcalini, amidosi, solforosi, ferruginosi, resinosi, fangosi, a vapore, a fumo, ad aria calda, ad aria compressa, elettrici, romani, algerini, orientali, russi, e che so io. Ancora un poco, e vi saranno i bagni di latte alla Poppea e alla Dubarry, di sangue alla Luigi XV, e di burro alla maniera delle donne Sceluke.

Il prezzo varia da 40 cent. a 1 franco, non compresa la biancheria.

Sono tanti e tanti gli stabilimenti di bagni ordinari, che troppo lungo sarebbe enumerarli. Basti quindi citare quelli che si fanno distinguere per qualche particolarità:

Bagni turco-romani detti l'*Hamman* — Via Neuve-des Mathurins;
» russi a vapore — Via dei Rosiers, Ste. Anne, Saint-Marc, Monsieur-le-Prince, Pierre-Levée, Touiller ecc.;

Bagni elettrici — Via Sévigné;
» termo-resinosi — Via dei Petits-Hôtels;
» di acqua di mare — *Fregata* del Ponte Reale;

Caffè della Rotonda

Bagni all'idroferro — Via Taranne;
» pneumatici — Via di Châteaudun;
» sulla Senna *de la Samaritaine* — *Quai* du Louvre.

Scuole di nuoto. — A coloro, che ai piaceri dell'immersione, vogliono aggiungere quello di guizzare nell'acqua come pesci, sono indicati, se uomini, i *bagni del Ponte Reale*, colla entrata al quai Voltaire; la *Scuola nazionale di nuoto* sul *quai* d'Orsay; i *bagni Enrico IV*, sul Ponte Nuovo, e il *bagno Petit*, sul *quai* di Béthune. Se donne, i *bagni Quarnier* (*quai* Voltaire); i *bagni dei Fiori* (*quai* de l'École), e i *bagni dell'hôtel Lambert* (isola S. Luigi).

Convegni. — Dovete vedere qualcuno nella giornata ad ora e luogo stabiliti, e volete essere sicuro di ritrovarlo? Dategli appuntamento al Palazzo Reale, o in uno dei passaggi dell'*Opéra, Vivienne, Jouffroy, Panorama*, ecc. Là il tempo passerà presto, e in caso di pioggia vi troverete al coperto.

Compere. Non vi è straniero che, partendo da Parigi, non ne porti un ricordo al suo paese. Grande o piccolo che sia, noi vi mettiamo in guardia contro le insidie del Commercio, che sono molte, e che prendono il nome ora di ribassi e liquidazioni volontarie, ed ora quello di vendite dopo fallimento e vendite dopo morte. Nella stessa maniera, se da Scilla non si vuol cadere in Cariddi, non bisogna fidarsi dei magazzini che vivono di pubblicità, e il cui nome è in cielo, in terra e in ogni luogo. È il caso di dire: *In pelago lodato non pescare*.

Che cosa resta dunque? Restano i magazzini a prezzi fissi e quelli che hanno la vetrina modesta e l'aria venerabile. Anche fra questi ve ne sono alcuni che veggono nel forestiere un pesciolino d'acqua dolce; ma per ischermirsene basta confrontare i prezzi dei vari magazzini e scegliere il più conveniente.

Oggetti perduti o smarriti. — L'uomo più riflessivo va soggetto qualche volta a distrazioni che pagano ammenda di ombrelli, scatole, bastoni, occhiali, od altri oggetti di maggiore valore. La distrazione però passa presto, e allora sopraggiunge la sorpresa, il dispiacere ed il desiderio degli oggetti perduti. In questo caso, assai frequente, rivolgersi al commissario di polizia del quartiere, che ne stenderà processo verbale, e vi farà avere la risposta in via diretta dalla Prefettura.

Marioli. — Dove esiste la grande miseria e la grande ricchezza insieme riunite, cioè il bisogno in continua tentazione e il lusso in continua provocazione, là esiste il furto allo stato di malattia cronica.

In attesa di una riforma sociale che estirpi il male dalle sue radici, studiamo i mezzi come guarentircene.

A Parigi, come altrove, esistono due sorta di ladri: quelli che esercitano il loro mestiere coll'aiuto delle cinque dita, e quelli che usano della lingua come di un grimaldello.

Bagni della Samaritana.

I primi si chiamano volgarmente marioli, o tagliaborse, e tengono il loro quartier generale nella via pubblica. Cercano di fissare la vostra attenzione sopra un oggetto qualunque, di cadervi addosso come per inavvertenza, di provocare un movimento favorevole alla tattica dei loro colpi, e non aspirano ad altro che al vostro orologio, alla vostra scatola e perfino all'innocente fazzoletto!

Gli altri, più temibili, frequentano i circoli, i saloni, e sono cavalieri d'industria, barattieri e scrocconi. Essi cercano di entrare nelle vostre grazie, di sorprendere la vostra buona fede e poi ridere del *gonzo*. Eloquenti, puliti, servizievoli, adulatori, hanno sempre qualche gran progetto per fare la vostra fortuna, un'impresa ove guadagnerete il cento per cento, e una partita di giuoco ove sbancherete tutti i vostri competitori.

Per salvarvi dagli uni e dagli altri, respingete le mellifue proposizioni, la compagnia che vi offre lo sconosciuto, evitate le relazioni troppo facili d'uomini e donne, gl'incontri fortuiti e la folla nelle stazioni degli omnibus e delle ferrovie, non che all'uscita dei teatri.

Posta centrale. — L'Amministrazione centrale delle poste, siede in via Etienne Marcel, angolo via del Louvre.

Prezzo per una lettera semplice per Parigi	. . . .	15	cent.
»	»	»	per tutta la Francia	25	»
»	»	»	per l'Italia. . . .	30	»
»	per una lettera assicurata aggiungere. . .	50	»
»	di una carta-postale per Parigi	10	»
»	»	per la Francia e l'Italia	15	»

Succursali. — Degli uffici dipendenti o succursali esistono in tutti i quartieri di Parigi, e qualche volta in numero di due come a Batignolles, Montmartre, Passy, Vaugirard e Villette. Ogni quartiere inoltre ha 650 cassette reperibili presso i tabaccai, le stazioni di ferrovia e in prossimità dei monumenti.

Posta restante. — Le lettere ordinarie, o con valori, indirizzate posta restante a Parigi, aperto da 7 ore e mezzo del mattino a 10 ore di sera, eccettuate le domeniche e le feste, in cui vien chiuso a 5 ore. Per ritirare le lettere bisogna esibire per la prima volta il passaporto e per le susseguenti basta una carta di visita, o anche una mansione di lettera.

Partenza del corriere. — Se avete interesse che la lettera parta il giorno medesimo e propriamente col corriere della sera, non bisogna dimenticare di deporla, o avanti

5 ore, in una delle tante cassette; o avanti 5 ore e mezzo, negli uffici ordinari; o avanti 6 ore, alla grande posta e negli uffici della via Clery, della Borsa e della piazza del Teatro Francese. Prima è un far giacere la lettera inutilmente per un tempo ben lungo; dopo è un voler rimetter la cosa all'indomani. *In medio virtus.*

In ritardo. — Ma caso mai l'orologio vi avesse tradito, gli affari, gli amici, o la mano pigra vi avessero preso del tempo, e l'ora per la vostra lettera fosse passata di qualche minuto, tutto non è ancora perduto. Vogliamo dire che voi la potete ancora inbucare benissimo, non una, ma dieci volte:

Fino a 6 ore di sera (mediante la sopratassa di 20 cent.) e fino a 6 ore e un quarto (mediante 40 cent. in più) agli uffici della via Ponte Nuovo, 17; bastione Beaumarchais, 83; via delle Vieilles-Haudriettes, 4; via Cardinal Lemoine, 28; via Bonaparte, 21; via S. Domenico-S. Germano, 56; piazza della Maddalena, 28; via Taitbout, 46; via d'Enghien, 21; via d'Antin, 19; via Milton, 1.

Fino a 6 ore e un quarto di sera (coll'aggiunzione di 20 cent.) e fino a 6 ore e mezzo (40 cent. in più) agli uffici del Palazzo delle Poste; piazza della Borsa, 4; piazza del Teatro Francese, 2; via di Clery, 28.

Fino a 7 ore di sera (tassa supplementaria di 60 cent.) al Palazzo delle Poste.

Inoltre cinque levate speciali hanno luogo prima della partenza del corriere negli uffici situati in prossimità delle stazioni ferroviarie.

Nota. — Per reclami ed altro indirizzare la domanda al Direttore generale delle poste, con lettera senza francobollo.

Telegrafi. — Ogni circondario di Parigi ha il suo ufficio telegrafico. Parecchi tra questi, e sono il maggior numero, tengono aperto da 8 ore del mattino a 9 ore di sera; altri fino a mezzanotte ed alcuni tutta la notte. Ecco l'indirizzo degli ultimi:

Piazza della Borsa, 12;
Via di Grénelle-St. Germain, 103;
Via St. Lazare, 112.

Prezzo di un dispaccio da una a venti parole, indirizzo e firma compresi, per Parigi e dipartimento medesimo, 60 cent. — per altro dipartimento, 1. 40; — per l'Italia, 4 franchi.

Gabinetti inodori. — È un argomento delicato, assai delicato, che urta le suscettibilità nervose dei verecondi e più ancora le loro papille olfattorie. Noi però lo affronteremo coraggiosamente, perchè così vuole la necessità, padrona degli uomini e madre degli dei.

A Parigi i cessi, le latrine ed altri minori templi dedicati alla dea Cloacina, sono pochi e quei pochi sono concentrati vicino ai mercati e poco lungi dai ponti. Di maniera che in altre località si percorrono lunghi tratti senza trovarne uno. È una vera disperazione! Le oasi non sono così rare nel deserto.

In compenso però vi sono molti ed eleganti gabinetti inodori, ove, mediante la piccola moneta di 15 centesimi, è permesso di entrare e... di uscirne. Se ne trovano in tutti i passaggi, o gallerie, al Palazzo Reale, ai Campi Elisi, al Mercato dei Fiori, al Giardino della Borsa, alla Corte Bony, e nelle vie Notre-Dame-Bonne-Nouvelle, Goilard, Radziwil e Soufflot.

Come trovare la mia via? — Il laberinto dei dodici re d'Egitto aveva 3000 appartamenti, e Parigi ha oltre 3000 vie; quello di Creta era di un'estensione pari, se non maggiore, e Parigi ha 51 chilometri quadrati di superficie. Eppure, chi lo crederebbe? si può entrarvi, uscirne e percorrerla in tutti i sensi, senza sentire il bisogno delle ali d'Icaro e del filo d'Arianna:

1.° Perchè le sue vie non sono tortuose, serpeggianti, incrocciantisi confusamente, o troppo simmetriche; ma dritte, spaziose, varie e ben disposte.

2.° Perchè al tempo di Minosse non vi erano carte topografiche, ed oggi abbondano così, che con una vil moneta se ne può avere una.

3.° Perchè le guardie di città (*sergents de Ville*) sono sempre a vostra disposizione con un libretto alla mano, e, quando mancano esse, vi supplisce la gentilezza del cittadino, cortese sempre, anche quando non vuol entrare seco voi in intrinsichezza. Domandando si va fino a Roma, e domandando si va dal polo artico al polo antartico di Parigi.

4.° Perchè ad ogni capo di via principale è posto un *Placard-Guide-Indicateur*, cioè una tabella a smalto bianco, dove sono tracciate le vie secondarie, e dove si accenna agli omnibus che la percorrono, o la traversano, alle stazioni delle carrozze, all'ufficio più prossimo delle poste e dei telegrafi, alle cassette delle lettere e ai nomi dei più conosciuti commercianti.

Orientarsi a Parigi non è cosa difficile; ma lo fosse, prendete la nostra guida, e avrete la stella polare in saccoccia.

Piccola dissertazione. — I nomi delle vie non datano che dal 1728, e avanti quest'epoca la tradizione solamente disegnava le principali. Si cominciò con una lamina di latta, ma il tempo e la pioggia ne scancellavano i caratteri e così un bel giorno furono trasportati sulla pietra. Non fu però che più tardi che si numerarono le case, ma i nobili orgogliosi che non volevano contaminare con un vil numero i loro marmi e mettere il loro palazzo a livello di un botteghino qualunque, furono cagione di qualche ritardo. Oggi tutte le case sono numerate e perfino quelle ove si vende, non già l'amore, ma il simulacro d'amore. I numeri però di queste case, invece d'essere eguali, o più piccoli, si fanno distinguere per la loro grandezza. È il caso di dire coll'Ariosto:

Quel che dovresti ascondere, rivele:
Ai furti tuoi che star dovrian di piatto
Per me' mostrargli allumi le candele.

Attenti alle carrozze. — Sebbene Parigi possegga larghe vie, spaziosi marciapiedi e savie disposizioni municipali, che impediscono ai cavalli di correre a pancia a terra e alle cavalcate di altri tempi di spiegare una pompa qualche volta omicida, pure gli omnibus, i *tramway* e le carrozze costituiscono un pericolo permanente contro la sicurezza dei cittadini, e accidenti spiacevoli incorrono spesso alle più tarde come alle più leste gambe.

Non si sa il perchè, ma il cavaliere di tutti i paesi pare che abbia avuto sempre in odio il pedone, e l'auriga, seduto sopra il superbo cocchio, come sopra un trono, pare che consideri come suddito chi si trascina sulle proprie anche, e crede forse di avere su lui diritto di vita e di morte. I tempi però sembrano un poco cambiati, e non arrivano più delle catastrofi come quella di maggio 1770, in cui perirono 1500 persone.

Schiarimenti. — Parigi, come si può giudicare dalla carta topografica, si divide in due grandi porzioni disuguali, cioè *riva destra* al Nord, ch'è la maggiore, e *riva sinistra* al Sud, ch'è la minore. È la Senna che la separa, traversandola da un lato e descrivendo una parabola che fa concava la parte superiore del piano e convessa l'inferiore, e che ha il punto di projezione al ponte Napoleone e quello di estinzione al ponte del Giorno.

I punti di Parigi maggiore, cioè della *riva destra*, dove più rifluisce la vita, e riceve come il suo impulso, sono i bastioni della Maddalena, delle Cappuccine (dove è l'Opéra), degl'Italiani, Montmartre, Haussmann, di Sebastopoli, di Strasburgo e Magenta; le vie S. Onorato, Vivienne, Richelieu, della Pace, Rivoli, e, poco distante dalle Halles (mercato massimo), la via Montmartre.

D'altra parte i punti di Parigi minore, cioè della *riva sinistra*, dove regna il *fervet opus* di quest'umano alveare, sono la *Cité*, la chiesa di Nostra-Signora, il Palazzo di Giustizia, il bastione S. Michele, il Lussemburgo, gl'Invalidi, il Panteon, ecc.

A destra però, come a sinistra, alla periferia come al centro, quest'immenso organismo di cui Dante avrebbe detto:

Non aveva membro che gli stesse fermo,

si agita, funziona, palpita, respira e pei filamenti nervosi del telegrafo, per le arterie, ove scorre il vapore come il sangue e trasporta gli uomini come globuli sanguigni, comunica a tutta l'Europa un movimento incessante di civiltà.

Che farò, che non farò? — In risposta di questa domanda, e sotto la nostra responsabilità *papiriforme*, il lettore è pregato di consultare i nostri itinerari di 8 e 15 giorni, ove troverà la distribuzione pratica, metodica e razionale del suo tempo. I giorni passeranno per lui senza che si rassomiglino, e ogni sera, ritornando al suo albergo, potrà dire come Vespasiano in seguito di una buona azione: « Oggi, la mia non è stata una giornata perduta! »

Le spese. — O voi siete un nabab, e poco v'importa seminare le ghinee lungo il vostro cammino; o avete bisogno d'interrogare continuamente la vostra borsa. In questo ultimo caso fatevi il ragioniere di voi medesimo, scrivete le vostre spese minutamente, e evitate la goccia continua delle superfluità, che ripetute ad ogni istante raddoppiano le spese di viaggio. È vero, tesoreggiando poco e spesso, empie il borsello; ma, prodigalizzando poco e spesso, lo vuota.

Bisogna inoltre evitare di sobbarcarsi all'ignoto, e non entrare in trattorie, alberghi, o caffè, senza prima conoscerne i prezzi. Consultate, a questo proposito, il vostro oracolo, cioè la vostra guida, e avrete responsi tutt'altro che sibillini.

Ricordatevi finalmente di non uscire dall'albergo senza danaro minuto, necessario tanto per gli acquisti quanto per le mancie ai cocchieri, ai facchini ed altre orche insaziabili, che

. . . . . dopo il pasto han più fame che pria.

Budget. — Non basta avere il danaro, bisogna sapersene servire. Perciò la questione del *budget* per chi visita Parigi non è cosa facile a risolversi come potrebbe sembrare a prima vista. Noi l'abbiamo studiata in tutte le sue forme, e possiamo dirne qualche cosa. Ma ecco il risultato dei nostri studi nella sua aridezza e nella sua semplicità:

La massa dei viaggiatori si divide in tre grandi generi:

1.° Coloro che possono spendere, e coloro che non possono;
2.° Coloro che vogliono, e coloro che non vogliono;
3.° Coloro che sanno, e coloro che non sanno.

Il che vuol dire che le persone che possono meno sono spesso e volontieri quelle che spendono più, come le persone che godono più sono qualche volta quelle che spendono meno.

Gli uni però come gli altri si dividono in quattro classi e sono:

1.° Coloro che viaggiano in treno diretto;
2.° Quelli che viaggiano in prima o seconda classe coi treni ordinari;
3.° Quelli che viaggiano in terza classe;
4.° Quelli che vanno sul cavallo di S. Francesco, o, come si dice volgarmente, a piedi.

Non parleremo di questi ultimi: essi sono condannati come il gallinsetto a nascere e morire nella medesima **foglia**, non potranno mai vedere Parigi, e sono ancora troppo fortunati se da Firenze possono andare a Peretola, da Napoli a Panicocoli e da Milano fino a Monza.

Parliamo quindi delle altre classi. Per ognuna di esse noi faremo corrispondere altrettante borse, che divideremo in tre categorie, cioè le *grandi*, le *mezzane* e le *piccole*.

Il seguente quadro dica il resto:

SOMMA NECESSARIA
PER RIMANERE A PARIGI
OTTO GIORNI

USO E DISTRIBUZIONE DEL DENARO	BORSE E LORO PROPORZIONI		
	Grandi	Mezz.	Piccole
Camera per otto giorni ...	80 —	32 —	16 —
Servizio e candela.......	16 —	12 —	8 —
Regalo di addio al cameriere	10 —	6 —	5 —
Custodi dei monumenti ...	10 —	6 —	3 —
Caffè ed altre bibite......	30 —	20 —	10 —
Colazione	32 —	20 —	10 —
Pranzo	40 —	24 —	18 — (1)
Mancie diverse	12 —	10 —	4 —
Nolo di carrozze ed omnibus	120 — (2)	50 —	12 —
Teatri	50 —	40 —	30 — (3)
Spese non previste e minuti piaceri	100 —	80 —	30 —
TOTALE L.	500 —	300 —	146 —

(1) Per le colazioni a 1 franco e 25 cent., e per i pranzi a 2 25, dirigersi ai così detti *Bouillons* o *Crémeries*.

(2) Le carrozze di rimessa si hanno a 15 franchi per giorno.

(3) Coloro che vorranno posti a prezzi ridotti, potranno rivolgersi ai **rivenditori di biglietti**, che bazzicano intorno ai teatri e che si trovano lì per conto degli attori.

NOSTRO ITINERARIO

Otto e quindici giorni a Parigi

Avvertenze.

Il nostro itinerario consta veramente di quindici giorni; ma siccome non tutti possono disporre di un tempo così lungo, ed alcuni forse vorranno dedicarne una buona porzione a visitare l'Esposizione, così noi abbiamo concentrate le cose più interessanti, e che riguardano esclusivamente la grande città, nei primi otto giorni, ed abbiamo rinchiuse le altre nel circolo dei sette giorni susseguenti.

Nella stessa maniera abbiamo divisa la giornata in due parti distinte, cioè in **ore antimeridiane** — dalle 8 alle 11 — e in **ore pomeridiane** — dalle 12 alle 6 — per lasciare il respiro di un'ora a coloro che vorranno rifocillarsi un poco lo stomaco. Ciò facendo però si sono così bene disposte le cose, che, sopprimendo la prima parte, non si verrà a sopprimere che la meno interessante.

Nessuna considerazione accompagnerà i nomi dei monumenti, od altro che sia, per avere l'occasione di distenderci maggiormente in articoli a ciò consacrati. Quindi, quando avremo a discorrere del ponte tale o del palazzo tal altro, bisognerà riportarsene al capitolo speciale che parla di tutti i ponti, o di tutti i palazzi. La medesima cosa sia detta der le vie, piazze, bastioni, passaggi, *quais*, *squares*, ecc.

Finalmente i nomi dei monumenti che si dovranno visitare interiormente saranno posti in caratteri più grossi per distinguerli da quelli che si debbono riguardare esteriormente, non che dalle vie e dalle piazze che si debbono trascorrere di passaggio.

LUNEDÌ — I giornata.

Ore antimeridiane. — **Palazzo Reale** — **Palazzo e Giardino delle Tuileries** — Via Castiglione — Piazza e Colonna Vendôme — Via St.-Honoré — **Chiesa S. Rocco.**

Ore pomeridiane. — Via di Rivoli — Piazza della Concordia — Campi Elisi — **Arco di Trionfo** — Via Ulric — Porta Delfina — **Bosco di Boulogne** — Viale di Suresnes — Lago inferiore — Crocevia delle Cascate — Grande Cascata — Viale di Longchamp — Via della Porta dei Sabbioni — **Giardino di Acclimatazione** — Porta dei Sabbioni — Via d'Orléans — Viale di Neuilly — Porta Maillot — Viale della Grande Armée — Piazzale dell'Étoile — Viale della Regina Ortensia — Via Daru — **Chiesa Russa** — **Parco Monceaux** — Bastione Malesherbes — **Chiesa S. Agostino** — Bastione Haussmann — **Cappella espiatoria** — Bastione Haussmann — Via Scribe — Via Auber — Piazza dell'Opera — Bastione delle Capucines — Viale dell'Opera — Piazza del Teatro Francese — Palazzo Reale.

MARTEDÌ — II giornata.

Ore antimeridiane. — Palazzo Reale — Via Richelieu — Fontana Molière — *Square* e Fontana Louvois — **Biblioteca Nazionale** — **Museo delle medaglie antiche** — Bastioni.

Ore pomeridiane. — Bastione Montmartre — Teatro delle Varietà — Passaggio dei Panorama — Via Vivienne — Piazza della Borsa — **Palazzo della Borsa** — Via Vivienne — Palazzo Reale — Piazza del Carrosello — Ponte Reale — *Quai* d'Orsay — Bastione della Torre Maubourg — **Palazzo degli Invalidi** — **Museo d'Artiglieria** — **Chiesa S. Luigi** — Piazza Vauban — Pozzo artesiano di Grenelle — Bastione degli Invalidi — Via di Jena — Via S. Domenico — **Chiesa Santa Clotilde** — Via Borgogna — Corpo legislativo — Ponte della Concordia — *Quai* delle Tuileries — Via delle Tuileries — Via di Rivoli — Palazzo Reale.

MERCOLEDÌ — III giornata.

Ore antimeridiane. — Palazzo Reale — Via di Rivoli — Prima visita al **Museo del Louvre.**
PRIMO PIANO: Museo di pittura (Sala Lacaze — Salone dei Sette Camini — Galleria d'Apollo — Salone quadrato — Grande Galleria — Galleria delle Scuole francesi — Sala dei Sette Metri) — Museo Campana.

Ore pomeridiane. — Seconda visita al **Museo del Louvre.**
PRIMO PIANO: Museo Carlo X, o Museo delle Antichità

greche — Museo egiziano — Antico Museo dei Sovrani — Collezione di Antichità americane — Museo del Medio Evo e del Rinascimento.

SECONDO PIANO: Museo della Marina, Etnografico, Cinese, Giapponese e Sala del Canale di Suez — Sale supplementarie delle Scuole francese, tedesca, fiamminga e olandese.

Visitare, uscendo dal Museo, la chiesa **S. Germano l'Auxerrois** e ritornare per la via Rivoli al Palazzo Reale.

GIOVEDÌ — IV giornata.

Ore antimeridiane. — Palazzo Reale — Via Rivoli — Square S. Giacomo — Piazza dello Châtelet — Fontana e Teatro dello Châtelet — Ponte del Cambio — Palazzo di Giustizia — Tribunale di Commercio — Nuovo *Hôtel-Dieu* — Bastione del Palazzo — Ponte S. Michele — Piazza e Fontana St.-Michel — Bastione St.-Michel — **Museo di Cluny — Sorbona.**

Ore pomeridiane. — Bastione St.-Michel — Via Soufflot — **Panteon — S. Stefano del Monte — Museo** e **Giardino del Lussemburgo** — Via Bonaparte — **Chiesa S. Sulpizio** — Via Mabillon — **S. Germano dei prati** — Scuola delle Belle Arti — *Quai* Malaquais — Ponte del Carrosello — Piazza del Carrosello — Palazzo Reale.

VENERDÌ — V giornata.

Ore antimeridiane. — Palazzo Reale — Terza visita al **Museo del Louvre.**

PRIMO PIANO: Museo dei pastelli e dei disegni — Bronzi antichi.

PIANTERRENO: Museo di sculture antiche — Museo di sculture moderne — Museo d'incisioni e di calcografia — Museo del Medio Evo e del Rinascimento — Museo Egiziano — Museo Assiro e dell'Asia Minore.

Ore pomeridiane. — Ponte delle Arti — Instituto — **Scuola delle Belle Arti** — *Quai* di Conti — **Palazzo della Moneta** — Ponte Nuovo — Via del Ponte Nuovo — **Mercati centrali** — **Chiesa S. Eustachio** — Via Montmartre — Bastioni — Palazzo Reale.

SABATO — VI giornata.

Ore antimeridiane. — Palazzo Reale — Via Nuova dei Petits-Champs — Piazza de la Victoire — Via Nostra Signora de la Victoire — Via Montmartre — Galleria Montmartre — Passaggi dei Panorama, Jouffroy e Verdeau — Via Sobborgo Montmartre — **Nostra Signora di Loreto** — Via Châteaudun — **Chiesa della Trinità** — Via *Chaussée d'Antin* — Bastione degli Italiani.

Ore pomeridiane. — Via di Rivoli — Ponte Nuovo — *Quai* dei Grands Augustins — Ponte St.-Michel — **Palazzo della Giustizia** — **Santa Cappella** — Tribunale di Commercio — **Cattedrale di Nostra Signora** — Via del Chiostro — Ponte dell'Arcivescovado — Morgue — *Quai* della Torretta e S. Bernardo — **Mercato dei vini** — **Giardino delle Piante** — Via S. Ilario — Bastione S. Marcello — Viale dei Gobelin — **Manifattura dei Gobelin** — Piazza d'Italia — Bastione della Stazione — *Quai* Austerlitz — Ponte d'Austerlitz — Piazza e Bastione Mazas — Prigione Mazas — Via di Lione — Piazza della Bastiglia — Via Rivoli — Palazzo Reale.

DOMENICA — VII giornata.

Escursione a Versailles, e, se il tempo non lo permettesse, visita al Conservatorio di Arti e Mestieri (aperto dalle 10 antalle 4 pom.), e al Museo degli Archivi Nazionali, aperto da mezzogiorno a 3 ore.

LUNEDÌ — VIII giornata.

Ore antimeridiane. — Palazzo Reale — Viale dell'Opera — Via Halévy — Via Lafayette — Via Puebla — **Buttes Chaumont** — Via di Crimea — Via d'Alemagna — Dogana — Via Sobborgo St.-Martin — **Chiesa S. Lorenzo**.

Ore pomeridiane. — Bastione di Strasburgo — Bastione San Dionigi — Bastione di S. Martino — Piazza del Château d'eau — Bastione del Tempio — Bastione delle Figlie del Calvario — Bastione Beaumarchais — Piazza della Bastiglia — Colonna di Luglio — Stazione di Vincennes — Via della Rocchetta — **Cimitero del Père Lachaise** — Via Oberkampf — Bastione Riccardo Lenoir — Piazza della Bastiglia — Via S. Antonio — Via di Birague — Piazza Reale — Statua di Luigi XIII — Via Rivoli — Caserme Napoleone e Loban — Piazza del Palazzo di Città — Torre S. Giacomo — Bastione Sebastopoli — Grandi Bastioni — **Piazza Carnavalet** — Palazzo Reale.

COMPIMENTO DEI QUINDICI GIORNI

MARTEDÌ — IX giornata.

Escursione a St.-Germain — Visita al Museo e passeggiata nella Foresta.
Altrimenti, in città, visita alla Biblioteca dell'Arsenale e al Museo mineralogico e geologico della Scuola delle Mine.

MERCOLEDÌ — X giornata.

Escursione a Fontainebleau — Visita al Palazzo e alla Foresta. E in caso diverso, Palazzo della Legion d'Onore, S. Tommaso d'Aquino e Biblioteca Mazarino.

GIOVEDÌ — XI giornata.

Escursione a Sèvres, col battello a vapore — Visita alle Manifatture e Museo di Ceramica — Parco St.-Cloud e rovine del Castello; ovvero visita agli ospizi di Bicêtre e della Salpétrière.

VENERDÌ — XII giornata,

Escursione a Compiègne (Castello e Foresta) e al Castello di Pierrefonds; oppure: Cimitero Montmartre e Montparnasse — Osservatorio e Museo Dupuytren, mediante permissione speciale.

SABATO — XIII giornata.

Escursione al Castello e al Museo d'armi di Vincennes; o, senza uscire di città, al Mercato delle biade, alle Sinagoghe, Biblioteca Santa Genoveffa e Sordo-Muti.

DOMENICA — XIV giornata.

Escursione alla Basilica St.-Denis, ad Enghien e Montmorency; o diversamente visita al Palazzo dell'Industria e alla casa di salute di Charenton.

LUNEDÌ — XV giornata.

Biblioteca, sale e giardino botanico della Scuola di Farmacia — Museo delle Macchine.

AGGIUNZIONE NECESSARIA.

Per non lasciare alcuna lacuna nel nostro itinerario, e porgere il destro al viaggiatore di occupare piacevolmente la sera, come avrà degnamente impiegata la giornata, offriamo qui avanti un quadro delle ricreazioni parigine.

Spettacoli e Ricreazioni

Tutti i giorni Musica militare al Palais-Royal, Giardino delle Tuileries, al Lussemburgo, al Parco Monceaux, ecc.

Teatri
Opéra
Français
Odéon
Gaîté
Gymnase
Vaudeville
Variétés
Palais-Royal
Châtelet
Historique
Porte Saint-Martin
Ambigu
Renaissance
Folies-Dramatiques
Eden-Teatro
Bouffes-Parisiens
Athénée
Cluny
3.° Théâtre Français
Taitbout
Château-d'eau
Folies Marigny
Délassements
Fantaisies, ecc., ecc.

Spettacoli equestri
Ippodromo
Circo dei Champs Elysées
» Américain
» Fernando.

Concerti
del Conservatorio
dei Camps-Elysées
Pasdeloup al Circo d' Inverno
del Giardino d' acclimatazione
Frascati, ecc.

Balli
Château-rouge
Elysée-Montmartre
Tivoli Wauxhall, ecc.

Caffè-Concerti
de l'Eldorado
de l'Alcazar
des Ambassadeurs
de l'Horloge
de Bataclan
de la Scala
Folies Bergères, ecc.

Skating-Rinks
de la Chaussée-d'Antin
de l'Avenue du Bois de Boulogne
de Luxembourg.

Quasi tutti i suddetti Teatri e ritrovi rimarranno aperti durante l'Esposizione.

I MUSEI

Non entra per niente nelle nostre idee di descrivere una per una le sale dei varj musei che si trovano a Parigi; nè di enumerare le ricchezze prodigiose ch'essi contengono. Sarebbe un lavoro da gigante, incompatibile colla mole del nostro libro, e d'altra parte dei cataloghi compilati con estrema cura, frutto di aridi studi, ma laboriosi, offrono al visitatore non solamente una secca nomenclatura degli oggetti ivi esposti, ma delle importanti nozioni sulla loro origine e sulle vicissitudini, qualche volta singolari, per cui sono passati.

Per far comprendere, in una parola, l'imbarazzo in cui ci troveremmo a riprodurre l'inventario di quante vi sono collezioni a Parigi, basti dire che uno dei tanti musei del Louvre, quello cioè dei Cartoni, Pastelli, Miniature e Smalti, possiede esso solo un catalogo di due volumi di 400 pagine ciascheduno, e che quello della Scultura antica consta di due grossi volumi, ciascheduno di 500 pagine.

Noi resteremo dunque nei limiti di un'esposizione sommaria; ma se v'è qualcuno che voglia conoscere tutto per filo e per segno potrà premunirsi di cataloghi speciali che si trovano vendibili presso i principali librai e presso gl'inservienti dei Musei.

Museo del Louvre.

Il Museo del Louvre è aperto tutti i giorni al pubblico (meno il lunedì), in estate dalle ore 9 alle ore 5 e in inverno dalle 10 alle 4.

Le numerose collezioni del Louvre si dividono così: 1.° il museo di pittura (1.° piano); 2.° museo dei disegni e museo americano (1.° piano); 3.° museo delle incisioni, (pian terreno); 4.° museo di scultura antica (pian terreno); 5.° museo di scultura del Medio Evo e del Rinascimento (pian terreno); 6.° museo di scultura moderna francese (pian terreno); 7.° museo delle antichità assire (pian terreno); 8.° museo egiziano (idem); 9.° museo delle antichità egiziane (id.);

10.° museo delle antichità greche e etrusche (1.° piano); 11.° museo algerino (pian terreno); 12.° museo della marina (2.° piano); 13.° museo etnografico (2.° piano); 14.° museo degli smalti e giojelli (1.° piano); 15.° museo Sauvageot (1.° piano); 16.° museo Campana (1.° piano); 17.° museo La Caze (1.° piano); 18.° museo orientale e collezione Lenoir.

Siccome la maggior parte delle collezioni non occupano un locale affatto distinto, a cui si possa accedere senza attraversare altri musei, così noi abbiamo classificato le varie collezioni, non già per gruppi, ma per un ordine che permette al visitatore di percorrere successivamente le une dopo le altre, senza niente omettere e senza perdersi in un dedalo di gallerie e di sale, che confondono il passo e la vista.

PRIMO PIANO.

Prendete la scala del padiglione Sully, salite fino al primo piano, entrate a destra, e vi troverete nel museo di pittura.

Pittura. — **Sala La Caze.** — Ricca e bella collezione di quadri di differenti scuole, tra cui alcuni pregiatissimi di Rubens, Rembrandt, Tintoretto, Watteau, Fragonard, Dow, Van Ostade, Téniers, Largillière, Boucher, Greuze, Bigaud, ecc.

Sala di Enrico II. — Questa sala contiene alcune tele di Prud'hon, Van Loo, Coypel, Boucher, La Porte, Martin ed altri pittori francesi.

Sala dei sette Camini. — Questa sala fregiata da medaglioni, ove sono i busti dei più famosi pittori francesi, e da figure trionfali in istucco, opera di Duret, porta un nome bizzarro che niente al mondo giustifica. Infatti essa contiene i capilavori della moderna scuola francese, tra cui brillano i nomi di David, Drouais, Fabre, Gérard, Guérin, Granet, Girodet, Gros, Géricault, Le Brun, Prud'hon, Régnault, e questi capilavori non sono certo fatti per riscaldare le membra intorpidite dei freddolosi, ma piuttosto per infiammare il genio dell'artista.

Sala dei giojelli. — Vedi **Museo Campana.**

Vestibolo. — Vestibolo circolare con bel pavimento a mosaico del Belloni, con in mezzo una copia di un vaso antico esistente al Museo Vaticano, eseguita nel 1820 dallo scultore Giacomo Raggi.

Galleria d'Apollo. — Si penetra in questa Galleria per un cancello di ferro, capo d'opera dell'arte del fabbro nel secolo XVII, e proveniente dal Castello di Case, costruito da Mansard.

Facciata principale della corte del Louvre (al mezzo del padiglione Sully).

La galleria d'Apollo, opera del pittore Lebrun, restaurata da Duban, è una delle vengono in seguito l'*Aurora* di Muller, la *Stella del mattino* di Renou, la *Sera* di Le-

Un padiglione della corte del Louvre.

maraviglie del museo. Il dipinto della cupola di Eugenio Delacroix rappresenta *Apollo vincitore del serpente Pittone*, brun e le *Quattro Stagioni* di differenti autori.

Fare attenzione sopratutto ai 18 ritratti dei principali

Galleria d'Apollo.

pittori, scultori e architetti che hanno lavorato al Louvre, in tappezzeria dei Gobelin; ma che paiono fresca pittura.

vetrine contenenti smalti di varie epoche e oggetti di un grande valore.

Salone quadrato. — Il salone quadrato del museo

Salone quadrato.

In mezzo della galleria cinque tavole, ove sono esposti oggetti di oreficeria, che sono pagine di storia, quando non sono oracoli di arte. A destra e a sinistra dei muri di pittura è divenuto per la città di Parigi ciò ch'è la tribuna del Palazzo degli Uffizi a Firenze. Le maraviglie delle antiche scuole ne coprono i muri. Da qualun-

I MUSEI: IL LOUVRE

que parte si volga lo sguardo esso riposa sopra un capolavoro. Queste tele sono di Raffaello, Tiziano, Paolo Veronese, Andrea del Sarto; quelle altre del Perugino, di Murillo, di Van Dyck; quest'altre ancora di Filippo di Sciampagna, di Lesueur e di

Grande Galleria. — La grande galleria è divisa in diverse sezioni, mediante colonne di marmo, che in altri tempi servirono a sostenere il tetto degli altari in alcune chiese di Parigi. Per quanto lungi possa correre il vostro sguardo, la quantità di qua-

Grande Galleria del Louvre.

Poussin. È un tempio immortale dell'arte, di cui Apelle avrebbe fatto il suo paradiso; Zeusi, rapito in estasi, un soggiorno di beatitudine; Correggio, principe delle grazie e del colorito, il suo regno; e Raffaello, pontefice massimo della pittura, la sua Città Leonina.

dri che si spiegano davanti a voi, sopra l'una e l'altra parete, è così grande che pare quasi impossibile di poterne arrivare a fine. È il caso veramente di dire che la ricchezza e l'abbondanza peccano per il loro eccesso. Infatti delle opere eccellenti che sarebbero degnamente apprezzate in luoghi dove abbondano meno, si perdono e rimangono come soffocate nelle spesse file di tanta moltitudine.

Vengono in prima le scuole d'Italia con Raffaello, Tiziano, Leonardo da Vinci, Guido Reni, Annibale Caracci e specialmente quelle del secolo XVI e del secolo XVII. Seguono dopo le scuole spagnuole con Murillo, Ribera, Velasquez, ecc. Poi le Scuole di Alemagna, Fiandra, Olanda; i prodotti del genio di Rubens e i 21 quadri della vita di Maria de' Medici, ch'egli eseguì per il Lussemburgo, con un'inspirazione e una facilità, di cui egli solo possedeva il segreto. Finalmente la scuola francese, coi capilavori di Mignard, Lebrun, David, Boucher, Greuze, Robert, ecc.; qualche figura storica del XV secolo; dei ritratti di una squisita finitezza dipinti dai maestri del 1600 e la *vita di S. Bruno* di Lesueur, dirimpetto alle scene bibliche e pastorali di Poussin.

Sala dei sette metri. — Uscendo dall'ultima sala della scuola francese e propriamente di là ove si trova il quadro dei *Mietitori* di Robert, arriverete sul pianerottolo della scala Daru ov'è posta una parte della collezione di terre cotte. Degnatela di un'occhiata, se così vi piace, e, senza discendere, volgetevi a destra. Una porta verde vi condurrà nella *sala dei sette metri*. Questa sala, complemento della GRANDE GALLERIA, contiene esclusivamente quadri dell' antica scuola italiana dal XIII secolo in poi. Cimabue, Fra Angelico, Giotto, Perugino, Mantegna, Bellini ed altri non meno illustri hanno ivi il loro seggio d'onore.

Sala degli a freschi. — Dalla SALA DEI SETTE METRI, che vi conduce direttamente alla GRANDE GALLERIA, seguite a sinistra il SALONE QUADRATO. Là, invece d'infilare la porta della GALLERIA D'APOLLO, piegate a sinistra. Avrete due sale da attraversare: la SALA DEGLI A FRESCHI con belle pitture del Luini e l'ANTICA SALA DEI GIOIELLI, ove si trovano dei quadri antichi e un vaso enorme trovato a Troesmi.

Museo Campana. — **Sala dei Gioielli.** — Giunti all'estremo limite della ANTICA SALA DEI GIOIELLI, arriverete a un pianerottolo, ove si trova la statua in bronzo della *Vittoria* di Brescia e varie statuette. Discendete sette gradini, rimontatene altrettanti, rimettete il piede nel VESTIBOLO circolare del pavimento di mosaico, ed ivi presso troverete l'odierna SALA DEI GIOIELLI. È una interessante collezione di oggetti preziosi, provenienti da scavi fatti a Megara, Bolsena, Rouen, Poitiers, Tortosa, Alençon e altrove. La soffitta dipinta per mano di Mauzaisse rappresenta il *Tempo* in mezzo a delle rovine.

Sala Asiatica. — Questa sala contiene alcune iscrizioni fenicie, ciprie, una collezione di terre cotte, una serie di statuette babilonesi ed altri monumenti scoverti a Rodi, Cipro e Palmira.

Sala delle terre cotte. — Terre cotte quasi tutte provenienti dalla Magna Grecia; a cui si aggiungono dei bellissimi vasi etruschi, di Canosa, delle urne funerarie e delle figurine d'Ardea.

Altre sale. — Le altre sale del Museo Campana contengono vasi etruschi, corintii, anfore, panatenaiche, idrie, gutti, coppe, cratere, ciati, piatti, scaldavivande, sarcofaghi, bassorilievi, i vasi dell'artista greco Nicosteno e il *sepolcro lidio*, in terra cotta, ch'è senza dubbio il monumento più prezioso della collezione Campana.

Museo Carlo X e Museo Egiziano. — Rimontando il Museo Campana, in tutta la

Padiglione di Enrico IV.

sua lunghezza, fino alla Sala dei Sette Camini, prendete a destra la porta collaterale e quella per cui siete usciti, e vi troverete nel MUSEO CARLO X. — Le decorazioni sono sontuose: la pittura storica, l'oro, i marmi e gli stucchi vi sono profusi a piene mani. Sulla soffitta della prima sala l'*Apoteosi d'Omero* d'Ingrès, celebre in tutta Europa, e il cui merito è fuori discussione. In questa sala e nelle tre seguenti una quantità innumerevole di vasi grechi di tutte le forme e di tutte le dimensioni, la più parte coperti di pittura; le terre cotte di Tarso, di Cilicia e di Cirene modellate con finezza e gusto greco; le lampade romane; i gessi e legni antichi di Crimea; dei giojelli antichi, dei cammei, degli avorj, e una serie importante di oggetti in argento scoverti nel nel 1836 nelle vicinanze di Brissac. Nella sala centrale, sostenuta da colonne di marmo bianco a solchi longitudinali, delle rarità estratte dai cimiteri gallo-romani e merovingi della Normandia.

Le quattro ultime sale formano il compimento del MUSEO EGIZIANO situato a pian terreno. Vi si vedono classati in ordine, più o meno metodico, idoli, amuleti, simboli, mille oggetti relativi al culto e agli usi funerarj, istrumenti d'arte e mestieri e un mondo di cose, che possono essere considerate come un sacrario di reliquie superstiti al naufragio della civiltà egiziana.

Antico Museo dei Sovrani. — All'estremità del MUSEO EGIZIANO esiste un pianerottolo, ove sono delle statue e delle tombe egiziane. Attraversatelo senza esitanza, e alla vostra sinistra troverete l'ANTICO MUSEO DEI SOVRANI, il quale si compone di un vestibolo e quattro sale, nella prima delle quali (detta dell'Alcova) è spirato Enrico IV, dopo l'attentato di Ravaillac.

Tutte queste sale contengono ricchi intarsiati del tempo di Enrico II, bellissime pitture di Filippo di Sciampagna, vetriate del secolo XVI e del secolo XVII (1), arazzi in tessuti d'oro e d'argento di Chaudet e Bosio, una statua di bronzo di Rochet, statue di marmo di Calderali e Callemard, un vaso di porfido grigio, porcellane di Sèvres e finalmente la magnifica collezione di Filippo Lenoir.

Museo Americano. — Dopo le quattro sale a cui abbiamo accennato qui sopra, e che oggi, in verità, non offrono un grande interesse, viene il MUSEO AME-

---

(1) Bellissime sono le imitazioni che escono dall'officina del signor Leone Ottin, in via Lafitte, n. 5

RICANO, dovuto alla generosità di Angrand, console di Francia a Lima.

Alcuni vasi peruviani, varie sculture messicane, pochi oggetti di bronzo, delle armi in pietra dura e qualche istrumento musicale, ecco ciò che forma, più che altro, la ricchezza di questo museo.

Museo del Medio Evo e del Rinascimento. — Uscendo dal MUSEO AMERICANO e passando per un pianerottolo ove sono alcuni monumenti provenienti d'Africa, s'arriva tosto al MUSEO DEL MEDIO EVO E DEL RINASCIMENTO.

Ecco le varie sale di cui si compone, e il loro ordine progressivo per chi viene dal Museo Americano:

1.° Sala di terre cotte di Della Robbia;
2.° Sala delle majoliche italiane e delle majoliche di Nevers;
3.° Sala delle majoliche ispano-moresche e italiane.
4.° Sala delle majoliche francesi;
5.° Sala dei bronzi;
6.° Sala dei vetri;
7.° Sala Sauvageot;
8.° Sala degli avorii.

Museo dei disegni. — Questo museo fa seguito all'altro, e si divide così:

1.° Sala dei pastelli.
2.° Sala, col gran disegno sopra seta donato da Carlo V alla cattedra di Narbona.
3.° Sala, con medaglioni, smalti e disegni indiani.
4.° Sala, con disegni di David, Gérard, Géricault, Girodet, Granet, ecc.
5.° Sala, con disegni di Boucher, Cochin, Coypel e cartoni di Lebrun.
6.° Sala, con disegni di Girardon, Jouvenel, La Farge, Le Nain, ecc.
7.° Sala, con abbozzi di Lesueur e cartoni d'Ingrès.
8.° Sala, con disegni di Lesueur, Poussin, ecc.
9.° Sala, con disegni di Gros, Percer e Masquetier (1).
10.° Sala, con disegni della scuola fiamminga, tedesca e olandese.
11.° Sala, con disegni di pittori italiani.
12.° Sala, col cartone di Giulio Romano rappresentante il *Trionfo di Scipione*.
13.° Sala, con disegni di Raffaello e Michelangiolo.
14.° Sala, con disegni dell'antica scuola italiana.

Sala dei bronzi antichi. — Questa sala quasi contigua all'ultima sala dei disegni contiene bronzi, elmi, scudi, corazze, spade, ferri di lancia, lampade, trepiedi, statuette che rappresentano bene o male grandi e piccole

---

(1) In questa sala esiste una piccola porta che mena al secondo piano e propriamente al Museo di Marina. Ne profittino coloro che vogliono seguire a puntino il nostro itinerario.

divinità, semidei ed eroi, una bella *testa di giovane*, trovata a Benevento, e il famoso *Apollo* di Piombino.

Una porta di ferro, di ammirabile lavoro, s'apre a tutte queste golosità archeologiche, come si chiude a chi vorrebbe assaggiarne.

Secondo Piano.

Museo di Marina. — Vi si arriva direttamente salendo la scala di Enrico II fino al primo piano, passando davanti la sala dei bronzi e prendendo la scala di Enrico IV.

Questo Museo, fondato nel 1827, si compone di due parti distinte: il Museo Navale e il Museo Etnografico.

Il Museo Navale forma una collezione di modelli, macchine, bastimenti, attrezzi, cannoni, istrumenti nautici, piani topografici di porti, ecc.

Il Museo Etnografico forma una curiosa collezione di armature indiane, pagode, ornamenti indiani, trofei di escursioni scientifiche e un gran numero d'altri oggetti provenienti dall'Africa.

Sale di pittura. — Queste sale in numero di tre fanno seguito al Museo di Marina. La prima contiene pregiatissime tele di maestri francesi dai secoli XVII e XVIII; la seconda i capilavori dei maestri moderni, che si trovavano prima al Lussemburgo, e la terza i quadri fiamminghi e olandesi che non hanno trovato posto nella Grande Galleria.

Pianterreno.

Le collezioni del pianterreno si dividono così:

Museo di sculture antiche;
Museo di sculture moderne;
Museo d'incisioni;
Museo del Medio Evo e del Rinascimento;
Museo egiziano;
Museo assiro e dell'Asia Minore;

Museo di sculture antiche. — **Sala delle Cariatidi.** — La prima sala che vi si presenta a destra della scala Enrico II è la Sala delle Cariatidi, che deve il suo nome alle magnifiche cariatidi dello scultore Giovanni Goujon. È qui che Enrico IV celebrò il suo matrimonio con Margherita di Valois, come è qui egualmente che egli fu trasportato dopo aver soggiaciuto ai colpi del fanatico Ravaillac. La Lega vi tenne i suoi Stati, e Molière vi rappresentò le sue prime commedie. Tra le cose degne di nota citiamo le statue di Giove, Alessandro il Grande, Bacco, Ercole, la Venere accoccolata, il fanciullo dell'oca, la lupa di Roma in marmo rosso, l'ermafrodito Borghese e due vasche di marmo, che, per la loro posizione nella sala, producono un'eco ben singolare.

Corridoio di Pan, col distintivo di quattro gran termini della bassa epoca, provenienti dal castello di Richelieu.

Sala di Micene, con statua e busto di Seneca.

Sala delle Stagioni, con bassorilievi rappresentanti il culto di Mitra e un famoso *Germanico*, uscito dallo scalpello di Cleomene.

Sala della Pace, con sof-

Sala delle Cariatidi.

Sala di Fidia, ch'è, si può dire, il SALONE QUADRATO della scultura antica, dove tutto è da prendere e niente da lasciare.

Sala della Rotonda, in cui si ammira la famosa statua del Marte Borghese.

fitta dipinta dal Romanelli ed una statua di porfido rappresentante Roma.

Sala di Settimio, degli Antonini e di Augusto, con una collezione completa di statue e busti d'imperatori e imperatrici dell'antica Roma.

Vestibolo Daru, che, insieme alla scala, forma una specie di necropoli, ove si trovano riuniti sarcofaghi e cippi di varj paesi.

Sala del Tevere, colla celebre statua di *Diana e la cerva*, e il gruppo allegorico rappresentante questo fiume.

Sala del Gladiatore, col tanto rinomato *Eroe combattente* di Agasia d'Efeso, la *Diana di Gabies* e un *Marsia* così ben riuscito che pare non attenda altro che d'essere scorticato.

Sale di Pallade e di Melpomene, colla *Venere di Arles*, un busto d'*Omero*, la famosa Polinnia, una testa di *Afrodite* della scuola di Fidia e la *Pallade di Velletri*, la più bella e la più celebre statua di Minerva che l'antichità ci abbia trasmesso.

Sala della Venere di Milo, colla famosa Venere dell'isola di Milo, inimitabile capolavoro d'arte greca, probabilmente di Scopa; ma che sembra incominciata da Fidia e terminata da Prassitele. Questo stupendo originale, onore e gloria del Louvre, forma l'invidia dei musei d'Europa.

Sala della Psiche, con graziosa statua greca, da cui la sala ha preso il nome.

Sala di Adone, con sarcofago rappresentante dei Tritoni e delle Nereidi.

Sala d'Ercole e Telefo, con magnifico gruppo dell'istesso nome e un torso greco del giardino Farnese.

Sala di Medea, chiamata così per un sarcofago, rappresentante la *Vendetta di Medea*, in grande reputazione.

.∴.

Museo di Sculture moderne. — Questo Museo coll'ingresso sul cortile del Louvre, a destra del padiglione Sully, è composto delle sale PUGET, COYSEVOX, COUSTOU, HOUDON e CHAUDET. I migliori lavori sono, secondo noi, l'*Andromeda* e il *bassorilievo* del Puget, il *Mausoleo Mazarino* e la *Maria Adelaide di Savoia* di Coysevox, *Luigi XV* e *Maria Leczinska* di Coustou, la *Diana* di Houdon, l'*Amore e Psiche* di Canova e la *Saffo* di Pradier. Vengono poi le numerose produzioni in generi affatto diversi, di Anguier, Bouchardon, Chaudet, Clodion, Cortot, Desjardin, Duret, Girardon, Pajou, Rude, Simart e Slodtz. Il resto, meno poche onorevoli eccezioni, ci sembra freddo, monotono, pretensioso, d'invenzione povera e di esecuzione meschina.

.∴.

Museo di Incisioni. — Questo museo, sorto sotto gli auspici della prima Repubblica e per iniziativa del generale Pommereul, non ha solamente lo scopo di preservare l'arte delle incisioni contro le minacce possibili di abbandono, o i germi di decadenza; ma quello altresì di portare un profitto allo Stato. Esso si divide perciò in sala di esposizione, officine di lavoro e magazzini di vendita.

Sala delle sculture antiche (la Venere di Milo).

Il catalogo (pubblicato nel 1860) accenna a 4609 articoli

classificati sistematicamente in 12 categorie. Ogni articolo contiene le dimensioni della stampa e il prezzo di vendita. Gli amatori del genere troveranno ivi il pane pei loro denti. Buon appetito e buona digestione!

.·.

Museo del Medio Evo e del Rinascimento. — Questo museo istituito al Louvre nel 1824 si chiamava altra volta Museo d'Angoulême. Oggi ha cambiato il nome e col nome l'importanza. Esso si divide nelle seguenti parti:
Vestibolo. — Alcuni monumenti cristiani dal secolo XIII al secolo XVI.
Sala di Giovanni Goujon. — *Diana* di G. Goujon; *Monumento funerario* di G. Pilon ed altre produzioni scultorie di Prieur, Ponce e Richier.
Sala Michelangiolo. — *I due prigioni* di Michelangiolo; *Ninfa di Fontainebleau* di Benvenuto Cellini; un *bassorilievo* di Daniele di Volterra, varie figure della scuola italiana e parecchie *Vergini* con rispettivo *Bambin Gesù*.
Sala di Michele Colombo. — *S. Giorgio* di Michele Colombo, una statua sepolcrale di Bianco di Sciampagna e una *testa d'uomo*, ammirabile scultura del secolo XIII.
Sala degli Anguier. — Statue, busti e monumenti in marmo e in bronzo di Anguier, Giovanni di Bologna, Francheville, Guillain e Berthelot.
Sala del Camino di Bruges. — Bronzi italiani e diverse figure della scuola pisana.
Sala Cristiana. — Iscrizioni greche e latine, una tomba di santo e il sarcofago di *Livia Primitiva*, uno dei più antichi monumenti cristiani scoperto a Roma.
Sala Giudaica. — Ricca d'intatti monumenti e di frammenti interessanti piovuti da Terra Santa; ma ingombra altresì di un tritume d'inezie che costituiscono il polviscolo fecondatore dell'illustre razza degli archeologhi.

.·.

Museo Egiziano. — Ricca collezione di Sfingi, dalle più piccole alle più grandi proporzioni, bassorilievi, fusti di colonne, iscrizioni copte, idoli, tombe, sarcofaghi, monoliti e tre leoni monumentali, uno dei quali non lascia niente a desiderare come perfetta imitazione di natura.

Questo museo occupa in tutto due sale, compresa la scala contigua; ma, come l'abbiamo già detto, esso non è che il complemento, o il supplemento, del Museo che si trova al primo piano.

.˙.

Museo Assiro. — Le prime scoperte che hanno illustrato il nome di Botta, console di Francia a Mossul, ebbero luogo nel 1842. Nel 1847 le sculture estratte dal palazzo di Khorsabad, che ora si veggono al Louvre, arrivarono a Parigi. Mai collezione di monumenti sì originale era apparsa in Europa. Quella di Londra, innanzi a cui impallidiscono tante altre, non data che da quella di Parigi. Niente di più strano e di più sorprendente che codesti animali simbolici e quei personaggi della mitologia babilonese, dalla statura colossale e dagli arditi contorni, che dopo essere nati giganti sulle rive del Tigri e dell'Eufrate, avere vissuto tutta un'epoca di splendore e dormito un ciclo di secoli, rivivono e si ridestano sulle rive della Senna in pieno secolo XIX. Niente di più maraviglioso che questa Pompei asiatica che raccoglie qua e là membra non sue, getta ai venti il manto di polvere e passa i mari sopra un fragile schifo, per vivere ancora un'ora di civiltà.

Scene religiose, corteggi e pompe reali, spedizioni navali sono scolpiti sopra immensi quadri di pietra calcarea coi caratteri che solo sa imprimere la tradizione alla materia inorganica, per parlare agli uomini un linguaggio compreso dagli oumini. E poi? Monumenti e ancora monumenti, iscrizioni cuneiformi, vasi di Amatunta e di Pergamo, una raccolta di sarcofaghi fenici, unica al mondo, mattoni smaltati del palazzo di Khorsabad, figurine d'argilla, d'avorio e di legno, diversi utensili di metallo e mille altri oggetti, i quali vi diranno tutti che i re passano, si chiamino pure Nembrod o Sardanapalo, e le città periscono, sia pure il loro nome Ninive, Sidone, Mileto e Eraclea.

E qui finisce, non già il MUSEO DEL LOUVRE, che mai non finisce; ma la breve descrizione che dovevamo fare di esso.

Museo del Lussemburgo.

(Aperto tutti i giorni eccetto il lunedì, dalle 10 alle 4.)

Questo museo, altrimenti detto MUSEO DEGLI ARTISTI VIVENTI, occupa una sala del pian terreno e parte del primo piano del palazzo del Lussemburgo. Esso ha due ingressi: Il primo, quello cioè d'ogni giorno, si trova nel sottoposto giardino dietro il cancello che dà nella via di Vaugirard. L'altro, per la domenica e giorni festivi, resta alla sinistra del Cortile d'onore.

Avanti di salire la scala che conduce al MUSEO DI PITTURA, non sarà mal fatto di visitare al pian terreno la SALA DI SCULTURA, e considerarne i principali oggetti, che noi vi citiamo col loro numero d'ordine, e accompagnati dal nome d'autore.

Sala di Scultura. — 320. Fremiet. *Pane e Orso.* — 307. Degeorge. *Bernardino Cenci.* — 303. Crauk. *Busto di ragazzo.* — 292. Bonnassieux. *Amore che si taglia le ali.* — 316. Falguière. *Tarcisio, martire cristiano.* — 289. Barrias. *Giovanetta di Megara.* — 297. Cavalier. *La Verità.* — 300. Chapu. *Mercurio e il caduceo.* — 327. Hiolle. *Narciso.* — 312. Dumont. *Studio di giovane donna.* — 317. Falguière. *Un vincitore in una battaglia di galli.* — 308. Dellaplanche. *Eva dopo il peccato.* — 351. Oliva. *Ritratto del R. P. Ventura.* — 304. Crauk. *Bacchus.* — 330. Iselin. *Ritratto del pres. Boileau.* — 310. Paul Dubois. *S. Giovanni fanciullo.* — 338. Maindron. *Velleda.* — 294. Bourgesis. *La Pizia delfica.* — 355. Salmson. *Donna che dipana.* — 328. Hiolle. *Arione sul delfino.* — 331.

Jouffroy. *Confessione a Venere.* — 352. Perraud. *Infanzia di Bacco.* — 301. Chapu. *Giovanna d'Arco.* — 353. Perraud. *Disperazione.*

．·．

Museo di Pittura. — GRANDE GALLERIA. — Il soffitto della Grande Galleria è ornato di tredici bei quadri, di cui quello del centro *(Il Sorgere dell'Aurora)* è stato dipinto da A. F. Callet, e gli altri dodici, rappresentanti i mesi dell'anno, da Jordaens, allievo di Rubens. In quanto agli ornamenti che lo decorano essi sono stati eseguiti sotto la direzione dell'architetto de Gisors. Ma ecco qui, secondo il nostro costume, le principali produzioni del genio moderno esposte in questa e in altre sale: — 36. Gustavo Brion. *I pellegrini di Santa Odilia.* — 40. Cabanel. *Glorificazione di S. Luigi.* — 127. Isabey. *Imbarco di Ruyter e Guglielmo de Witt.* — 90. Fromentin. *Caccia del Falcone in Algeria.* — 203. Roberto Fleury. *Colloquio di Poissy.* — 55. Corot. *Paesaggio.* — 67. Delaunay. *Morte di Nesso.* — 57. Couture. *I Romani della decadenza.* — 199. Ribot. *S. Sebastiano, martire.* — 123. Henner. *Il buon Samaritano.* — 233. Vollon. *Curiosità.* — 41. Cabanel. *Morte di Francesca da Rimini.* — 118. Hébert. *Le* *portatrici d'acqua.* — 239. Ziem. *Veduta di Venezia.* — 47. Paolo Chenavard. *Divina Commedia.* — 54. Comte. *Enrico III e il duca di Guisa.* — 116. Hebert. *La malaria.* — 33. Giulio Breton. *La benedizione delle biade.* — 93. Gerôme. *Un combattimento di galli.* — 66. Delaunay. *Peste a Roma.* — 34. Giulio Breton. *Le spigolatrici.* — 122. Henner. *Idillio.* — 62. Carlo Daubigny. *Cateratta nella valle d'Optevoz.* — 197. Enrico Regnault. *Ritratto equestre di Giovanni Prim.* — 121. Henner. *La casta Susanna.* — 26. Rosa Bonheur. *Coltivatori di Nevers.*

Salottino che segue. — 27. Bouguereau. *Trionfo del martire.* — 72. Giulio Didier. *Rovine d'Ostia.* È nel fondo di questa sala che si trova la porta per la quale si penetra le domeniche.

Sala in fondo della Grande Galleria. — 198. Enrico Regnault. *Esecuzione sotto i re di Granata.* — 153. Lefèbvre *La Verità.* — 2. Achenbach. *Una festa a Genazzano.* — 117. Hébert. *Il bacio di Giuda.* — 85. Forestier. *Gesù Cristo e l'ossesso.* 164. Emilio Lévy. *Morte d'Orfeo.* — 88. Français. *Dafni e Cloe.* — 126. Humbert. *La Vergine, il bambino Gesù e S. Giovanni Battista.*

Galleria laterale. — Prima Parte. — 1. Achard. *La cascata del burrone di Cernay-la-Ville.* — 14. Belly. *I pellegrini della Mecca.* — 48. Chenu (Fleury). *Effetto di neve.* — 50. Chintreuil. *Paesaggio.* — 64. Dehodemcq. *Corsa di tori in Ispagna.* — 81. Fichel. *Arrivo all'albergo* — 119. Hédouin. *Il ritorno dai campi.* — 142. Lansyer. *Il Castello di Pierrefonds.* — 151. Le comte du Nouy. *I portatori di cattive nuove.* — 194. Pleysier. *I pescatori sorpresi dal vento.* — 226. Tissot. *Incontro di Faust e Margherita.* — 229. Trayer. *Una friggitrice nel giorno del gran mercato di Quimperli.* — 231. Vatter. *Luigi XIV e Molière.*

Rotonda. — Essa non contiene che delle sculture, tra cui si fanno distinguere la statua colossale rappresentante *Minerva dopo il giudizio di Paride*; i busti dei *Gracchi* di Guillaume e di *Rembrandt* di Oliva; e la *Vittoria* che incorona il vessillo di Francia di Crauk.

Galleria laterale. — Seconda Parte. — 8. Baron. *Le vendemmie in Romagna.* — 80. Feyen-Perrin. *Il ritorno dalla pesca delle ostriche.* — 92. Gendron. *Un giorno di Domenica a Firenze nel secolo XV.* — 112. Guillemet. *Bercy in dicembre.* — 124. Hesse. *Trionfo di Pisani.* — 125. Hillemacher. *La Chiesa di S. Pietro a Roma.* — 134. Kreyder. *Offerta a Bacco.* — 147. Laugée. *Eustachio Lesueur presso i certosini.* —

157. Adolfo Leleux. *Un matrimonio in Bretagna.* — 167. Maignair. *Partenza della flotta normanna per la conquista d'Inghilterra.* — 175. Melida. *Una messa di purificazione in Ispagna.* — 223.

di Sèvres al centro e belilssimi acquarelli di Enrico Regnault.

Sala degli stranieri. — 103. Vittorio Giraud. *Un mercante di schiavi.* — 20. Giacomo Bertrand. *Morte di*

Palazzo di Cluny.

Tassaert. *Una famiglia disgraziata.*

Sala delle tappezzerie. — 361. *La Madonna e il bambino Gesù,* tappezzerie dei Gobelin. — Tappezzerie di Beauvais rappresentanti fiori e frutti. — Vaso di porcellana

Virginia. — 63. Carlo Daubigny. *La primavera.* — 215. Schreyer. *Cavalli di cosacchi.* — 133. Knaus. *La passeggiata.* — 169. Maysiat. *Fiori e frutti.* — 120. Heilbut. *Il Monte di Pietà.*

Prima sala dei Vernet.

I MUSEI: IL LUSSEMBURGO

— 44. Chaplin. *Le bolle di sapone.* — 165. Enrico Lévy. *Sarpedone.* — 106. Gleyre. *La Sera.* — 214. Schnetz. *L'addio di Boezio alla sua famiglia.* — 68. Delaunay. *Diana.* — 221. Signol. *L'adultera.* — 156. Lehoux. *S. Lorenzo martire.* — 4. Amaury Duval. *Studio di fanciullo.*

Seconda sala dei Vernet. — 154. Legros. *Un'ammenda onorevole.* — 108. Gros Claude. *Brindisi alla Vendemmia del 1834.* — 235. Weber. *La morte del capriolo.* — 94. Gervex. *Satiri e Baccante.* — Disegni di Regnault, Millet e Bertin.

Terza sala dei Vernet.

Interno del Museo di Cluny.

— 170. Marchal. *Ovile di Lutero.* — 30. Brendel. *Ovile di Barbison.* — 17. Berchère. *Crepuscolo.* — 272. Celestino Nanteuil. *Fauno.* — 243. D'Aligny. *Roccie e Castagni* (disegno). — 270. Eugenio Lami. *Cena a Versailles.* — 253. Bida. *Refettorio di monaci greci* (disegno). — 281. Tassaërt. *Ritratto di giovane morta.*

Museo di Cluny.

Situato sulla sinistra del bastione S. Michele, con ingresso in via di Sommerard, il museo di Cluny è aperto al pubbico tutte le domeniche e giorni festivi, dalle 11 alle 4 1[2; ma, domandandone direttamente il permesso al direttore, si può visitare anche negli altri giorni.

Il palazzo di Cluny, costruito nel 1490 sulle rovine delle Terme di Costanzo Cloro o di Giuliano l'Apostata, è il solo monumento civile di Parigi che abbia conservato il suo aspetto primitivo. Nè i lavori di riparazione che si son fatti e si vanno facendo, hanno altro scopo che di conservargli tutta la sua originalità e fisonomia medioevale.

Abitato dall'abbate Giacomo d'Amboise, suo vero fondatore, ebbe successivamente per ospiti la vedova di Luigi XII, Giacomo, re di Scozia, e il cardinale di Lorena. Nel 1584 dei commedianti vi davano delle rappresentazioni. Durante il secolo XVI servì di dimora ai nunzi apostolici della Corte di Roma. Nel 1787 lo stampatore della regina faceva gemere i suoi torchi nella cappella abaziale, e la torre era divenuta un osservatorio astronomico di marina. Nel 1790, divenuto proprietà nazionale, fu ceduto a un particolare. Il signor Sommerard, che lo comperò nel 1800, vi raccolse quante mai si possono immaginare rarità archeologiche; ma, colpito da morte, sua moglie vendè il palazzo e la preziosa raccolta alla città di Parigi. Fu allora che diventò pubblico museo.

Dall'anno della sua inaugurazione, che fu il 1844, fino al giorno d'oggi, il museo di Cluny si è così arricchito di nuovi e peregrini cimelii, che oggi conta oltre 12 mila articoli, divisi in dieci sezioni principali.

Eccone i nomi:

1.° — Scultura: monumenti, ruderi, statue, bassorilievi, pietre sepolcrali, camini, altari e mobili, ecclesiastici e civili, in pietra, marmo, bronzo, legno, avorio e alabastro.

2.° — Pittura: quadri, ritratti, manoscritti, miniature e libri illustrati.

3.° — Pittura sopra vetro.

4.° — Smalti, componenti

una serie non interrotta delle opere della scuola di Limoges nel secolo XIII, fino agli ultimi prodotti del secolo XVIII.

5.° — Majoliche e cristalli: majoliche italiane, francesi, tedesche; stoviglie di Fiandra; terre cotte smaltate; vetri dei secoli XIII, XIV, XV, XVII; vetri di Venezia e d'Alemagna.

6.° — Oreficeria, orologeria e giojelli.

7.° — Armi offensive e difensive: armature, elmi, scudi, spade, pugnali, mazzeferrate, partigiane, pistole, archibugi, moschetti e fucili.

8.° — Ferramenta: ferri cesellati, incisi, ritorti, serrature, chiavistelli, ecc.

9.° — Tappezzerie: paramenti, arazzi, ornamenti di chiesa, tessuti rari e ricami.

10.° — Materie preziose, mosaici ed altri oggetti.

Aggiungasi a tutto questo il museo storico delle vetture, coi suoi cocchi dorati, carri, traini, sediuole italiane, *carrick* olandesi, portantine e bardature d'ogni specie e colore, e si avrà una idea completa del Museo di Cluny.

Museo Municipale.

Questo museo tutto recente (1867), e, si può dire, ancora in via di formazione, è situato nell'antico palazzo Carnavalet, via Sévigné, N. 23, in prossimità della piazza del Palazzo Reale.

Scopo precipuo di sua fondazione è di raccogliere nel medesimo luogo gli oggetti risguardanti la storia di Parigi, e, sopratutto, i residui provenienti da demolizioni e dalle mura cadenti di vetustà. Sacro asilo dell'arte contro la falce del tempo e il piccone della nuova civiltà, esso serba un Parigi antico al Parigi moderno. E difatti, grazie alle compere eseguite e ai doni largiti, esso possiede già inestimabili tesori cittadini, tra cui sono degni di nota gli oggetti gallo-romani ritrovati negli scavi del nuovo Hôtel-Dieu, e nel sottosuolo della via Monge e dell'antica chiesa di S. Marcello.

Questo museo storico ed archeologico, tutto ad un tempo, comprenderà quattro epoche ben distinte:

1.° Età preistoriche. — 2.° Periodo gallo-romano. — 3.° Medio Evo e Rinascimento. — 4.° Epoca contemporanea.

Museo d'artiglieria.

(Visibile al martedì, giovedì e domenica da mezzogiorno alle 4.)

Il museo d'artiglieria, situato fino al 1870 nell'antico convento dei domenicani di

S. Tomaso d'Aquino, è stato installato nel 1871 nel palazzo degl'Invalidi. Esso contiene tutta una serie d'armi offensive e difensive dall'ascia in selce delle prime età fino all'ultima delle nostre armi da fuoco, e si divide in due parti, ognuna delle quali comprende varie sale.

Prima Parte. — Ingresso all'Est della Corte d'onore.

1.ª Galleria. — Storia delle armi. — In questa sala, detta anche *sala delle armature*, vi sono le vetrine delle armi antiche, armature del Medio Evo, collezioni d'elmi, scudi, giachi di maglie, corazze, ecc. — Lungo il muro sono sospese molte bandiere che hanno appartenuto ai reggimenti francesi, e di cui qualcheduno ha figurato nei principali fatti d'armi degli ultimi 50 anni.

2.ª Galleria. — Storia delle armi. — Collezione di piccoli modelli di bocche da fuoco, carri da cannone, istrumenti e macchine da guerra e diverse forme di projettili dall'invenzione della polvere fino all'invenzione del cannone Krupp. Più una riproduzione esatta di bandiere francesi dal 1250 al 1793, secondo documenti autentici.

Cortile d'Angoulême. — Uscendo dalla seconda galleria, un corridojo conduce direttamente alla corte d'Angoulême, nel quale sono disposti per ordine cronologico i cannoni delle varie epoche e di differente stile. Tra i mille *argomenti persuasivi* fanno la loro mostra dei cannoni provenienti dalla Cina e dal Messico e delle áncore del porto di Sebastopoli.

Cortile della Vittoria. — Si trova nel medesimo lato del palazzo, e contiene dei pezzi moderni di grande calibro e dei modelli di bocche da fuoco per la marina.

Seconda Parte. — Nell'andito che va dalla corte d'Angoulême alla corte della Vittoria, si trova l'ingresso della seconda parte del Museo, composta di 6 gallerie.

1.ª Galleria. — Armi della età della pietra e del bronzo, modelli d'armi greche e romane, armi orientali, armi e costumi cinesi, giapponesi, indiani, e della Corea, provenienti dalle ultime spedizioni e da compere fatte di poi.

2.ª Galleria. — Armi bianche ed armi d'asta del secolo XIV al secolo XIX.

3.ª 4.ª e 5.ª Galleria. — Magnifica collezione d'armi da fuoco, lancie, alabarde dal secolo XV al secolo XIX, effetti militari d'equipaggio moderno e una raccolta incompleta di decorazioni francesi e straniere.

6.ª Galleria. — Balestre, archi, elmi moderni e piccoli modelli del materiale d'artiglieria e della flotta.

Appunto storico. — Il 29 luglio 1830, gl'insorti s'impadronirono del Museo d'artiglieria, dove si trovarono armi di tutte le specie, e, ciò che era più prezioso in quel momento, una gran quantità di modelli per fondere palle. Ebbene, chi lo crederebbe? tutte queste armi storiche, che avevano così ben servito all'attacco del Louvre e della caserma di Babilonia, furono regolarmente rimesse nel museo, una volta che avevano cessato di essere necessarie.

Museo degli Archivi Nazionali

(Aperto al pubblico la sola domenica da mezzogiorno alle 3.)

Gli archivi nazionali (via dei Franchi-Borghesi, N. 60), deposito di documenti storici, politici, amministrativi e giudiziarj della Francia, formati nello scorcio del passato secolo, occupano le sale dell'antico palazzo di Guisa.

Una nuova sala pubblica, più grande e più comoda dell'antica, è stata aperta nel 1865 per aumentare il numero degli studiosi; come una biblioteca di libri speciali è stata messa a loro disposizione per facilitarne le ricerche.

Il *museo paleografico*, fondato nel 1865 ed annesso agli Archivi, contiene una collezione di suggelli, medaglie, papiri di tutte le nazioni e bellissimi saggi di tutti gli istrumenti che hanno servito alla scrittura.

Museo delle Macchine.

(Visibile alla domenica e al giovedì dalle 10 alle 4.)

Ricca e preziosa collezione di modelli d'ogni specie e misura esistente nel **Conservatorio d'Arti e Mestieri**. In mezzo alla farragine di cose che ivi si ammassano e s'incatenano, ecco quello che ha potuto fermare il nostro occhio e la nostra attenzione:

Le macchine motrici, a vento, a vapore, idrauliche, i vari istrumenti d'agricoltura e sull'arte tessile; i modelli di vagoni e di locomotive; le gallerie di ottica, acustica e prodotti chimici; le sale di astronomia e di geometria; gli orologi astronomici e marini; gli *specimens* dei pesi e misure di tutti i paesi d'Europa; le macchine impiegate nelle diverse industrie; i modelli sull'arte di costruzione; i vari sistemi d'illuminazione e caloriferi; e finalmente una collezione relativa alla *cinematica*, o scienza del movimento, come sarebbero dinamometri, anemometri, macchine di costruzione, presse, carrucole, gru, ingranaggi, ecc.

Sintesi materiale della meccanica, sunto enciclopedico della scienza d'Archimede, il *Museo delle macchine*, bisogna confessarlo, risponde degnamente al suo titolo e allo scopo per cui fu creato.

Museo delle Medaglie.

Questo museo che s'identifica alla Biblioteca nazionale per vicinanza di corpo; ma che se ne distacca per la sua diversa natura, è visibile solamente il martedì dalle ore 10 1/2 alle 3 1/2.

Dotato da duchi, imperatori e pascià di doni superbi, ha finito per essere uno dei più ricchi del mondo e possedere all'incirca 200 mila tra medaglie e monete. Di queste alcune sono rarissime ed altre uniche affatto. Ma le collezioni numismatiche non sono le sole che formano il suo lustro, ed altre non meno belle vi concorrono di loro parte. Tra queste, per esempio, quelle di statuette, terre cotte, bronzi, vasi, armi, avorii, suggelli, utensili domestici ed altri oggetti, che usciti dalla terra come materia brutta, vi ritornano come finissimi lavori. L'arte ha i suoi ossar e sono i musei; ma solo perchè ha i suoi camposanti.

Per maggiori dettagli consultare il libro delle medaglie galliche di Duchalais e il catalogo di Chabouillet.

Museo delle Monete.

Scelta collezione di punzoni, conii, medaglie ed effigie di monete, da Childeberto I (anno 511) in poi, e di cui si può fare acquisto nell'annesso ufficio di vendita.

Si trova sul *quai* Conti, N. 11, nel Palazzo delle Monete, ed è visibile il martedì e il venerdì da mezzogiorno a 3 ore.

Museo Tipografico.

Il museo tipografico, altrimenti detto **stamperia nazionale**, possiede una collezione unica di tipi orientali, punzoni e stampi di quasi tutti i caratteri conosciuti, legni antichi, 37 torchi meccanici, 60 torchi a mano, 20 macchine per rigare e una splendida edizione dell'*Imitazione di Cristo*, che merita veramente di essere veduta.

È visibile, in via vecchia del Tempio, alle due precise del giovedì, mediante biglietto rilasciato dal direttore.

Museo Mineralogico.

È una bella risultanza di collezioni mineralogiche, geologiche, panteologiche che può interessare il dotto nella materia e pungere la curiosità del profano. Non uscirne quindi senza avere almeno osservato il piano in rilievo dell'Etna e del Vesuvio, il piano della vallata di Chamounix, la collezione del marchese Drée, la collezione geologica del bacino di Parigi, e il più che si può della classificazione dei minerali utili di Francia.

È aperto il martedì, il giovedì e il sabato dalle 11 alle 3, ed ha sede nella **Scuola nazionale delle Mine**, bastione S. Michele.

Museo di Anatomia comparata.

Raccolta completa d'istrumenti chirurgici e belle collezioni osteologiche, miologiche e frenologiche messe a disposizione dei soli studenti di medicina.

Aperto tutti i giorni dalle undici alle quattro (eccettuate la domenica e le vacanze) in via della Scuola di medicina, N. 12.

Museo Dupuytren.

Collezione patologica di modelli in cera e carta pesta di cui possono profittare gli studenti di medicina muniti di carta, tutti i giorni meno la domenica. Non dimentichi chi potrà usare di tal privilegio, o rompere la consegna, di riverire, entrando, la statua di Ambrogio Paré, celebre medico di Carlo IX.

L'ingresso è in via della Scuola di medicina, N. 15.

Museo di Storia Naturale.

Vedi all'articolo: Giardino delle Piante.

Museo di Versaglia.

Aperto tutti i giorni da mezzogiorno alle quattro.

Ne parleremo più oltre e precisamente nel capitolo: Vicinanze di Parigi.

I PALAZZI

Louvre.

Alcuni scrittori fanno rimontare l'origine del Louvre ai re della prima schiatta, e altri dicono che fu una fortezza costruita in un bosco da Filippo Augusto e ingrandita da Carlo V. Infatti nell'interno del cortile delle linee di asfalto bianco, o di granito, tracciate sul pavimento, indicano esattamente il piano di questa fortezza. Il Louvre si trovava allora fuori di Parigi; ma la cinta di mura, cominciata sotto Carlo V, fu terminata sotto Carlo VI, e di campagnolo fu fatto cittadino. Questo palazzo era destinato a ricevere i monarchi stranieri che visitavano la Francia. Nel 1528 Francesco I lo fece abbattere totalmente, e Pietro Lescot assunse i lavori del nuovo Louvre, in compagnia dello scultore Giovanni Goujon. L'edificio fu compiuto sotto il regno di Enrico II. Una parte dell'edificio moderno è stata costruita per gli ordini di Luigi XIV. Ed è sotto il regno di questo monarca che, sui disegni di Claudio Perrault, fu eseguita la superba facciata che guarda a S. Germano l'Auxerrois. Questo capolavoro d'architettura non lo cede in nulla alle più belle produzioni dell'epoca antica, e fa del Louvre il più bel tipo dell'architettura francese al tempo del Rinascimento.

Per ben giudicare del Louvre in tutto il suo insieme, seguite la via di Rivoli fino alla Piazza S. Germano l'Auxerrois, fermatevi innanzi al COLONNATO, passate nel CORTILE INTERIORE, percorretelo in giro, ammiratene le arcate, gli attici, le cornici, i fregi e le sculture; uscite pel *quai* delle Tuileries, gettate l'occhio alla facciata lungo il fiume, discendete pel *quai* fino alla via delle Tuileries, traversatela e rimontate per la via Rivoli, osservando l'antica facciata costruita da Levau e Lemercier e il PADIGLIONE DI ROHAN ricco di sculture.

NOTA. — Per la descrizione interna interrogate il apitolo MUSEI.

Il Louvre a volo d'uccello.

Palazzo delle Tuileries.

Il palazzo delle Tuileries, cominciato nel 1564 da Filiberto Delorme a maggiore gloria e profitto di Caterina de' Medici, e distrutto nel maggio 1871 nei momenti supremi della Comune, è oggi in via di ricostruzione; ancora poco tempo e i lavori saranno giunti al loro termine.

Il Palazzo delle Tuileries, antica residenza dei sovrani, si componeva di tre grandi parti: al centro il *padiglione dell'Orologio*; a sinistra, dalla parte della Senna, il *padiglione di Flora*, e a destra, verso la via Rivoli, il *padiglione di Marsan*. Una cappella, un teatro, la sala dei Marescialli, la sala delle Guardie, il salone della Pace, la sala del Trono, la sala del Consiglio di Stato e la galleria di Diana, ecco i locali principali che vi si facevano distinguere per la loro sontuosità e magnificenza. Oggi più niente di tutto questo: la Rivoluzione è passata nella stanza dei re, e non vi è rimasta che appena la memoria.

Morta la Monarchia in Francia e resa inutile la sua tana, è nell'intenzione della Repubblica di consacrare una parte di questo palazzo alle collezioni del Louvre, ove sono troppo in disagio. L'idea è buona, e noi non possiamo che applaudirvi.

Palazzo Reale.

Richelieu, ministro che fu più che re e quasi papa, una volta padrone assoluto del timone dello Stato, non si contentò più del suo modesto abituro e sognò anch'egli un palazzo che avesse potuto vincere di splendore quello del suo padrone. Comperò a tal uopo un gruppo di case, tra cui il palazzo d'Estrées e il palazzo Rambouillet, e le adimò al suolo. Poi su quest'area surse come per incanto un nuovo palazzo, che, dal nome del suo orgoglioso fondatore, fu chiamato Palazzo Cardinale, e poscia, dal dono che ne fu fatto al re, Palazzo Reale. Luigi XIV non l'abitò del resto che pochissimo tempo, e nel 1652 l'abbandonò per non più ritornarvi. D'allora in poi la storia del Palazzo Reale si confonde con quella dei duca d'Orléans e loro turpitudini.

Pochi edifici hanno subìto tanti cambiamenti come ha subìto questo qui, e il primo architetto si troverebbe invero troppo imbarazzato a riconoscere l'opera sua. Dell'antico palazzo, che vide successivamente sfilare quelle tre Eminenze bizzarre che furono Richelieu, Mazarino

La colonnata del Louvre.

e Dubois, non resta oggi che la galleria detta DELLE PRUE. Tutto si è rinnovellato, e, grazie alle ricostruzioni dell'ala confinante col Teatro francese, la facciata principale ha mutato anch'essa di aspetto, L'ordine dorico regna in tutta la sua estensione. Lo sporto in fondo del primo cortile dominato da un attico a fronte circolare, s'apre in tre arcate, la cui parte superiore forma il vestibolo che conduce alla grande scala.

Veduto dal secondo cortile, che si trova dalla parte del giardino, l'edificio presenta una facciata assai più sviluppata che quella del primo. Due ali, una a destra e l'altra a sinistra, fiancheggiano il giardino e formano i due lati di un parallelogrammo, di cui la Galleria detta d'Orléans è il limite estremo.

La fisonomia generale di questo bellissimo cortile interiore è quella della piazza di S. Marco a Venezia, colle sue Procuratie e il soprappiù degli alberi. Avremo occasione di parlarne.

Il Lussemburgo.

Cominciato nel 1615 da Maria de' Medici, vedova di Enrico II, che sborsò 90,000 lire al principe di Lussemburgo per il solo terreno, questo palazzo fu compiuto in meno di sei anni. Giacomo Debrosse lo costrusse prendendo per modello il palazzo Pitti di Firenze, ove la regina era stata allevata. Egli si distingue per la sua architettura maschia, la regolarità e la bellezza delle proporzioni. Nel 1802, Chalgrin, incaricato della riparazione dell'edificio, nocque alla maestà della facciata, sopprimendone due bei terrazzi. Nel 1831 l'architetto de Gisors l'accrebbe notabilmente e l'abbellì di dentro e di fuori.

Passò in molte mani e servì a vari uffici. Nel 1778 Luigi XVI lo diede al conte di Provenza suo fratello; sotto la Rivoluzione, Danton vi fu imprigionato; il Direttorio e il Consolato vi si stabilirono susseguentemente; il Senato del primo e del secondo impero vi tennero le loro sedute; la Camera dei Pari vi sedette, ed ora finalmente il Municipio lo fa servire ai suoi usi, fino alla riedificazione completa del PALAZZO DI CITTÀ.

Oltre le sale consacrate al MUSEO DEGLI ARTISTI VIVENTI di cui ci siamo già intrattenuti; i principali locali del Lussemburgo sono: LA CAPPELLA, la SALA DELLE GUARDIE, le SALE DEI CORRIERI DI STATO, il SALONE DI NAPOLEONE I, la SALA DEL TRONO, la SALA DELLE SEDUTE e la

Padiglione Richelieu

Palazzo delle Tuileries prima dell'incendio del 1871.

Tuileries. — Padiglione di Flora.

BIBLIOTECA. Meno la CAPPELLA ed alcune altre sale al pianterreno, il pubblico non vi è ammesso.

Il piccolo Lussemburgo.

Costruito, secondo tutte le probabilità, da Maria de' Medici vicino al Lussemburgo, rinchiude come prodotto politico-amministrativo, il prefetto della Senna, e come opere d'arte: il CHIOSTRO ornato da un bel getto d'acqua e l'antica CAPPELLA del Convento delle Figlie del Calvario, grazioso lavoro della fine del secolo XVI.

L'Eliseo.

Il palazzo dell'Eliseo è stato costruito nel 1718, sui disegni di Mollet e per ordine di Luigi d'Alvergna conte d'Evreux, da cui prese il nome. La marchesa di Pompadour ne fece acquisto, e l'abitò fino alla morte. Qualche anno dopo Luigi XV lo comperò dal marchese di Marigny per ricevervi gli ambasciatori straordinari. Servì in seguito di magazzino per conservare le suppellettili della Corona. Abitato vicendevolmente da Beaujon, dalla duchessa di Borbone, da Murat, Napoleone, Alessandro di Russia, dal duca e dalla duchessa di Berry e dal duca di Bordeaux, esso è stato il testimonio della seconda abdicazione di Napoleone dopo Waterloo e del colpo di Stato del 2 dicembre 1851; due grandi fatti d'ambizione, l'uno punito, t'altro trionfante, tutte e due ammaestramento ai popoli.

Il palazzo dell'Eliseo, ritoccato e ringiovanito dalla squadra di Lacroix, gode fama non usurpata tra i buoni edifici costruiti a Parigi durante la prima metà del secolo XVIII. Il piano, anche in mezzo alle sue irregolarità e stranezze, è ben concepito; la distribuzione interiore è fatta con intelligenza, e la parte decorativa ordinatamente disposta ed accuratamente eseguita.

Esso si estende dalla via Sobborgo S. Onorato al viale Gabriele, ed ha un doppio ingresso.

Palazzo degl'Invalidi.

(*Aperto tutti i giorni da mezzogiorno a 3 ore.*)

Luigi XIV, facendo questo superbo edificio, chiamato *Tempio dell'Umanità* sotto la Repubblica, e *Tempio di Marte* al tempo dell'impero, non ha fatto che coronare i voti di Enrico IV, che aveva progettato di fondare un asilo pei soldati feriti, muti-

Piazza del Carosello — Porticina di San Pietro.

lati o invecchiati sui campi di battaglia. Questo magnifico palazzo, incominciato nel 1670, secondo il piano di Bruant, terminato nel 1674 e restaurato dai due Bonaparte, è preceduto da una bella spianata vestita d'alberi e da una superba cancellata, dietro cui si apre il cortile interiore irto di cannoni minacciosi e taciturni. Al di là di questo cortile, in fondo a un giardino, si eleva e sporge la facciata principale del palazzo, d'aspetto imponente, onusta di trofei e lunga più di 200 metri. Al

Palazzo Reale, facciata verso la piazza.

di sopra della porta d'ingresso vi è una figura equestre di Luigi XIV, bassorilievo di Coustou; da una parte e dall'altra le statue colossali di *Marte* e di *Minerva* del medesimo autore e agli angoli le *Nazioni vinte* di Desjardins.

Questa porta va a mettere rilievo delle principali città d'Europa.

Nel fondo del cortile sorge la chiesa colla sua Cupola dorata, che si lancia al cielo arditamente come per annunziare agli astri che sotto di lei fremono le ossa del nemico più acerrimo dell'Umanità e della Pace dei Popoli.

Galleria d'Orléans.

nel Cortile d'onore, di carattere grave e distinto, che comunica cogli altri cortili detti d'Austerlitz, del Valore, d'Angoulême e della Vittoria, e vi conduce poi alla Biblioteca, ai Dormitoj, ai Refettoj, alle Cucine, alla Camera di Consiglio, al Museo d'artiglieria e alla sala che contiene i piani in

La chiesa, ornata da un gran numero di trofei, lungi d'inspirare sentimenti di rassegnazione, ne inspira d'ambiziosi; ogni pietra e ogni inscrizione ricorda i trionfi e gli orrori di una strage; gli altari e le immagini dei santi parlano di guerra e di distruzione, e perfino le tombe mandano un rumore

PALAZZI: PALAZZO DEGL'INVALIDI

confuso d'armi. In fatti nelle navi, nei pilastri e nelle vôlte sotterranee non sono Sebastiani, Saint-Arnaud ed altri famosi maestri nell'arte di assassinare gli uomini.

Palazzo degli Invalidi.

già sepolti gli Stephenson, i Volta, i Watt e i Guttemberg; ma i Turenna, Lannes, Kleber, Jourdan, Bugeaud, Tutta l'architettura della Cupola è di Mansard. Cominciata nel 1706, non fu terminata che trent'anni più

Cupola degli Invalidi.

PALAZZI: PALAZZO DEGL'INVALIDI

tardi. La porta maggiore si trova all'estremità meridionale della chiesa, e mette nella piazza Vauban. È da questo lato che si trova la **Tomba di Napoleone**. (1) — Il celebre architetto Visconti, incaricato di elevare Mansard, ebbe l'idea felice di aprirvi sotto una cripta a cielo aperto, che senza intercettare la vista dell'altare potesse permettere a lui di fare un bel monumento. Così fu fatto, e vi riuscì perfettamente.

Tomba di Napoleone I.

questo cenotafio sotto l'occhio della **cupola**, e non volendo nuocere all'insieme dell'opera del non meno celebre

L'entrata della cripta si trova a sinistra di un ricco altare ornato di quattro colonne, e vi si arriva mediante una scala in marmo. A destra e a sinistra vi sono i mausolei di Duroc e Bertrand, compagni d'armi del Côrso. Al di sopra della porta si leg-

---

(1) La **tomba dell'imperatore** è visibile al pubblico tutti i lunedì, i martedì, i giovedì e i venerdì da mezzogiorno a 3 ore.

gono alcune parole estratte dal suo testamento. Da ciascuna parte si drizzano due statue colossali, una portante lo scettro imperiale e l'altra gli emblemi della forza civile e militare. In mezzo alla cripta, sopra una base di granito verde dei Vosgi, si eleva un imponente sarcofago di marmo rosso, ove sono raccolti gli ultimi avanzi dell'*uomo fatale*. Tutto intorno circola una galleria ornata di bas-

Facciata del Palazzo di Giustizia.

Nuova sala dei Passi Perduti nel Palazzo di Giustizia.

sorilievi e di dodici enormi cariatidi di Pradier, che simboleggiano le dodici principali vittorie di Napoleone. Finalmente, in una camera sepolcrale di marmo nero, in faccia alla porta d'ingresso, si vede la sua statua di marmo bianco in paludamento reale, la spada d'Austerlitz, ecc.

Questa tomba più che una tomba è l'apoteosi del dispotismo militare, e tutto l'edificio, più che un edificio, si è la sua consacrazione.

Palazzo di Giustizia.

Tutto induce a credere che questo vasto edificio esistesse avanti l'invasione dei Franchi nella Gallia. Caduto in mano dei sindaci d'allora, che s'impadronirono del potere sotto i re della prima razza, fu ingrandito prima e poi ricostruito da cima a fondo. Eudes, conte di Parigi, fu il primo che vi abbia trasportato la sua dimora per meglio difendersi contro gli

Torre dell'Orologio.

attacchi dei Normanni e, in poche parole, ne fece una fortezza, i figli di Ugo Capeto e Roberto il Pio ne fecero un castello, e san Luigi un palazzo. Diventò così residenza ufficiale dei re della prima e della seconda razza; ma Filippo il Bello, in cerca di meglio, se ne stancò e l'abbandonò agli ufficiali della Giustizia, i quali ne fecero l'*Antro del Cavillo*, secondo Mercier, e il *Capitolo di Francia*, secondo il presidente di Thou. Altri restauri meno remoti datano dal secolo XVIII, e furono opera degli architetti Moreau, Desmaisons, Couture e Antoine. Infine incendiato in gran parte nel 1871, il palazzo di Giustizia è da qualche anno l'oggetto di lavori considerevoli, e non è che dal 1874 ch'è compiuta la sua facciata principale.

Il palazzo di Giustizia si compone di quattro corpi di fabbricato, che ne formano, per così dire, uno solo. Essi

Galleria di San Luigi.

sono: il Palazzo di Giustizia propriamente detto, ove si trova la Torre dell'Orologio; — la Castellaneria coi suoi torrioni che dominano il *quai* — la Prefettura di Polizia, situata sul *quai* degli Orefici e la S. Cappella che sorge in mezzo al palazzo.

La Sala dei Passi perduti, costruita da Giacomo Debrosse nel 1621, intieramente distrutta dalla Comune ricostruita da Viollet-le-Duc;
Statua di Malesherbes scolpita da Bosio ed elevata nel 1821 alla memoria dell'avvocato di Luigi XVI;

Cortile del Palazzo delle Belle Arti.

Molte cose debbono essere vedute, tra queste, debbono avere la precedenza:
La Torre dell'Orologio intieramente ripristinata, di proporzioni eleganti e severe, e da cui partì il primo segnale della Strage di San Bartolomeo;

Galleria di S. Luigi, con bellissime porte in ferro lavorato, colonnette sopraccinte da teste d'angioli e finestre a sesto acuto con vetri colorati;
Santa Cappella. — È un vero capolavoro del XIII secolo, perla preziosa dell'arte

Palazzo del Corpo Legislativo.

gotica, a cui l'architetto Lassus ha sovrapposto un'aguglia spigliata che non è del medesimo stile; ma che, lungi dal fare contrasto, s'attaglia così bene alla nobiltà e gentilezza del tempio come un fiore olezzante e variopinto sul seno arcuato di sposa leggiadra. Il cornicione delle finestre, l'elegante balaustrata, il rosone e i portici della facciata ornano il di fuori dell'edificio e lo accolgono come in un abbraccio che non soffoca già, ma pare che lo sostenga e ne ponga in rilievo ogni minima parte. L'interno della Cappella tutto rilucente d'oro, ornato di miniature, vetri screziati, statue, altari, arcate e baldacchino è di una magnificenza senza pari e di un effetto sicuro.

Pietro di Montereau mise tre anni a costruire la Santa Cappella, e la terminò nel

Palazzo dell' Istituto.

1247. Duban, Lassus, Viollet-le-Duc, Bœswillwald vi aggiunsero qualche cosa del loro; e guadagnò nuove bellezze.

Non vi si vede più la statua della Vergine, che, secondo la leggenda, avrebbe inchinato la testa a Duns Scott, questo scolastico arrabbiato che andò a chiudervi il *lume dell'intelletto*, avanti di sostenere la tesi dell'immacolata concezione. Ma, come compenso, a destra del coro, si vede ancora la piccola cappella di Luigi XI che gli serviva al medesimo uso che le e utilizzata più tardi come deposito degli archivii giudiziari, la S. Cappella serve oggi alle Corti e ai Tribunali per l'apertura solenne delle loro sezioni annuali. È in tale occasione che vi si celebra la messa dello Spirito Santo,

La Borsa.

Latomie di Siracusa al vecchio Dionigi; colla differenza che l'una si prestava a scegliere le vittime che dovevano cadere sotto l'unghia rapace del tiranno, e le altre servivano a sorvegliare quelle che vi erano già cadute.

Chiusa durante la Rivoluzione per causa di fallimento chiamata altra volta la *messa rossa*, o delle *riverenze*, perchè i signori del Parlamento vi si rendevano in abito stretto di cerimonia, e chiedevano una *abbondante elemosina* ai devoti, con tante riverenze e contorsioni da disgradarne il più sgraziato e stomachevole bertuccione.

Palazzo delle Belle Arti.

(Aperto tutti i giorni dalle 10 alle 4 in via Bonaparte, N. 14.)

il convento dei Piccoli Agostiniani dovesse servire esclusivamente a deposito dei differenti oggetti d'arte privi di asilo e senza alcuna destina-

Interno della Borsa.

Nel 1791, nel momento della soppressione degli ordini religiosi e della vendita dei beni ecclesiastici, la commissione dei monumenti decretò che zione. Poi il governo, avendo posto questi monumenti sotto la direzione di Alessandro Lenoir, pensò bene di trasformare il deposito in museo di monumenti francesi; e l'inaugurazione venne fatta l' 8 settembre 1795.

Il museo contava allora 572 monumenti classificati cronologicamente in otto sale, esse medesime formate coi residui di antichi monumenti. Ma zione col suo odio implacabile contro le istituzioni repubblicane, col suo cieco furore di parte, ed è soppresso il museo, gettato all'aria ogni cosa, esposte per un quarto di secolo alle intemperie del cielo e alla rapacità de-

Palazzo delle Monete.

per giudicarne l'importanza, basti dire che tutto quanto oggi si ammira nei musei del Louvre, S. Dionigi, Versaglia, in molte chiese di Parigi, nelle sale di scultura francese e nelle gallerie storiche, era allora riunito nel monastero dei Piccoli Agostiniani. Ma ecco arriva la Restaura- gli uomini le storiche reliquie, di cui i difensori dell'ordine si vantano i soli custodi. Questa misura vandalica cagionò, com'è facile immaginare, la perdita di una quantità di oggetti preziosi che andarono rotti, dispersi o trafugati.

È su questo luogo di esterminio che surse la Scuola delle Belle Arti. — Oh! povere lezioni quelle ove un così triste esempio è stato dato!

Il palazzo delle Belle Arti, come si vede ora, fu cominciato da Debret, sotto Luigi XVIII, e terminato da Duman, sotto Luigi Filippo. Esso rinchiude un gran numero di sale decorate secondo lo stile del Rinascimento, tra cui alcune servono alle Esposizioni pubbliche ed annuali degl'inviati a Roma e degli allievi della scuola. Una di queste sale è riservata ai quadri di tutti i giovani artisti che ottennero il gran premio da un secolo in poi. Un'altra alle pitture a cera di Paolo Delaroche. Un'altra ancora alla copia del *Giudizio Finale* di Michelangiolo, eseguita da Sigalon, alle tombe di Giuliano e Lorenzo de' Medici e ai modelli delle porte di bronzo del Battistero di Firenze del Ghiberti.

Finalmente in altre sale, lungo le scale, nei vestiboli e nei cortili, si succedono una quantità di oggetti, tra cui: medaglioni, statue, colonne, capitelli, gessi, camini, frammenti di scultura ed architettura ed altri monumenti a cui si associano i nomi di Giovanni Goujon, Filiberto Delorme, Simart, ecc.

Palazzo Borbone o del Corpo Legislativo.

Questo monumento cominciato nel 1772 sui disegni del Girardini, continuato su quelli di Lassurance e Mansard, fu terminato da Gabriel. Esso era destinato a servire di residenza a Luigi Francesco di Borbone. Il principe di Condé, che ne divenne proprietario, gli diede proporzioni più estese. Napoleone I ordinò la costruzione di una nuova facciata dalla parte della Senna, e Luigi XVIII, Carlo X e Luigi Filippo vi fecero altre innovazioni.

La facciata che guarda al fiume, costrutta sul piano di Poyet, si presenta con un peristilio di dodici colonne corinte che poggiano al di sopra del suolo su 29 gradini, fiancheggiati dalle statue colossali di *Minerva, Temi, Sully, Colbert, l' Hospital* e d'*Agnessau*. Sul frontone e sui muri, bassorilievi di Cortot, Rude e Pradier.

L'ingresso principale però, posto in mezzo a un colonnato corinto, è in via dell'Università. Segue un cortile d'onore con portici e statue. Poi la facciata con bassorilievi sul cornicione. In basso, sui piedestalli della scala d'onore, statue in marmo di Gayrard. Nell'interno ammi-

Palazzo dell' Industria.

rabile susseguenza di sale, tra cui le principali sono:

Sala della Pace, con soffitta dipinta da Orazio Vernet;

Sala delle Sedute: emiciclo ornato di 20 colonne joniche con capitelli di bronzo, arabeschi nella vôlta di Fragonard e statue di Pradier, Desprez, Dumont, Allier e Foyatier;

Sala Casimiro Perier, con bassorilievi di Triqueti e statue di Jalley, Duret e Desprez;

Sala del Trono, con bellissime pitture di Eugenio Delacroix rappresentanti: l'*Agricoltura*, la *Guerra*, l'*Industria* e la *Giustizia*;

Sala delle Distribuzioni, con soffitto dipinto da Abele di Pujol;

Sala delle Conferenze, con pitture di Heim.

Biblioteca contenente 80 mila volumi e alcuni manoscritti preziosi di Rousseau e Fénelon.

Palazzo della Presidenza.

(*Via dell' Università, N. 128.*)

Antico palazzo di Larsey, accresciuto ed abbellito da Belisart per conto del principe di Condé, che aveva intenzione d'abitarvi. Stile del Rinascimento. Bel gruppo di putti nel vestibolo.

Palazzo dell'Istituto.

(*Visibile tutti i giorni, meno la domenica dalle 11 a 1 ora.*)

Costruito sulle antiche fondamenta della *Torre di Nesle*, fu cominciato sui disegni di Levau e compito alla fine dell'anno 1662 da Lambert e D'Orbay. La facciata restaurata nel 1864 e ornata di statue, colonne e bassorilievi, lascia indietro una cupola a pilastri e si ricongiunge per due ali semicircolari a due padiglioni recentemente rimessi a nuovo. Nello interno, cortili con portici, sala di forma ellittica, detta delle SEDUTE SOLENNI, BIBLIOTECA e locali minori.

Il palazzo dell'Istituto, anticamente collegio Mazarino o delle quattro Nazioni, fu fondato per l'istruzione dei figli dei nobili e dei principali borghesi di alcune provincie. Il cardinale Mazarino aveva legato al collegio la sua biblioteca, la somma di due milioni di lire per le spese di costruzione e una rendita annuale di quarantacinque mila lire. Prigione e residenza del Comitato centrale di salute pubblica durante la rivoluzione, diventò poi la sede dell'Istituto, fondato dalla Convenzione nazionale il 26 ottobre 1795.

Dopo varie vicissitudini, ordinanze e disposizioni, l'I-

Palazzo di Città.

stituto è stato diviso definitivamente in cinque sezioni, o accademie. Esse prendono posto secondo l'ordine della loro fondazione, e sono chiamate così:

1.º Accademia francese;
2.º Accademia d'iscrizioni e belle lettere;
4.º Accademia delle Belle Arti.
5.º Accademia di scienze morali e politiche.

Le sole sedute dell'Accademia delle scienze sono pubbliche, ed hanno luogo il lunedì a 3 ore. Si può anche assistere alle sedute di Recezione dell'Accademia francese; ma perciò bisogna procurarsi un biglietto speciale al segretariato dell'Istituto.

Ingresso: Via Conti, N. 21, in faccia al ponte delle Arti.

La Borsa.

Vasto parallelogrammo di circa 71 metri di lunghezza su 49 di larghezza e 30 di altezza, elevato dal 1808 al 1827, per opera dell'architetto Brongniart e suo successore Labarre, ov'erano prima i giardini delle Figlie di San Tommaso. Al di sopra di un basamento massiccio, sorge un peristilio corinto di 66 colonne, principale sostegno ad un cornicione e ad un attico che formano la galleria coperta che gira tutt'intorno al monumento. Agli angoli del basamento 4 statue sedute di Duret, Dumont, Seurre e Pradier, rappresentanti la *Giustizia consolare*, il *Commercio*, l'*Industria* e l'*Agricoltura*. Nell'interno del pianterreno una sala per 2000 persone lunga 32 metri e larga 18, illuminata dall'alto e dipinta a chiaroscuro da Pujol e Meynier. In fondo della sala il tribunale e il recinto riservato agli agenti di cambio.

La Borsa, aperta tutti i giorni non festivi dall'una alle cinque, è situata nella piazza che porta il suo nome, e corrisponde per uno dei lati in via Vivienne.

Palazzo della Moneta

(*Quai* **Conti**).

La costruzione di questo edificio rimonta alla fine del secolo XVIII, ed è opera dell'architetto Antoine. Lo sporto della facciata, annobilito da sei colonne joniche, si riposa senza sforzo sopra un basamento di cinque archi a tutto sesto e sostiene con bel garbo un attico ornato di sei statue di Mouchy, Pizalle e Lecomte, rappresentanti: la *Legge*, la *Prudenza*, la *Forza*, il *Commercio*, la *Pace* e l'*Abbondanza*. Altre statue simboleggianti i quattro elementi ornano la facciata della via Guenegaud. Ventiquattro colonne doriche sorgono nel vestibolo. A destra una superba scala. Il cortile principale, largo 192 piedi su 110 di sfondo, è circondato da una bella galleria.

Le officine della fabbricazione, la fonderia, le filiere,

Palazzo di Città.

Intieramente distrutto nel 1871 in mezzo agli orrori della

Palazzo Pompejano.

la sala delle macchine, ecc., sono visibili tutti i martedì e i venerdì da mezzogiorno alle 3.

Per rapporto alle collezioni vedi articolo speciale sui MUSEI.

guerra civile, il Palazzo di Città venne nuovamente ricostruito. Ballu e de Perthes ne diressero i lavori. La facciata principale, rifatta sovra nuovi disegni, non conserva niente dell'antico.

Palazzo dell' Industria.

(Ai Campi Elisi.)

Questo vasto edificio che copre uno spazio di quasi 32 mila metri, fu eretto in occasione della Grande Esposizione universale del 1855. L'esteriore è di uno stile semplice, ma pesante. Sarebbe anche monotono, ma i padiglioni che s'avnzano dal centro e dai lati, v'introducono qualche varietà. Un'immensa arcata fiancheggiata da colonne corintie e sormontata da un attico a bassorilievo, ne forma la facciata principale. Sopra di essa una statua rappresentante la *Francia* che distribuisce delle corone all'*Arte* e all'*Industria*, che stanno ai suoi piedi. Ai lati due gruppi di genj completano il quadro. Le diverse gallerie interne sono benissimo disposte sotto vôlte di vetro appannato, e si prestano a meraviglia alle Esposizioni annuali di pittura e di scultura, non che ad altre straordinarie.

Durante l'Esposizione di pittura, che comincia il 1.º maggio e finisce il 20 giugno, l'entrata è libera la domenica e il giovedì.

Palazzo della Legion d'Onore.

(Via di Lilla, N. 62.)

Questo palazzo costruito nel 1786 dall'architetto Rousseau pel principe di Salm, comperato dallo Stato nel 1830, e incendiato nel 1871, è oggi intieramente ricostruito. Grazie però alla sua modernità non offre grande interesse.

Palazzo del Guardaroba.

(Via dell'Università, N. 120.)

Costruzione affatto recente che rinchiude delle bellissime collezioni di mobili, arazzi, tappezzerie ed altre cose destinate all' addobbo dei grandi palazzi. Il valore delle collezioni di diamanti, perle e pietre preziose, è stimato a 21 milioni di franchi. I più grossi diamanti sono il *Sancy* e il *Reggente*.

È difficilissimo, per non dire impossibile, di visitarlo.

L'Arcivescovado.

(Via di Grenelle S. Germano, N. 127.)

Bellissima costruzione del regno di Luigi XVI, anticamente chiamato Palazzo Duchâtelet.

Palazzi privati e Case Storiche.

Fu detto di Roma ch'era la città fabbricata dalle sirene, e di Venezia ch'era la città fabbricata dagli Dei; ma è di Parigi solamente che si può dire che

Palazzo di Sens.

città fabbricata dagli eroi, di Genova che era la città fabbricata dalle muse, di Napoli che era la città fabbricata è la città fabbricata dagli uomini. Infatti, nei più superbi palazzi come nelle più umili case, la Comodità non è stata sacrificata all'Estetica, e per raggiungere tale scopo l'onda di Civiltà getta a terra le vecchie insegne della barbarie, siano pure rappresentate da un muro glorioso per avere assistito alle lascivie di un potente monarca. La civiltà moderna ha sete di realtà, spera nell'avvenire, ed ha onta ed orrore di certi ruderi che le ingombrano il passo e le turbano la memoria.

Perciò Parigi è la città più sacrilega del mondo riguardo ai monumenti. Ogni giorno che passa, è un nuovo edificio che sorge, un vecchio che crolla, e la famosa metropoli, nell'ardore dell'opera, pare un piano fecondo, ove, invece di spighe, si mietono e nascono case.

Tra le poche vecchie salvate dalla rovina generale e che si fanno distinguere per qualche pregio artistico o per qualche ricordo storico, notiamo le seguenti:

Casa di Francesco I.

Casa dove morì Corneille, in Via d'Argenteuil

Palazzo Barbette. — Via Franchi-Borghesi, all'angolo della via Vecchia del Tempio. Uscendone, Luigi duca d'Orléans vi trovò la morte.

Palazzo di Bethune. — Via S. Antonio, dirimpetto quasi alla via S. Paolo. — Costruito da Ducerceau per Sully.

Palazzo di Borgogna. — Via Tiquetonne, vicino alla via Turbigo. Costruzione del secolo XIII, di cui non sopravanza che una grossa torre quadrata.

Palazzo Lambert. — Via S. Luigi dell'Isola, N. 2. — Costruito da Leveau e dipinto da Delacroix.

Palazzo Lamoignon. — Via Pavée, 24. — Cominciato per Diana di Francia e terminato per Carlo di Valois.

Palazzo La Valette. — Quai dei Celestini, 6. — Comperato nel 1857 dal conte della Vallette. — Magnifiche sculture e collezioni d'oggetti d'arte.

Palazzo di Luynes. — Via S. Domenico, S. Germano, 33. — Innalzato da P. Lemuet per Maria di Rohan duchessa di Chévreuse.

Palazzo di Matignon o di Monaco. — Via Varennes, 53. — Costruito da Brongniart.

Palazzo di Ninon de Lenclos. — Via delle Torricelle, 28. Buone pitture nel soffitto e medaglione sulla scala.

Palazzo di Olanda. — Via S. Luigi dell'Isola, N. 2. — Costruito da Leveau e dipinto da Delacroix.

Palazzo d'Ormesson. — Via S. Antonio, 22. — Costruito da Ducerceau per il duca di Majenna.

Palazzo pompeiano. — Via Montaigne, 27. — Costruito da Normand pel principe Napoleone, sul gusto della città risorta alle falde del Vesuvio.

Palazzo di Saint-Aignan. — Via del Tempio, 71. — Costruito da Pietro Lemuet. Bellissima porta.

Palazzo di Sens. — Via del Fico, 1. — Costruito nel 1475. Torricelle sporgenti agli angoli della facciata e torrione quadrato in fondo al cortile.

Casa di Francesco I. — Eretta a Moret nel 1533 e trasportata a Parigi pietra a pietra nel 1826. Curiosa iscrizione latina sulla facciata posteriore.

Casa di P. Corneille. — Via d'Argenteuil, 18. Ove morì il grande poeta drammatico.

Casa di Voltaire. — Quai Voltaire, 23. — Ov'è morto il grande patriarca dell'incredulità.

Casa di Lulli. — All'angolo della via S. Anna e della Via Nuova dei piccoli Campi. — Costruita da Gittard mediante undicimila lire che Molière prestò al celebre compositore.

E finalmente una quantità immensa di palazzi e di case di origine, uso, età, stile, e, stavo per dire, di sesso diverso; ove nacquero, morirono, o abitarono dei grandi storici come Filippo di Commines, dei grandi filosofi come G. Giacomo Rousseau, dei famosi tribuni come Marat, Danton e Robespierre, e degli amanti patetici, come Abelardo ed Eloisa.

MANIFATTURE

I Gobelin. — Questo grande stabilimento che prese il nome dal tintore Gille Gobelin, ed occupa il posto di una modesta officina da lui impiantata, fu fondata da Colbert nel 1667 sotto la direzione di un Lebrun. Ingrandito successivamente per rispondere ai bisogni del servizio fu distrutto in gran parte nel 1871.

Esso si divide in SALE DI ESPOSIZIONE. — OFFICINE PEI TAPPETI. — OFFICINE PER LE TAPPEZZERIE. — OFFICINE DI CUCITURA. — OFFICINA DI TINTURA. — SCUOLA PER GLI APPRENDISTI, con 22 allievi e SCUOLA DI DISEGNO, aperta ogni anno dal 1° novembre al 1° marzo.

Corsi pubblici di chimica applicata alla tintura.

La manifattura dei Gobelin è aperta alle persone d'ambo i sessi, munite di biglietti rilasciati dal direttore, il mercoledì e il sabato da 1 ora alle 2 nell'inverno, e dalle 2 alle 4 nell'estate. Gli stranieri vi sono ammessi nei medesimi giorni e nelle medesime ore dietro semplice presentazione del passaporto.

.

Tabacchi. — Vedete voi quegli immensi corpi di fabbrica alti cinque piani che si estendono dal *quai* d'Orsay alle vie Surcouf, della Università e Nicot? Ebbene, essi sono la provvidenza di migliaia e migliaia d'uomini che non sanno far di meglio che starnutare e salivare, e che, veri caminetti umani, corrompono l'aria cogli acri fumi di una pianta quanto mai velenosa. In altri termini è una fabbrica di tabacco da fumo, da presa e da bocca con rispettiva succursale a Reuilly, via Charenton, N. 319, che, *stupete gentes*, prepara a Parigi sigari *garantiti* dell'Avana! Gli operai impiegati ivi dentro sono più di 2600.

La *Sala delle forze motrici* e la SCUOLA D'APPLICAZIONE meritano l'onore di una vostra visita.

CHIESE

Verso la fine dell'ultimo secolo Parigi possedeva per lo meno altrettante chiese quante oggi ancora ne conta Roma; ma questa fine arrivò; e cominciò a distruggerne una parte; l'ora della grande rivoluzione suonò; e chiese e monasteri tutto fu alienato a profitto dello Stato o destinato a pubblici servizi. La distruzione fu così radicale che delle chiese esistenti oggidì solamente 12 possono considerarsi come appartenenti al Medio Evo, e le rimanenti quasi tutte agli ultimi due secoli. In quanto agli altri monumenti religiosi del Medio Evo, che sono sopravvissuti al furore della tempesta, essi sono devoluti ad usi più in rapporto coll'idee moderne, e le loro disposizioni si trovano profondamente modificate.

La descrizione dei monumenti religiosi deve aprirsi naturalmente con quella della cattedrale. Mettiamoci all'opera.

Notre-Dame. — Risulta assai chiaramente dal parere uniforme di antichi cronichisti, come Gregorio di Tours e d'Aymain, che sino alla fine del VI secolo la cattedrale di Parigi si componesse di due edifici vicini fra loro, ma distinti, uno col titolo di S. Stefano e l'altro con quello di S. Maria. Una tradizione incerta attribuisce al vescovo Encherado I, alcuni lavori importanti di costruzione. Incendiata dai Normanni nell'857, la chiesa di S. Maria fu presto ricostruita, ma non si sa bene da chi. Nel XII secolo l'arcidiacono Stefano di Garlando vi fece delle riparazioni. Maurizio di Sully, settantaduesimo successore di S. Dionigi, ricostrusse la cattedrale, e riunì in una le due chiese fino allora separate. Non fu però che papa Alessandro III quello che pose la prima pietra della nuova chiesa. Nel 1182 fu consacrato l'altar maggiore. Tre anni più tardi, nel 1185, Eraclio vescovo di Gerusalemme vi predicò la terza crociata. La grande facciata occidentale non fu cominciata che verso la fine dell'episcopato di Pietro di Nemours. La facciata meridionale e il coro cominciarono nel 1257. Quasi al medesimo tempo e sul

Notre-Dame.

CHIESE: NOTRE DAME

principio del secolo XIV altri lavori di conseguenza furono eseguiti. Dal secolo XIV al secolo XVIII pare che la cattedrale avesse conservato la sua fisonomia antica; ma l'esecuzione dei voti di Luigi XIII diè luogo nel 1699 a una serie di cambiamenti e mutilazioni che si sono susseguiti senza interruzioni fino ai nostri giorni. Di questa serie gli anni 1771, 1773 e 1793 fornirono le tre principali date, le prime due per ignoranza delle armoniche leggi del Bello, e la terza per soverchio amore del Vero.

La pietà però degli uni le

Abside della Chiesa di Notre-Dame.

fu più fatale che l'odio degli altri, e, mentre architetti e pavimento e le cappelle di questo gotico monumento,

Notre-Dame. — Facciata dal lato meridionale.

canonici facevano a gara a chi poteva più guastare le porte, le mura, gli ornati, il gli uomini della Rivoluzione, con Dupuis e Chaumette alla testa, si contentarono di superficiali innovazioni e trasformarono il tempio di Maurizio di Sully, di Filippo Augusto e di S. Luigi in tempio decadico della Ragione; ma ciò non fu che per un momento. A capo di pochi anni ritornò al culto cattolico, e a partire dal 1845 fu completamente restaurato da Lassus, Viollet-le-Duc e Boeswillwald.

La storia di Notre-Dame si lega di una maniera assoluta a tutta la storia di Francia. Non la finiremmo più se volessimo enumerare tutte le solennità nazionali, i battesimi di principi, i matrimoni e i funerali di re, e la conclusione di trattati di cui questa chiesa è stata testimone. È là che i grandi corpi dello Stato andavano a rendere grazie pel trionfo delle loro armi, ed è là che si sospendevano gli stendardi conquistati sui nemici della Francia.

La leggenda ha posto come il nido nei suoi tabernacoli, una intiera letteratura si svolge intorno alle mura marmoree e scalpellate, e il Romanzo ha spiccato nuovo ed altissimo volo dalle sue torri. Vittor Hugo è, perchè Nostra Signora fu prima di lui.

La facciata si divide in tre piani, l'uno soprapposto all'altro: 1.° Tre porte a sesto acuto, ciascheduna divisa in due per uno stipite comune, sormontate da timpani sculti in marmo ed aperte in curve profonde, formicolanti di figure; 2.° Galleria con 28 statue di re, bellissimo rosone in mezzo a due minori, la figura della Vergine adorata dagli angeli e più lungi dai lati, Adamo ed Eva; 3.° Bellissima galleria a giorno, ove si elevano due torri massiccie (1), dietro cui fa capolino un'aguzza torricella ricoperta di piombo. Le facciate minori, seguite da contrafforti, sono ricche di statue, bassorilievi e vetrate.

L'interno di Nostra Signora si compone di una navata principale, fiancheggiata da una parte e dall'altra da due minori, che si prolungano intorno al coro, e da 37 cappelle che fanno il giro della chiesa. Si nota inoltre in questo vasto edificio una lunga galleria, o tribuna, sormontata da finestra che si eleva fino al cominciare delle vôlte, 79 grossi pilastri che sostengono le mura in arco, 297 colonne principali, 113 vetrate, un bell'organo, il coro con finissimi bassorilievi in legno, il santuario,

---

(1) Nella torre di mezzogiorno si trova la più grossa campana di Francia, che pesa 16,000 chilogrammi (il solo battaglio ne pesa 488) ed ha 2 metri e 60 centimetri di diametro. Mediante 40 centesimi si può vederla e visitare le torri da cui si gode un bellissimo panorama.

il tesoro, statue, monumenti, tombe e una iscrizione che Nel mezzo del piazzale della chiesa vi è il monu-

Sant'Ambrogio.

ne insegna ov'è depositato il cuore del cardinale Talleyrand-Périgord.

mento equestre di Carlo Magno del Rochet.
Il cavallo del grande im-

CHIESE: SANT'AMBROGIO, SANT'AGOSTINO 111

peratore è condotto da due guerrieri franchi bellissimi. Il monumento in bronzo posa | *Voltaire).* — Grande chiesa di stile romano, costruita nel 1863, con torri sulla fac-

Interno della Santa Cappella.

su d'un grande piedestallo di marmo bianco. | ciata e bellissimo ciborio sull'altar maggiore.

S. Ambrogio *(Bastione* | **S. Agostino** *(Bastione. Ma* *lesherbes*). — Costruita da Vittore Baltard, con stile che stili, o meglio ancora, un sincretismo architettonico. —

Interno della Chiesa di Sant' Eustachio

si avvicinerebbe un poco al Rinascimento, se non fosse una reminiscenza di tutti gli stili, o meglio ancora, un sincretismo architettonico. — Pitture di Signol, Bézard, Bougureau, Brisset, Paolo Balze. — Vetrate di Claudio

Lavergue e Lavaze. — Sculture di Augusto Ottin, Jouffroy, Jaley, Cavelier, Schrœder, Carrier Belleuse, Cordier, Jacquemart, Bounassieux, Lequesne, Lepère, Mellet, Gilbert, Schœnewerk, Perrey, Brunet Talent, Moreau ed altri minori. Facciata con tre arcate, rosone traforato, fronte triangolare e porte alla galvanoplastica. — Nel centro dell'edificio, cupola circondata da quattro torricelle anch'esse cupolari. — Nell'interno, elegante altare con baldacchino dorato e cappella della Vergine, con graziose vetrate.

Santa Cappella. — Vedi PALAZZO DI GIUSTIZIA.

Cappella espiatoria *(Via d'Anjou St. Honoré)*. — Questa cappella, il cui aspetto pesante è reso ancora più cupo dal bellissimo *square* che la circonda, fu eretta nel 1820 alla memoria di Luigi XVI e Maria Antonietta, sul luogo medesimo ove furono sepolti questi due monarchi. — Luigi XVIII ne diede gli ordini, e gli architetti Percier e Fontaine li eseguirono. L'entrata principale rappresenta una tomba antica. All'interno gruppi in marmo di Bosio e Cortot di effetto troppo teatrale.

Santa Clotilde *(Piazza Bellechasse)*. — Questa bella chiesa incominciata nel 1825, abbandonata per 21 anni consecutivi, e ripresa nel 1846, non fu terminata che nel 1857 sui piani di Gau e Ballu e secondo lo stile del Medio Evo. La facciata composta da tre grandi porte, con fronte acuta e bassorilievi è guardata da due torri con aguglie ammanierate, come da due gendarmi che si fanno belli del loro pennacchio. — Bellissime sculture raccomandate dai nomi di Duret e Pradier; bassorilievi di Guillaume; pitture murali di Lehmann e vetri dipinti di Marechal, Amaury - Duval, Lusson, Thibaut, Hesse, Galimard e Jourdy.

S. Eustachio *(Via Montmartre presso i Mercati centrali)*. — L'origine di questa chiesa è antica, ma antica assai. Lo storico Dulaise dice ch'essa fu elevata nientemeno che sulle rovine di un tempio consacrato a Cibele. Non fu in principio che una semplice cappella sotto il titolo di S. Agnese, costruita verso l'anno 1200, ma di cui non si conosce il fondatore. La chiesa attuale fu costruita nel 1532 sui disegni di David. Giovanni di Labarre vi pose la prima pietra, e non fu che a quest'epoca ch'essa prese definitivamente il nome di S. Eustachio.

L'architettura esteriore lascia molto a desiderare; è di un genere neutro, e non fa certo della chiesa di Sant'Eustachio uno dei più bei monumenti d'Europa, come voleva che fosse il molto reverendo padre Du Breul (1). La cappella della Vergine e la porta maggiore, due lavori assai mal riusciti di Manosard, appartengono agli ordini dorico e jonico. L'interno, di architettura saracina e diviso in cinque navate, non è privo di una certa quale maestà. Le chiavi della vôlta sono scolpite ammirabilmente. La galleria, che fa il giro della chiesa all'altezza di 20 metri, è quanto mai elegante. Le dodici finestre centinate, che sorgono superiormente, sono guarnite da vetri preziosi ove la vivacità dei colori non toglie niente alla correzione del disegno. Il coro, cominciato nel 1624 e compiuto nel 1637 sotto il regno di Luigi XIII, è un ammirabile lavoro di architettura: ammirabile per il concetto, ammirabile per la forma, ammirabile nei suoi più minuti particolari, ammirabile insomma sotto tutti i rapporti. Statua di Pigalle, organi di Merklin e Schultze, bellissimo bassorilievo di Daniele di Volterra, varie pitture di merito e tombe di uomini illustri, ecco le principali cose da scegliere nell'inventario di questa chiesa.

Santa Genoveffa o Panteon (*Piazza del Panteon*). —

Nel 1764 la chiesa della antica abbazia di S. Genoveffa, minacciando rovina da tutte le parti, Luigi XV intraprese la costruzione di un nuovo tempio dedicato alla patrona di Parigi, e adottò i piani dell'architetto Soufflot. Le fondamenta furono gettate nel 1757, e la prima pietra fù posata il 6 settembre 1764.

Di tutti gli edifici moderni il Panteon è certamente il più sontuoso e il più singolare per le vicissitudini che ha dovuto subire, e di cui porta i segni. Filosofia e Teologia pare che vi siano venuti a dare di cozzo come in un'arena, e sospesovi l'una gli emblemi repubblicani, l'altra i simboli religiosi, ve li abbiano lasciati a bella posta fino a che la sorte avrà deciso di una di loro.

Il piano è una croce greca a quattro navate, che si riuniscono in un centro comune, sopra cui s'innalza maestosa la cupola ornata di lanterna. La facciata principale, intorno a cui un'architettura di stile greco-romano ha profuso le sue ricchezze, si compone di un zoccolo a undici gradini e di un portico e peristilio, imitazione del Panteon di Roma. Essa presenta sei colonne, dietro cui si schierano le altre e formano in tutto ventidue. Le foglie di acanto dei capitelli sono fatte con perizia da maestro che non potrebbe essere mi-

---

(1) *Teatro delle antichità di Parigi.*

gliore; ma non così i profili dei fusti, lontani le mille miglia da quella purezza che di David. A destra e a sinistra, sotto il peristilio, gruppi di statue di Maindron. Dietro

Santa Genoveffa.

si riscontra nei bei modelli dell'antichità. Queste colonne sostengono un superbo cornicione con bassorilievi l'edificio: portico decorato di pilastri d'ordine dorico. Nell'interno: bellissima balaustrata di pietra, pitture di Gros, Gérard, ecc. Sotto la chiesa cripta con sepolture di Lagrange, Bougainville, Soufflot, Voltaire, Rousseau, ed alti dignitari del primo impero, non ancora però famosi tanto per aver diritto all'immortalità. Eco curiosissima.

Dopo la morte di Mirabeau l'Assemblea cambiò la destinazione di questo edificio, e lo consacrò alla sepoltura dei francesi illustri per il loro talento, le loro virtù e i servigi resi alla patria.

L'interno e l'esterno subirono allora varj cambiamenti e al sommo della facciata fu messo a grandi caratteri di bronzo la seguente iscrizione di Pastoret:

AI GRANDI UOMINI
LA PATRIA RICONOSCENTE.

Il 4 aprile 1791 vi fu trasportato il corpo di Mirabeau. L'11 luglio 1791 vi furono depositati i resti mortali di Voltaire. Il 24 gennaio 1793 v'ebbe onorata sepoltura il frale di Michele Lepelletier, assassinato dalle guardie del corpo di Parigi. Il 24 settembre 1792 gli onori del Panteon furono decretati al generale Beaurepaire. Il 28 dicembre 1793 vi fu portata in trionfo la salma del giovine tamburo Barra, ucciso nella Vandea per avere rifiutato di gridare: *Viva Luigi XVI*. Nel 21 settembre 1794 Marat v'ebbe l'apoteosi, e l'11 ottobre del medesimo anno, G. G. Rousseau vi trovò quasi un trono. Ma nella medesima maniera l'aizzabile e volubile volgo da una parte, i governi provocatori dall'altra vi strapparono ad uno ad uno gli avanzi gloriosi e li gettarono alle cloache e in angoli remoti ombreggiati d'oblio. L'8 febbraio 1795 la Convenzione nazionale emanò il decreto che gli onori del Panteon non potessero essere concessi a un cittadino che dieci anni dopo la morte. Sotto i Borboni funzionò come chiesa. Dissacrata dalla rivoluzione del 1830 risorse Panteon. Finalmente il 6 dicembre 1851 ricadde in mano ai chierici, aspettando di ritornare anche una volta il tempio della gloria verace, non di quella che viene da Ferocia o Ambizione.

S. Germano l'Auxerrois (*piazza del Louvre*). — Secondo l'abate Lebeuf questa chiesa sarebbe stata fondata durante il soggiorno a Parigi di S. Germano d'Auxerre. Secondo poi le tradizioni della diocesi, re Childeberto e la regina Ultrogota l'avrebbero arricchita ed accresciuta di molto. Rovinata dai Normanni nell' 886, che ne avevano fatta una fortezza circondata da fosse, essa fu ricostruita dal re Roberto, terminata nel XVI secolo e restaurata da Lassus al tempo di Luigi Filippo. La torre quadrata appartiene al secolo XII. Quella poligonare posta tra la chiesa e il municipio ad epoca più recente. Il coro e l'abside furono rifatti ai secoli XV e XVI. Divenuta la parrocchiale dei re da che questi abitarono il Louvre, essa subì grandi cambiamenti. I suoi pilastri gotici convertiti in colonne scannellate presero una forma

S Germano l'Auxerrois.

fatti nel XIV secolo. L'attuale facciata di stile gotico, con pinacolo fiancheggiato da due torricelle esagone, data dal 1435. Il portico di gusto arabo, la navata di centro, la cappella posta in fondo alla chiesa rimontano moderna. Parecchi pezzi di scultura, una cancellata in ferro e bronzo dorato diedero infine un ricco aspetto a questo tempio.

L'interno si presenta bene. Il banco dei fabbricieri, eseguito da Mercier sui disegni di Perrault e di Lebrun, merita una speciale attenzione. La pila dell'acqua santa uscita dallo scalpello di Jouffroy, esige anch'essa uno sguardo non che un tributo d'ammirazione. Le cappelle sono ornate di bei quadri di Couder, Gigoux ed altri chiarissimi artisti. I portici da pitture a fresco di Mottez. Il sommo della chiesa da una statua del Marrochetti. I pilastri da statue di Desprez, la porta del sud di bellissime sculture e le finestre di vetrate di Marechal e Duval.

È traversando il soppresso chiostro di S. Germano che l'ammiraglio di Coligny fu ferito da un colpo di archibugio, e qualche giorno dopo la campana della chiesa dava il segnale della strage di S. Bartolommeo.

San Germano dei Prati *(piazza del medesimo nome).* — Questa chiesa, la più antica di Parigi, faceva parte della Abbazia di S. Germano dei Prati fondata da Childeberto I nel 543, in mezzo ai prati e ai pascoli che si stendevano fino alle rive della Senna. Le mura, elevate, dicesi, sopra un tempio d'Iside, furono terminate nel 557, e l'abbazia fu dedicata alla Santa Croce e a S. Vincenzo da S. Germano, che vi fu sepolto nel 754, e di cui la chiesa e l'abbazia conservarono il nome. I Normanni depredarono, rovinarono ed abbruciarono questo monastero nell'845, nell'848 e nell'864.

Ricostruito nell' 869, guastato di nuovo dai Normanni nell'885, esso non fu intieramente ricostruito che nel 990, e, secondo qualche storico meglio informato nel 1014. Nel 1699 il cardinale di Fürstenberg alienò una parte del recinto abbaziale e dei particolari. Soppressa nel 1790 diventò proprietà nazionale. Nel 1793 ricevè il nome di *Casa dell' Unità*, e vi fu stabilita una fabbrica di salnitro. Nel 1819 vi fu sepolto Boileau e verso la medesima epoca, Descartes, Mabillon e Montfaucon. Restaurata negli ultimi anni, pertecipa dei due stili bisantino e gotico.

L'interno presenta innanzi tutto una navata, separata dalle minori per cinque pilastri ad ogni lato, da cui fuggono delle arcate a tutto sesto. Ogni pilastro si compone di un grosso tronco massiccio, a cui si addossano quattro colonne di varie dimensioni. A due terzi della chiesa un grande altare. All'estremità il coro con altro altare. Il coro è circondato da colonne di marmo raro, con capitelli e zoccoli ammirabilmente scolpiti. Sopra di essi archi di vario sesto.

La chiesa contiene inoltre varj monumenti funerarj; pitture a fresco e a cera di Flandrin; quadri di Verdier,

Bertin, Steuben, Leclerc e Vascollier, statue di Costou Marsy ed altri, sculture insigni e bassorilievi di Thibault, ecc.

SS. Gervasio e Protasio *(dietro il Palazzo di Città).* — Il culto dei due fratelli Gervasio e Protasio, che soffrirono il martirio a Milano nella persecuzione di Nerone, è altrettanto celebre negli annali della Chiesa che antico. Nel secolo VI, durante il regno di Childeberto I, un tempio fu loro dedicato nel sobborgo di Parigi. Fortunato nella vita di S. Gervasio ne constata fino d'allora la esistenza. Beati tempi che erano quelli! Le porte delle chiese s'aprivano da per loro alle preghiere di S. Germano, ed oggi invece rimangono chiuse se non ci si mettono le mani e qualche volta anche i piedi!

In quanto alla costruzione della chiesa attuale non predomina, si può dire, che un sol parere, ed è ch' essa rimonta alla fine del secolo XV. La facciata di struttura monumentale, ma senza offrire gran che di straordinario, non ha alcun rapporto col resto dell'edificio. Luigi XIII ne posò la prima pietra, e Giacomo de Brosse ne fu l'architetto. La sua elevazione passa i cinquanta piedi. Tre ordini sopprapposti l'uno all'altro, il dorico, il jonico e il corintio lo compongono e vanno a finire in fronte triangolare. Le colonne sono scannellate. Le statue, opera di Moyne, Préault, Dantan e Jouffroy. Nicchie ghirlande e cornici ne completano la decorazione.

L'interiore è costruito nello stile gotico; ma l'abside è ancora più gotico che la nave. Le vòlte sono elevate.

S. Gervasio e Protasio.

L'altare maggiore è guarnito di candellieri e croce in bronzo, capolavoro del secolo XVI. Le mura della cappella della Vergine sono fregiate dalle pitture di Delorme. La sacristia è munita di una magnifica cancellata del secolo XVI. Qua e là pitture attribuite al Perugino, al Guercino e ad Alberto Dürer. Vetri dipinti di Jean Cousin e Pinaigrier.

Scarron, Filippo di Sciampagna, Ducange, Crébillon ed altri vi hanno sepoltura.

S. Lorenzo (*bastione di Strasburgo*). — Ingrandita e ricostruita dal XV secolo in poi, questa chiesa è stata restaurata nel 1865.

La facciata, elevata nel 1622 da Lepautre, si compone principalmente di un cornicione scolpito e di due torri quadrate a seni ogivali.

All'interno l'altar maggiore di Lepautre, galleria intorno al coro, pergamo e cassa di organo con sculture del secolo XVII e secolo XVIII. Quadri e pitture di Greuze, Trézel, e Faivre-Duffer.

Nel 1793, questa chiesa, tolta alle tradizioni ecclesiastiche e riconciliata col secolo, prese il Nome di *Tempio dell'Imene e della Fedeltà*.

La Maddalena (*piazza e bastione del medesimo nome*). — Questo edificio non era in origine che la cappella di una confraternita, di cui Carlo VII mise la prima pietra nel 1639. Divenuta troppo angusta per i bisogni del clero, più ancora che per quelli della popolazione, Anna Luigia d'Orléans vi sostituì una chiesa più grande, che divenne proprietà nazionale nel 1795, e in seguito a ciò fu venduta, demolita e convertita in cantiere. Prima però di quest'epoca e fin dal 1764 una nuova chiesa cominciò a sorgere dov'era l'antica, e ne furono affidati i lavori a Contant d'Ivry, coadiuvato da Couture. Nel 1806, Napoleone concepì l'idea di convertire il tempio cristiano in tempio della gloria, e Vignon, incaricato dell'esecuzione, ricominciò la chiesa con nuovissimo piano. Ma nel 1814 e 1815 gli avvenimenti politici l'obbligarono a sospendere i lavori, e quando nel 1816 fu invitato a riprenderli, non era più un monumento civile che doveva fare, ma un monumento religioso. Così la chiesa surta in forma di croce latina, trasformata in tempio greco, ridivenne ancora una volta e definitivamente basilica cristiana. Morto Vignon nel 1828, Huve prese l'assunto di compierla, seguendo il piano incominciato, e, meno leggiere modificazioni, vi riuscì intieramente.

Questo vasto monumento, imitazione corretta e sapiente dell'architettura antica, modellato sul tempio di Giove

La Maddalena.

in Atene, forma un parallelogrammo di 100 metri di lunghezza, sopra 42 di larghezza, con basamento di 4 metri di altezza. È circondato da 52 colonne scannellate di ordine corintio, dietro a cui sorgono, nelle loro nicchie, l'edificio, anteriore e posteriore, presentano ciascheduna otto colonne e diciotto sopra ogni lato. Le porte principali sono di bronzo e ornate di bassorilievi del Trichetti.

L'interiore della chiesa è

Interno della Maddalena.

34 statue di pietra. Il peristilio è formato da una doppia fila di colonne. Queste colonne isolate ed eleganti poggiano sopra una scalinata di 11 gradini, e sopportano un cornicione scolpito da Lemaire. Le due facciate dell'una navata semplice, rischiarata da tre cupole. Un piccolo ordine jonico orna la divisione della nave che presenta sei cappelle laterali, tre da ciascuna parte. In quanto al resto è un continuo succedersi di marmi e

dorature, fregi e colonne, gruppi in marmo e sculture di Pradier, Rude, Marchetti, chot, Puyol, Couder, Cogniet, Signol, ecc.

S. Merri (*Via S. Martino,*

S. Merri.

Foyatier, Bra, Duret, Barye, Raggi, Seurre, Etea, e pitture di Ziegler, Schnetz, Bou-

N. 78). — Questa chiesa che nell'VIII secolo non era che una semplice cappella, fu ricostruita nel 1520, sotto Francesco I, e terminata nel 1612. La sua architettura, elegante e ricca d'ornamenti, è gotica puro sangue. La sua facciata con porte a sesto acuto, e fregiata da cornici, guglie, foglie e ghiribizzi, è stata restaurata sotto Luigi Filippo.

Il coro possiede un nuovo altare maggiore, ricostruito nel 1866, nello stile bisantino, secondo i piani di Varcollier, ed è sormontato da un Cristo in croce di marmo bianco a grandezza naturale. Questo Cristo e i due angioli che l'adorano, sono una delle opere meglio riuscite di Dubois.

Nelle cappelle: frammenti ammirabili di vetriere di Pinaigrier; pitture murali di Chasseriau, Cornu, Amaury-Duval, Lehmann e bei quadri di Vouet, Vanloo, ecc.

Nostra Signora di Loreto (*Via di Châteaudun*). — Questa chiesa, dal triste e freddo involucro, fu eretta nel 1646 e ricostruita intieramente dal 1823 al 1846 da Ippolito Lebas.

Essa ha la forma di una basilica romana. La parte superiore della facciata, scolpita da Nanteuil, è signoreggiata da tre statue, rappresentanti le tre virtù teologali e appartenenti allo scalpello di Foyatier, Laitié e Lemaire. Abbasso un portico corintio.

Nell'interno abbaglianti dorature, bellissime pitture di Schnetz, Drolling, Blondel, Picot, Hesse, Heim, Couder, Deveria, Decaisne, Coutand, Caminade, Monvoisin, e principalmente di Orsel, Perrin e Roger, che sono, come dice l'autore dell'*Itinerario archeologico di Parigi* « bellissime pagine inspirate dalla fede, e i cui soggetti, reali o simbolici, furono attinti alle sorgenti più pure della tradizione cristiana. »

Nostra Signora delle Vittorie o Petits Pères (*Piazza dei Piccoli Padri*). — Fu costruita dal 1629 al 1740 dagli architetti Lemuet, Bruant, Leduc e Cartault, in memoria delle vittorie riportate da Luigi XIII sui protestanti francesi. Durante la Rivoluzione ruppe fede al culto cattolico, e servì agli usi della Politica e del Commercio. Fu perciò successivamente Club, Circolo elettorale e Borsa. Fu resa al culto nel 1808.

La facciata è composta di due ordini sovrapposti, il dorico ed il jonico, e risponde poco alle esigenze dell'arte. Interiormente una semplice navata e sei cappelle, ecco il tutto. Nel coro sculture in legno e sette quadri pregiatissimi di Vanloo. Cappella della Vergine, sospiro e meta a turbe infinite di pellegrini, e sede di una confraternita famosa *urbi et orbi*. Cuori, piedi, mani, ed altri innumerevoli *ex-voto* spesseggianti sui pilastri, che è un piacere a vederli. Monumento funerario del celebre Lulli.

S. Rocco (*Via S. Onorato*). — Giacomo Le Mercier diede il disegno, e Luigi XIV ne pose la prima pietra nel 1653, che in ogni modo sta al di sopra del mediocre.

La cappella della Vergine, elevata nel 1709, fu ricostruita nel 1847 da Saint-Père. Finalmente Boulée e Falconnet diressero la costruzione della grotta del Calvario.

L'ordine d'architettura che

Nostra Signora delle Vittorie.

lasciando però ad altri la cura dell'esecuzione. La facciata, restaurata nel 1865-1866, cominciò nel 1736 sul progetto che ne fece Roberto di Cotte, ed è composta di due ordini, l'uno dorico e l'altro corintio, quest'ultimo coronato da una fronte che non si può dir superba, ma regna nell'interno è il dorico. La navata principale, lunga 30 metri, prende da un capo all'altro la chiesa. Venti pilastri pomposamente no, ma onestamente rivestiti di marmo alle basi, ne sostengono la vôlta.

Altri 48 addossati al muro ne sopportano le navate minori; 21 cappelle, di cui 18 laterali, le fanno corona.

Queste cappelle contengono i monumenti e i marmi di personaggi celebri, come Corneille, Bossuet, Maupertuis, de l'Epée; i busti di Mignard e di Le Nôtre: le statue del cardinale Dubois e del duca di Créqui; i medaglioni del maresciallo di Lesdiguières, del geometra Maupertuis, del maresciallo di Asfeld, del conte d'Harcourt e della signora Lalive de Juilly.

Osservare nella cappella della Vergine i gruppi in marmo di Anguier, Duseigneur e Deseine; nella terza cappella a sinistra la statua di S. Rocco di Coustou e in altri punti differenti l'organo di Cliquot; il pulpito bizzarro di Laperche; le statue di Lemoine, Bogino, Falconnet e le pitture di Boulanger, Chasseriau, Collin, Cornu, Delorme, Deveria, Duveau, Norblin, Pujol, Schnetz, ecc.

È innanzi la facciata di questa chiesa che si è pro-

S. Rocco.

dotto uno degli episodi i più sanguinosi della famosa giornata del 5 ottobre 1795. L'ar- sorte, che avevano preso posto sulla gradinata della chiesa. Si fecero poi dispa-

La Sorbona.

tiglieria della Convenzione, diretta dal generale Bonaparte, fulminò allora i distaccamenti delle Sezioni in- rire le traccie della lotta fratricida sopprimendo le sculture che la mitraglia aveva mutilate; ma per quanto si abbia fatto, sulle mura della chiesa, come sulle mani di lady Macbeth, trasparono sempre le macchie di sangue.

S. Severino *(Via S. Severino).* — In origine questa chiesa non era altro che un meschino oratorio dedicato a S. Clemente, e di cui i Normanni avevano fatto come il trastullo delle loro scorrerie.

Oggi invece è un edificio gotico, per poco che sia di qualche importanza e di cui sono state ricostruite varie parti nel 1347 e nel 1481. La facciata, povera e nuda come un muricciuolo di fabbrica fino al 1832, s'è arricchita colle spoglie di un'altra chiesa, e presenta ora un aspetto gradevole se non appariscente.

L'interno, ragguardevole sotto varj punti di vista, si lascia ammirare per le chiavi di vôlta egregiamente scolpite, l'abside rischiarato da una doppia fila di finestre e le colonne della galleria inferiore non prive di eleganza e di leggierezza. Pel resto basti citare le statue di Bridan, il bellissimo gruppo della Madonna dei Sette dolori, il baldacchino dell'altar maggiore, la cassa dell'organo del secolo XVIII e le pitture di Flandrin, Heim, Biennourry, Murat, Hesse, Cornu, Richomme, Mottez, Gérome, ecc.

La Sorbona *(Piazza del medesimo nome).* — Questa chiesa incominciata nel 1635 per ordine del cardinale Richelieu fu compiuta nel 1659. La facciata principale è di due ordini sovrapposti, il corintio e il composito, ed è coronata da un cornicione che ricorda quello del Panteon di Roma. La cupola, con pittura di Filippo di Sciampagna, e il portico settentrionale sono messe nel numero delle migliori opere di Lemercier.

Nell'interno sculture di Ramey e magnifico mausoleo di marmo eretto sulla sepoltura del cardinale, nel 1694, da Girardon sui disegni di Lebrun.

È a questa tomba che vennero i rivoluzionari del 1793, e, tremendi nei loro giudizi, non potendo distruggere vivi gli antichi tiranni, decapitarono morto uno dei loro principali ministri.

S. Stefano del Monte *(Piazza Santa Genoveffa).* — Sorta sopra una cappella del XII secolo, cominciata nel 1517 e ritoccata per più di un secolo, ora da questo ora da quello con costanza degna di miglior sorte, dagli, picchia e martella, n'è uscita fuori una bella chiesa.

La facciata grande e spaziosa con triplice fronte terminante in piramide, è fiancheggiata da un campanile di forme spigliate e leggiadre.

All'interno bellissima galleria che unisce fra di loro i pilastri, e fa il giro della navata e del coro. Chiavi di vôlta ornate lussuosamente. Magnifica tribuna, scolpita da Biard padre, e pulpito ancora più sorprendente di Lestocard. Vetri dei secoli XVI e XVII, in cui si riconosce subito la valente mano di Pinaigrier. Tomba di santa Genoveffa. Pitture di Caminade, Pujol, Aligny, Largil-

S. Stefano del Monte.

Interno della chiesa di S. Stefano del Monte.

S. Sulpizio.

ière, Jouvenet, Quintin-Varin ed epitaffi di Pascal, Racine, Winslow e Lesueur.

È in questa chiesa che Sibour, arcivescovo di Parigi, fu colto dal pugnale di Verger, il 3 gennaio 1857.

S. Sulpizio *(Piazza del medesimo nome)*. — Di tutte le chiese moderne di Parigi è quella il cui piano s'avvicina più alle disposizioni delle chiese del Medio Evo. I lavori intrapresi nel 1646, diretti successivamente da Cristoforo Gamart, Luigi Levau e Daniele Gittard; interrotti nel 1678, ripresi sotto la condotta di Oppenord nel 1718, furono terminati da Giovanni Servadoni nel 1749 per mezzo di una tombola.

La facciata, meno le torri, sembra quella di un sontuoso palazzo. Essa si compone di due portici, ed è ornata di statue e bassorilievi.

Fra i dettagli che meritano la più grande attenzione, non dimenticare l'organo di Cliquot, ricostrutto da Cavailhoè-Coll, uno dei più belli che esistano, due nicchi marini che servono a pile d'acqua santa; le sculture di Pradier, Pajou, Slodtz e una immensità di pitture, dovute a un esercito di artisti, di cui Vanloo, Lemoine e Delacroix formano lo stato maggiore.

S. Tommaso d'Aquino *(Piazza del medesimo nome)*. — Questa chiesa, appartenente nei passati tempi alla Casa dei Giacobini del Noviziato generale, fu costruita nel 1683 da Rullet, e fu terminata nel 1740. Gli ordini dorico e jonico, dominati da un cornicione ricco d'ornamenti, ne compongono l'esteriore. Di dentro profusione di affreschi e pitture d'altri generi di Lemoine, Guillemot, Scheffer e Blondel.

La Trinità, *(Via S. Lazzaro)*. — Terminata nel 1866 dall'architetto Ballu, ed arrivata ultima al consesso monumentale delle sacre magioni, questa chiesa è al medesimo tempo un palagio in arte e un anacronismo in fatto di scienza. La sua facciata, contraffazione dello stile del Rinascimento, si compone di un gran portico superato da un rosone e dentro cui s'inguaina un campanile, che senza dargli una fronte, ne allunga la prospettiva, e fa di un volto discreto un cranio dolicocefalo. Non parliamo delle due innocenti torricelle di lato: esse giustificano anche troppo la loro presenza, e sono ivi poste come per rendere meno uggiosa la sproporzionata lunghezza dell'edifizio.

All'interno solita abbondanza di pitture eseguite da vari autori; sculture di Cavalier, Maillet, Crauk, Carpeaux, Guillaume, Doublemard, Dantan e decorazioni che lasciano poco dente alla critica.

La **Valle di Grazia**, *(San Giacomo)*. — È uno degli edifizi più regolari che si sieno elevati nel secolo XVII, e il cui merito spetta a Lemercier, Lemuet, Léduc e Duval.

La grande facciata si eleva su sedici gradini, e forma un portico di otto colonne, sopra cui ne sorgono altre del medesimo ordine, sostegno all'immancabile frontone. Più giù, sopra il coro, cupola elegante dipinta da Mignard, circondata da quattro tozze torricciuole, che non vogliono mai crescere per non toglierci la vista del panciuto emisfero.

Non dimenticare, entrandovi, nè la statua di bronzo di David d'Angers; nè l'altare maggiore foggiato su quello di S. Pietro a Roma; nè i bassorilievi della vòlta; nè il sepolcro infine di Enrichetta di Francia. È un piccolo mezzo, ma uno dei tanti per ottenere indulgenza a quel gran peccato ch'è l'ignoranza.

S. Vincenzo de' Paoli. *(Piazza Lafayette)*. — Fu costruita dal 1824 al 1844 sui piani di Lepère e Hittorf. Per l'elevata posizione che occupa, per la sua gradinata che arieggia a quella del Palazzo di Fontainebleau, l'esteriore presenta un carattere di grandezza che in vero le manca. Il peristilio, il frontone, l'attico e le sue torri vi concorrono anche di loro parte; ma in fondo tutto ciò non è che pura illusione. L'armonia, la maestà e la purezza, questi elementi primordiali del sublime artistico, vi sono sbanditi, e tutte le volte ch'essi vengono meno, non esiste vera grandezza.

Nella navata Ippolito Flandrin rappresentò la marcia trionfale dei differenti ordini di santi e di sante verso il luogo dove risiede nella maggiore sua gloria

Il prepotente regnator celeste.

Rare volte, come in questo, il pennello dell'artista si è mostrato così docile alla sua inspirazione, e i colori della tavolozza hanno reso così fedelmente quelli della fantasia. È un intero poema, ove il sentimento più puro della poesia si tempera per la gravità del soggetto e si rivela nei colori dell'iride.

Marechal e Gugnon hanno arricchito la medesima chiesa di vetrate moderne, le più belle forse che esistano a Parigi.

Precisamente come avviene dei giorni dell'anno, le chiese si succedono alle chiese, e si rassomigliano sempre. Cupole, campanili, altari, cappelle e pitture, ecco le faccie di un invariabile tema intorno a cui il povero scrittore è condannato a rigirarsi come un paleo dentro una

La Valle di Grazia. (*Val de grâce.*)

scatola. È sempre il medesimo ritornello e, come direbbero i francesi, *toujours la même rengaine*. Per non ripeterci quindi e non abusare della pazienza del lettore, accennate le principali chiese, diamo qui sotto la semplice nomenclatura delle secondarie.

S. Antonio, via di Charenton; l'**Assunzione**, all'angolo delle vie S. Onorato e Lussemburgo; **S. Bernardo**, via Affre; **Cappella Beaujon**, via Sobborgo S. Onorato; **Cappella dei Domenicani**, via Giovanni di Beauvais; **S. Dionigi e S. Sacramento**, via di Turenna; **Santa Elisabetta**, via del Tempio; **S. Eligio**, via di Reully; **S. Eugenio**, via Santa Cecilia; **S. Francesco Saverio**, bastioni degl'Invalidi; **S. Francesco Saverio delle Missioni straniere**, via del Bac, 128; **S. Germano di Charonne**, piazza S. Biagio; **Immacolata Concezione**, vicino la piazza del Trono; **S. Giacomo dell'Alto Passo**, via S. Giacomo; **S. Giacomo e S. Cristoforo**, via di Crimea; **S. G. Battista**, via di Belleville; **S. Giovanni, S. Francesco**, via Charlot; il **Gesù**, via di Sèvres, 33; **S. Giuseppe**, via dell'Orecchia; **S. Giuseppe dei Tedeschi**, via Lafayette; **S. Giuseppe dei Carmelitani**, via di Vaugirard, 78; **S. Giuliano il povero**, via del medesimo nome; **S. Lamberto**, via Gerbert; **S. Luigi d'Antin**, via Caumartin; **S. Luigi degli Invalidi**, agli Invalidi (vedi rubrica Palazzi); **S. Luigi dell'Isola**, via del medesimo nome; **I Lazzaristi**, via di Sèvres; **Santa Margherita**, via S. Bernardo; **S. Medardo**, via Mouffetard; **S. Nicola dei Campi**, via S. Martino; **S. Nicola del Chardonnet**, via S. Vittorio e bastione S. Germano; **Nostra Signora di Auteuil**, piazza d'Auteuil; **Madonna del Buon Soccorso**, via Nostra Signora dei Campi; **Nostra Signora della Buona Nuova**, via della Luna; **Nostra Signora di Clignancourt**, piccola via Ordenner; **Nostra Signora dell'Abbazia dei Boschi**, via di Sèvres; **Nostra Signora della Croce**, piazza di Ménilmontant; **Nostra Signora dei Carmelitani**, via dell'Inferno e Valle di Grazia; **Nostra Signora dei Campi**, Bastione di Montparnasse; **Nostra Signora dei Bianchi Mantelli**, via del medesimo nome; **Nostra Signora degli Uccelli**, via di Sèvres; **San Paolo, S. Luigi**, via S. Antonio; **S. Filippo di Roule**, via Sobborgo S. Onorato; **S. Pietro di Chaillot**, via Chaillot; **S. Pietro di Montmartre**, via S. Eleuterio di Montmartre; **S. Pietro di Montrouge**, quadrivio dei quattro Cammini; **S. Pietro di Gros-Caillou,** via S. Domenico; **S. Tommaso di Villeneuve,** via di Sèvres. *dalena,* via della Maddalena, 17. — *Cappella dell'Ambasciata inglese,* via Sobborgo S. Onorato, 39.

S. Vincenzo de' Paoli.

Chiese Anglicane. — *Chiesa Episcopale,* via d'Anguesseau, 5. — *Cappella Marbœuf,* viale Marbœuf, 10, ai Campi Elisi. — *Cappella della Mad-* **Chiesa Armena.** — Rito orientale cattolico. Aperta tutti i giorni agli stranieri, in via Monsieur 12.

Chiese Calviniste. — L'Oratorio, via S. Onorato, 157. — *La Visitazione*, via S. An-

Chiese Luterane. — *Chiesa dei Carmelitani*, via Bil-

Chiesa russa.

tonio, 116. — *Chiesa di Pentemont*, via di Grenelle, S. Germano, 106.

lettes, 18. — *Chiesa Evangelica della Redenzione*, viale della Grande Armata.

CHIESE SECONDARIE

Cappelle protestanti. — *Cappella Taitbout*, via di Provenza. — *Chiesa Evangelica leyenne*, via Roquepine, dirimpetto alla precedente. — *Cappella Evangelica*, via di

La Sinagoga della Via della Vittoria.

riformata, via dei Piccoli Palazzi. — *Cappella della via Roquepine*, vicino al bastione Malesherbes. — *Cappella Wesleyana*, via Roquepine, Lilla, 48. — *Chiesa degli Svizzeri*, via S. Onorato, 357. — *Chiesa dei Fratelli moravi*, via Miromesnil, 75. —

Cappella dei Battisti, via di Lilla.

Chiesa russa *(Via della Croce del Roule).* — Questa elegante chiesa, costruita dal 1859 al 1861 nello stile bisantino-moscovita, ha la forma di una croce greca a braccia alquanto ineguali. Al centro e ai quattro angoli principali delle bellissime cupole piramidali si elevano lucenti di oro, e vanno a terminare in due globi, uno periforme e l'altro sferico. Cinque croci a tre traverse ne coronano i fastigi, e lasciano cader giù una duplice catena dorata. Sulla facciata la grande figura di Cristo spicca sopra fondo d'oro, e impartisce a chi la vuole la sua benedizione.

Nell'interno nuove dorature, sculture in legno, colonne in marmo rosso, bellissime pitture e tappeti invece di sedie.

Altre chiese greche. — *Cappella dell'Ambasciata russa*, via della Fraternità, 12. — *Cappella rumena*, via Racine.

Sinagoghe. — *Sinagoga della via Nostra Signora di Nazaret* di stile orientale accoppiato allo stile bisantino. — *Sinagoga della via della Vittoria*, di stile *romano*. — *Sinagoga della via delle Torricelle*, costruita dall'architetto Varcollier.

TORRI, ARCHI, STATUE, COLONNE, FONTANE E OBELISCHI

Torre S. Giacomo (SQUARE *S. Giacomo*). — Essa data dal regno di Francesco I ed è tutto quello che resta dell'antica chiesa S. Giacomo, distrutta poco dopo la Rivoluzione. Un inglese, che l'aveva comperata, vi fondò una fabbrica di munizioni per caccia. Ricuperata dal Municipio nel 1836, restaurata e consolidata nel 1854, oggi si trova nel centro di un grazioso giardinetto, ornata di belle sculture, con una statua di Pascal sotto il peristilio. È alta 52 metri, e si può montarvi mediante la modica somma di 10 centesimi.

Arco di Trionfo della Stella (*Piazza del medesimo nome.*) — Cominciato nel 1806 e terminato sotto Luigi Filippo, questo monumento orgoglioso, eredità del secolo di ferro più che fattura del secolo delle macchine, ha costato alla Francia 9 milioni di franchi e 2 milioni di uomini. Il Sole di Austerlitz ne fece sorgere l'idea in Napoleone, l'omicida a mille doppi, ma l'esecuzione non sarebbe stata possibile se dietro a mucchi d'oro, non si fossero inalzati mucchi e mucchi di cadaveri. Eppure non è una tomba, perchè sarebbe un insulto, ed è un arco di trionfo, cioè un'ironia!

L'indignazione però che solleva questa postuma adulazione ai deliri fortunati della vanità, non ci faccia perdere di vista l'oggetto di arte.

Gli architetti furono molti, ma lo stile conserva una certa unità. Dado enorme gettato nel bel mezzo di un crocicchio, pochi ne comprendono l'utilità e tutti ne ammirano la bellezza. Carco di marmi e di fronzoli, cincischiato capricciosamente da abili scarpellini e da mediocri scultori, vuol piacere, vi riesce, e pare che dica: che v'importa del resto?

Ognuno dei quattro pilastri rappresenta esteriormente ricchi trofei di proporzioni colossali, che esprimono tante cose, oltre quelle che vogliono dire.

Quello di destra, che guarda alle Tuileries, rappresenta la *Marsigliese* (1792) di Rude.

Pieno di movimento e tutto traspirante fierezza ed energia, deve in gran parte la sua riuscita all'arditezza e vastità del soggetto, che ha fatto l'autore di sè stesso maggiore.

Arco di Trionfo della Stella.

Quello di sinistra rappresenta il *Trionfo* (1810) di Cortot; ma in verità non è che la pompa effimera di un Cesare d'occasione.

Quello di destra che si volge al ponte di Neuilly, è la *Resistenza* (1814), di Etex, e come nominato autore, ed è una bellissima larva di una triste menzogna.

In altre parti figure di Pradier, bassorilievi di Lemaire,

La Marsigliese, di Rude (Arco della Stella).

episodio di guerra, non potendo essere l'azione di un popolo, è ben riuscito.

Infine il gruppo di sinistra sulla medesima facciata, rappresenta la *Pace* del sopra- Seurre, Feuchère, Chaponnière, Gechter, Marochetti ed altri ancora che disgraziatamente fanno dell'arte una schiava mendica alla porta dei Grandi. L'attico è fregiato di scudi, sui quali sono incise le **principali** battaglie della Repubblica e dell'Impero, e sotto le arcate laterali sono inscritti i nomi dei generali che vi hanno preso parte.

È un monumento insomma degno di Tamerlano, se non fosse dovuto all'iniziativa di un Napoleone, e in cui, apparentemente almeno, s'impiegarono pietre invece di teschi.

Arco del Carosello *(piazza del medesimo nome).* — Eretto nel 1806 da Napoleone I sul modello di quello di Settimio Severo e coronato da un carro di bronzo a quattro cavalli, copia di quelli già tolti a Venezia, questo arco è il figlio spurio di un plagio e della Conquista. Non perciò esso merita sprezzo, perchè anche tra i bastardi vi sono bellissimi tipi, ed egli n'è, a vero dire, un chiarissimo esempio.

Porta S. Dionigi *(bastione del medesimo nome).* — È un arco trionfale, eretto nel 1672 sui disegni di Blondel, alla memoria delle conquiste di Luigi XIV in Alemagna. Le facciate sono ornate da bassorilievi e da obelischi coverti da trofei, e sul frontone v'è per tutta iscrizione:

Ludovico Magno.

Porta S. Martino. — Ancora un arco trionfale che va debitore della sua esistenza alla fortuna delle armi e alla conquista. Il buon senso però della Nazione se ne vendica crudelmente, e ieri ne ha fatto una porta, oggi una stazione d'omnibus, riservandoli forse domani a qualche più utile ufficio.

Quattro bassorilievi, ecco tutta la sua ricchezza.

Statua del maresciallo Ney *(Crocevia dell'Osservatorio).* — Modellata da Rude e fusa in bronzo da Eck e Durand, è stata eretta nel 1835 poco distante dal luogo, ove il maresciallo è stato fucilato.

Arco di Trionfo del Carosello.

Statua equestre di Enrico IV *(sul ponte Nuovo)*. — Eretta nel 1818 in sostituzione a quella di Luigi XIII, che il popolo aveva rinversata nel 1792, essa è l'opera di Lemot. Il piedestallo in marmo è ornato di bassorilievi in bronzo coi seguenti soggetti: *Entrata di Enrico IV a Parigi* ed *Enrico IV in atto di porgere pane agli assediati per di sopra delle mura.*

Statua equestre di Giovanna d'Arco *(Piazza Rivoli)*. — Eretta nel 1874 da Fremier, essa presenta l'eroina coll'oriflamma alla mano sul punto di condurre Carlo VII alla cattedrale di Reims.

Statua del maresciallo Moncey *(Piazza di Clichy)*. — Bellissimo gruppo in bronzo di Doublemard, elevato alla memoria della difesa della barriera di Clichy, eroicamente sostenuta da questo ufficiale il 30 marzo 1814.

Altre statue. — Per confessione fatta dagli autori locali, Parigi è povera in statue, e le migliori si sono come rifugiate nei musei. Fanno eccezione le sopracitate, e,

Porta S. Dionigi.

al di fuori di queste, la statua in bronzo di *Luigi XIV* di Bosio, in piazza della Vittoria; un *Luigi XIII* in marmo bianco sulla piazza dei Vosgi; la statua in bronzo zo, di *Stefano Marcello*, il gran prevosto dei mercanti che sorge sul lato dell'Hôtel de Ville che guarda verso la Senna. Il monumento del *Trionfo della Repubblica*, so-

Porta S. Martino.

di *Bichat* nel cortile della Scuola di medicina, e quelle di *Larrey* e di *Voltaire* nel cortile della Val-di-Grazia e nella via Monge.

Sono inoltre monumenti degni di nota:

La statua equestre, in bronpra una biga tirata da quattro leoni, e circondata dalla libertà, dal lavoro, dalla giustizia e dalla pace — opera del Dalon — che orna la piazza della stazione. Il monumento della *Difesa di Parigi* del Barrias che trovasi in fonlo al Viale di Neuilly. Vengono in seguito: quello di *Voltaire* (del Caillé) sul *quai* omonimo; di *Dumas* padre (del Doré) sulla piazza Malesherbes; di *Béranger* (di Doublemard) sullo *square* del Tempio; di *Lamartine* (del Vasselot) sullo *square* fra i Viali Henry-Martin e Victor Hugo; di *Ledru-Rollin* (dello Steiner) sulla piazza omonima; di *Louis Blanc* (di Delhomme) sulla piazza Monge; di *Berlioz* (del Lenoir) sullo *square* Ventimiglia; di *Palissy* (del Barrias) sullo *square* di San Germano dei Prati; di *Diderot* (del Gautherin) sul Boulevard San Germano; di *Pascal* (del Cavalier) sotto la vôlta della torre di San Giacomo; di *Claude Bernard* (del Guillaume) davanti al Collegio di Francia; fanno corona a quella del Bernard le statue di *Dante* (dell'Aube) e di *Budé*. Piccoli monumenti furono pure innalzati a *Shakespeare* sul Boulevard Haussmann ed al *Principe Eugenio*.

Ma fra i nuovi monumenti di Parigi vanta certamente il primato quello elevato a *Gambetta* sulla piazza del Carosello. Il monumento con-

Statua d'Enrico IV, sul Ponte Nuovo.

Monumento a Leone Gambetta.

siste in una piramide con statue di Aubé e Boileau.

Colonna Vendôme (*Piazza del medesimo nome*). — Opera di Denon, Gondouin e Lepère, cominciata nel 1806, inaugurata nel 1810 e rovesciata dalla Comune nel 1871. — Risorta in piedi nel 1874, per riprendere il filo della tradizione monarchica e per amore alla leggenda napoleonica, essa fu ricomposta sui medesimi disegni e coi medesimi materiali. Intorno al fusto di pietra s'attortiglia un bassorilievo a spirale for-

Fontana Louvois.

Fontana degli Innocenti, nello stato attuale.

mato da 425 piastre, provenienti da cannoni austriaci conquistati dalle armi francesi, e su cui sono riprodotti i fatti più memorabili della campagna del 1805.

È alta 44 metri, e nell'interno v'è praticata una scala di 176 gradini.

Colonna di luglio (*Piazza della Bastiglia*). — Surta come albero della Libertà sulle radici medesime della rasa Bastiglia, eretta nel 1831, ed

Fontana degli Innocenti, di Giovanni Goujon.

inaugurata nel 1840, questa colonna ricorda due epoche memorabili, 1789 e 1830. Là sotto sono sepolte le vittime del 1830 morte per la libertà, e più sopra i loro nomi, nomi di eroi, vi compaiono inscritti a lettere d'oro.

Si può salirvi fino alla cima e visitarne le urne funerarie dalle 10 alle 4.

Fontana Louvois (*Piazza Louvois*). — È un gentile e svelto monumento elevato nel 1830 dal celebre architetto Visconti. La *Senna*, la *Saona*, la *Loira* e la *Garonna* vi sono rappresentate sotto forma di graziose donzelle tutte infervorate a sostenere con bell'equilibrio la vasca superiore.

Fontana degl' Innocenti (*Via S. Dionigi*). — Opera di Giovanni Goujon e di Pietro Lescot, restaurata negli anni 1780-1785-1788, e ricostruita nel 1858, questa fontana forma la ammirazione dei nostrani e dei forestieri.

I leoni, modellati su quelli della fontana di Termini a Roma; le najadi scolpite da Goujon e Pajou e vari altri ornamenti di Danjou, Lhuilier e Mézières, la pongono, a giusto titolo, fra le più belle fontane di Parigi.

Fontana Molière (*Via Richelieu*). — Cominciata nel 1841 sui disegni del Visconti e terminata nel gennajo 1844, essa si espande sul fianco di un palazzo confuso e immeritevole di tanto onore. La sua architettura appartiene allo stile del XVII secolo.

Fontana Molière.

Questa fontana rassomiglia a un tempietto. Nel centro sorge la statua in bronzo di Molière, opera di Seurre: il poeta è assiso sopra una poltrona, in atto meditabondo: sta componendo una delle sue immortali commedie, e tormenta fra le dita la penna colla quale dovrà scriverla. Allato del piedestallo si appoggiano mollemente due grandi statue in marmo di più arguto sorriso, è la *Musa della Commedia leggiera*. Entrambe sono state scolpite da Pradier. Sul frontone del

Fontana del Châtelet.

donna: rappresentano una la *Musa della Commedia seria*, l'altra che in baldo atteggiamento si volge verso il poeta rallegrandolo del suo tempietto si vede un genio che incorona il nome di Molière.

Rimpetto a questa fontana si inalza la casa dove Molière è morto. Qui fu trasportato quella memoranda sera in cui si rappresentava per la quarta volta il *Malato immaginario*, nel quale il poeta sosteneva la parte principale. Sul momento di pronunciare la parola *Giuro*, egli fu assalito da gravi convulsioni, trasportato nella casa di via Richelieu, dove poco dopo moriva fra le braccia di due suore.

La fontana è il monumento che si eresse alla sua memoria nel 1844 al 15 gennajo, giorno anniversario della sua morte. Una sottoscrizione nazionale, iniziata da Réguier, uno dei migliori artisti del teatro della Commedia, tardo tributo reso al genio del maggior poeta comico di Francia.

Fontana Wallace.

Fontana S. Michele (*Piazza del Ponte San Michele*). — Questa bella fontana, senza alcun profilo perchè senza projezione, cominciata nel 1858 e terminata nel 1860, è dominata dalla statua di un S. Michele, sotto cui giace prostrato Satana, il tracotante sfidatore dell' Altissimo. Un arco di 26 metri di altezza, fiancheggiato da colonne, ne costituisce il fondo. Alla base due dragoni terribili, d'aspetto, ma condannati alla mansuetudine delle balene, vomitano acqua invece di fuoco.

Altre Fontane. — Vengono in seguito le fontane della piazza CONCORDIA, della piazza del CHATEAU D'EAU e della piazza S. SULPIZIO; le fontane della via GRENELLE, della via ALBERO SECCO e del CHATELET; le fontane CUVIER (all'angolo delle vie Cuvier e S. Vittore), GAILLON (crocevia del medesimo nome), dei MEDICI, Giardino del Lussemburgo), e dello ZODIACO (via dell'Osservatorio); e finalmente le fontane WALLACE, istituite da Riccardo Wallace per sopperire ai crescenti bisogni della popolazione.

Obelisco di Lucsor *(Piazza della Concordia)*. — Questo immenso monolito di granito rosa, detto la guglia di Cleopatra, è proveniente dalle rovine di Tebe, ove, 1500 anni prima dell'era volgare, formava uno dei più bei ornamenti del palazzo dei re.

Trasportato dalle regioni del Nilo in quelle della Senna e collocato per cura dello architetto Lebas nel posto eminente che occupa ancora, esso è dovuto alla magnificenza di Mehemet Alì viceré d'Egitto.

Bello, lucido, intatto, sublime nella sua debole altezza di 23 metri, leggiero nella forma, anche pesando 250,000 chilogrammi, misterioso nei suoi geroglifici, esso posa superbamente sopra un piedestallo di granito di Bretagna come un re della natura inorganica detronizzato a Tebe, sua capitale, e reintegrato a Parigi, capitale del mondo.

SERVIZIO DELLE ACQUE

L'amministrazione municipale distribuisce circa 220,000 metri cubi di acqua al giorno, che sono forniti dall'acquedotto d'Arcueil, dalle sorgenti del Nord, dalla Senna, dall'Ourcq, dai due pozzi artesiani di Grenelle e di Passy, dalla Dhuis, dalla Vanne e dalla Marna.

L'Acquedotto d'Arcueil, fondato nel secolo VI dall'imperatore Giuliano (?) e ricostruito sotto la reggenza di Maria dei Medici, incomincia a Rungis, si svolge per un tratto di 7164 metri, e dà giornalmente un prodotto medio di 1000 metri cubi, proveniente dalle sorgenti che scatu-

Pompe a fuoco di Chaillot.

riscono dai fianchi delle colline di Rungis, dell'Hay, di Chacan e d'Arcueil.

Le sorgenti del Nord, vale a dire le acque provenienti dalle alture dei frati di S. Gervasio e di Belleville, sono tratte a Parigi dall'Acquedotto di Belleville, ricostruito nel secolo XV. Esse danno, entro 24 ore, appena 250 metri cubi, raccolti da canali di pietra e condotti, che si svolgono per un tratto di 18,500 metri.

L'acqua della Senna è attinta e fatta scorrere entro serbatoi da sette officine a vapore, cioè: all'insù e al di fuori, al Porto all'Inglese e a Maisons-Alfort (8000 metri cubi al giorno; nell'interno, alla ripa d'Austerlitz (11,000 cubi al giorno, mediante macchina rotatoria), alla ripa di Billy (Pompe a fuoco di Chaillot: 18,000 metri cubi al giorno, e mediante macchina rotatoria), e ad Auteuil; all'ingiù e al di fuori, a Neuilly e a Saint-Ouen. I diversi serbatoi sono situati a Passy, al Panteon, a Charonne, a Montmartre, a Gentilly. Piccole macchine di ricambio, situate a mezza costa di Montmartre e di Villejuif, fanno rifluire l'acqua sui punti superiori di queste località.

Il canale dell'Ourcq è la derivazione di un affluente della riva destra della Marna, che trae la sua sorgente nella foresta di Ris, presso Fère-en-Tardenois (Aisne). Questa derivazione si compone: 1.º di una sezione dell'antico fiume canalizzato fra il Port-au-Perche (Aisne) e Mareil (Oise); 2.º del canale propriamente detto, che incomincia a Mareuil e termina al bacino della Villette. La sua lunghezza totale è di 107,914 metri; la sua inclinazione, di 15 m. 39, è compensata da dieci chiuse. La bocca d'acqua è di 1 m. 40. Il canale che riceve altri otto fiumicelli, oltre quello dell'Ourcq, porta alla Villette un volume netto di 125,000 metri cubi circa al giorno. A questo prodotto si aggiungono, nell'estate, 60,000 in 80,000 metri cubi attinti nella Marna da due officine idrauliche, situate uno a Isles-les-Meldeuses, l'altra a Trilbardou (Senna e Marna). I canali *Saint-Martin* e *Saint-Denis*, che sboccano nel bacino della Villette, mettono il canale dell'Ourcq in comunicazione con la Senna a mezzogiorno e a tramontana.

Dalla darsena semi circolare situata al capo del canale Saint-Denis e avanti al bacino della Villette, parte un acquedotto di cintura lungo 4 chilometri, che, scorrendo la cima delle colline settentrionali di Parigi, va a riempire un bacino di m. cubi 10,000 stabilito presso Monceaux. In diversi punti di questo acquedotto si aprono grossi con-

Spaccato del laboratorio del parco di Passy,
nel momento in cui l'acqua che sgorga è giunta al livello del suolo.

dotti, sopra quali si collegano diversi tubi, e che vanno a sboccare in tre serbatoi situati in via Linneo, in via Racine e in via di Vaugirard.

Il POZZO ARTESIANO DI GRENELLE, forato per opera del signor Mulot, dal 1837 al 1841, a 547 m. 60 di profondità. La temperatura dell'acqua è di circa 27°; il volume delle acque sgorgate, di 518 metri cubi in media, all'altezza di 72, 75. Si è creduto utile d'innalzare il punto d'inclinazione primitivo delle acque, per poterle dirigere verso il serbatoio del Pantheon. I tubi ascensionali, che alcuni condotti sotterranei mettono in comunicazione con i pozzi del cortile del macello, sono sostenuti da una *torre* (42 metri) che sorge sulla piazza di Breteuil.

Le acque sono portate in cima mediante due tubi di 33 metri 50 cent. d'elevazione. Ne riscendono da un tubo di distrubuzione e da un tubo di scarica. Le acque sono raccolte da una vasca collocata sopra l'ultimo pianerottolo: 100,000 chilog. di ferro fuso sono stati impiegati in questa costruzione.

Il pozzo artesiano di Passy (586 metri di profondità) fu cominciato nel 1855 e terminato nel 1861. Ha una bocca di 3 metri. Lo sgorgo del pozzo di Passy, che nel 1861 era di 20,000 metri cubi ogni 24 ore, al presente è di 8000 metri in media.

Due altri pozzi artesiani furono forati nel 1864, 1865, e 1866, l'uno sulla piazza Hébert, nel XVIII° circondario, e l'altro in cima alla Butte-aux-Cailles, nel XIII°.

Le acque della SORGENTE DELLA DHUIS, che sgorgano a Pargny, a sud-est di Château Thierry (Aisne), sono portate a Parigi da un acquedotto (1862-1865) lungo 131 chilom. un serbatojo situato presso la porta di Bagnolet e capace di 128,500 metri cubi.

L'ACQUEDOTTO DELLA VAUNE, lungo 140 chil., raccoglie una parte dell'acqua delle sorgenti situate fra Troyes e Sens, e che formano il fiume Vaune. Queste sorgenti forniscono allo stagno 1160 litri al secondo, ovvero 100,000 metri cubi in 24 ore. Questa sorgente va a finire nel vasto serbatojo di Montmartre, nella spianata di Montrouge. Esso contiene 30,000 metri cubi.

Il servizio pubblico delle acque in Parigi è fatto da 194 fontane pubbliche, 56 fontane monumentali, dalle fontane Wallace, da 770 piccole fontane, da 4230 cisterne, da 100 *poteaux* e da 2798 fonti da annaffiare, da 27 fonti per gli incendii, da 435 orinatoi, da 153 robinetti da stazioni di vetture.

I BASTIONI (Boulevards)

Il quartiere della moda, il focolare del movimento cittadinesco, il convegno dell'Opulenza e dell'Aristocrazia, e, nel medesimo tempo, il ritrovo del ceto medio e delle infime classi, il centro verso il quale gravitano costantemente gli astri più luminosi di Parigi, e cade, come un aerolito, lo straniero, ha cambiato sovente di posto. Una volta era il Louvre, poscia fu la piazza Reale ed il *Marais*, venne in seguito il Palazzo del Cardinale e finalmente fu la cinta dei bastioni, cioè quella porzione che comincia dalla porta S. Dionigi e va a finire alla Maddalena.

Teatri, caffè, ricchi magazzini, bazar monumentali, saloni letterarj, librerie internazionali si schierano in due linee sul vostro passaggio, e, come altrettanti templi dell'Industria e dell'Arte, parati a festa, vi salutano coi loro bagliori. È un panorama pittoresco a mille prospettive, una fiera perpetua di squisitissimo gusto, il museo della pompa occidentale, l'alveo della sociabilità umana, l'ambiziosa dimora del lusso europeo, il teatro di un'infinita varietà di spettacoli col fondo di una scena che cambia ad ogni piè sospinto.

Tutte le lingue vi hanno il loro interprete, e v'incontrano il loro poliglotta. Ad ogni angolo si trova scritto sui vetri di qualche bottega: *English spoken* o *Se habla espanol*. Vi si veggono volti con tutte le tinte della scala cromatica dell'antropologia. Vicino ai passaggi Jouffroy, Verdeau, dei Panorama, in mezzo alla folla compatta dei Parigini, si riconoscono la pelliccia del Nord, i *sombreros* di Madrid e dell'Avana e il *fez* di Costantinopoli e del Cairo.

Due file d'alberi spuntano i dardi degli ardori estivi, e servono come di parafulmini alle infezioni atmosferiche. A destra e a sinistra dei chioschi cinesi ne intersecano il bel verde, e formano altrettante stazioni di una via Crucis... giornalistica. I lampioni, da parte loro, introducono la varietà nella simmetria, quando non apportano luce alle tenebre, e, soli amministrativi, rispondono con albori giallognoli alle trionfali irradiazioni elettriche della piazza dell'Opera.

Due larghi marciapiedi si seguendo le sinuosità che sono sbocchi di vie superbe.

In mezzo molteplici file di equipaggi, omnibus e veicoli d'ogni sorta si presentano ora come massi erratici pronti a schiacciarvi, ora

Vetture parigine.

prolungano nella linea dei bastioni, e su di essi sfilano in processione due spesse colonne di popolo, si assottigliano e s'ingrossano, si condensano e si rarefanno, schivando le sporgenze che sono pubblici stabilimenti e come una barriera insormontabile sui vostri passi, ed ora come cerchio mobile e vorticoso che pare voglia strozzarvi nelle sue spire. Ma una volta formato l'occhio e abituata la gamba si può avventurarvisi senza timore, e

Boulevard Montmartre.

senza pericolo giungere all'altra riva.

Che rimescolamento, però, che tramestìo, che tumulto, in questa arteria! Altro che specula, in cui vengono alcuni per vedere ed altri per farsi vedere! I bastioni, per quanto sono lunghi e larghi, sono un canale di progresso; una trafila per cui passano migliaia e migliaia d'uomini, modificando e modificandosi; una fiumana immensa di atomi viventi che si rinnovano sempre e non cessano mai; s'accoppiano, s'aggruppano e si disciolgono; s'incontrano, si rasentano e non si percuotono; si seguono e non si rassomigliano; si trapassano e non vogliono vincere una corsa; hanno punti di partenza opposti e direzioni del tutto diverse; e di cui ogni atto, per minimo che sia, per automatico che sembri, è un campo aperto a nuove riflessioni.

Quest'immensa fascia che cinge Parigi per ogni verso non è però sempre la stessa. Essa cambia fisonomia ad ogni istante. Ed è per ciò che, facendo coincidere l'ora col vario aspetto che presentano i bastioni nel corso del medesimo giorno, ne abbiamo formato un orologio figurativo, che, senza avere la pretesa di spaccare il minuto, offrirà una esattezza quanto mai approssimativa:

PRIME ORE MATTINALI. — Ore degli spazzaturai, dei campagnuoli, degli ortolani, delle lattaie e dei trecconi, che vi fanno audacemente il loro transito, forti del silenzio che trovano e protetti dalle tenebre.

6, 7 antimeridiane.

Ore degli operai che traversano, intuonando mestamente l'inno del Lavoro.

8 antimeridiane.

Ora dei commessi, delle crestaie e degli impiegati che sgambettano ai loro uffici.

9 antimeridiane.

Ora delle servette, dei camerieri, dei cuochi e delle buone massaie che vanno a fare le loro provvigioni.

10 antimeridiane.

Ora dei sensali, degli agenti di cambio, e degli uomini di borsa, il cui spirito ondeggia tra gli alti e i bassi.

11 antimeridiane.

Ora dei grandi proprietari, dei capitalisti imbarcati in qualche grossa impresa, dei gentiluomini di alta prosapia, dei direttori di compagnie anonime, degli amministratori di ferrovia e degli ingegneri di ponti e argini.

Boulevard S. Michele.

Mezzogiorno.

Ora in cui si mostrano i provinciali e forestieri.

1, 2, 3 e 4 pomeridiane.

Ore dei *boulevardiers*, o stazionarj vita durante dei bastioni, che guardano quasi con livore e come intrusa la popolazione fluttuante.

5 pomeridiane.

Ora della posta, dei giornali e dell'assenzio.

6 pomeridiane.

Ora in cui irrompono i sobborghi e discendono dal quartiere Breda le legioni di angioli caduti e caudati, le amazzoni dal fragile usbergo, le Circi e le Calipso in cerca di un'isola e di un Ulisse.

7 pomeridiane.

Ora degli appuntamenti e degli incontri più o meno fortuiti.

8 pomeridiane.

Ora dei pellegrinaggi ai santuari di Talia e di Melpomene.

9, 10 pomeridiane.

Ora dei passeggiatori infaticabili per vocazione, o per necessità.

11, 12 pomeridiane.

Ore dei giornalisti, romanzieri, cronisti, artisti drammatici, Malibran in abito dimesso e danzatrici meno celebri della Taglioni.

1 ant. e susseguenti.

Ore dei sonnambuli e delle nottivaghe, delle Frini e degli Alcibiadi, dei figliuoli prodighi al secondo atto e delle Maddalene non ancora pentite, dei dissoluti infine che gettano all'orgia l'ultima moneta, l'ultimo raggio della loro intelligenza e l'ultimo soffio dei loro polmoni atrofizzati.

Questi sono i bastioni nel loro insieme; ma presi poi alla spicciolata, citiamo come i più frequentati:

Tra gli antichi, quelli di *Beaumarchais*, delle *Figlie del Calvario*, di *S. Martino*, del *Tempio*, *S. Dionigi*, *Buona Nuova*, *Poissonières*, *Montmartre*, degli *Italiani*, dei *Cappuccini* e della *Maddalena*. Tra i moderni, quelli di *Strasburgo*, di *Sebastopoli*, *S. Michele*, *Malesherbes*, *Voltaire*, *Magenta*, *Riccardo Lenoir*, ecc.

Piazza della Concordia.

PIAZZE, VIE E PASSAGGI

Piazze pubbliche. — Le piazze pubbliche di Parigi sono ben lungi dal rassomigliare al *forum* dell'antica Roma, ove si riunivano i Comizi per decidere sulle sorti della Repubblica, e sorgevano i rostri della tribunizia eloquenza, cinti di portici ove si amministrava la giustizia. Parigi non è Roma, e le piazze pubbliche, come tutt'altra cosa, dovevano presentare il carattere speciale della nazione. Esse non potevano quindi offrire pretesto ad imbastir leggi, ma piuttosto a discucirle, e, terreno di lotte, più che arsenale di decreti, servirono infatti alle barricate e ai patiboli, alle vittime e ai carnefici, alla Rivoluzione e alla controrivoluzione. Così, mentre noi vediamo i *Maillotins*, insorti contro l'autorità di Carlo VI, prendere le mosse dalla *piazza di Grève* (1), Stefano Marcello stabilirvi il suo quartier generale, la Fronda ripetervi le scene più tumultuose, e il popolo schierarvisi, prima di correr all'assalto della Bastiglia; assistiamo d'altra parte all'assassinio giuridico di Margherita Parette, Anna Dubourg, Montgommery, Eleonora Galigai, Lally-Tollendal e, per tacere d'altri, dei quattro sergenti della Rochelle.

Alla stessa maniera, nella PIAZZA DELLA CONCORDIA, davanti la statua della Libertà, vediamo compiersi la più grande ecatombe umana di cui abbia fatta menzione la storia delle nazioni civili. Immolarvi uno dopo l'altro uomini e donne con principii e opinioni diametralmente opposti, Luigi XVI, e Fabre d'Eglantine, Chaumette e Carlotta Corday, Maria Antonietta e il generale Custine, Brissot e Olimpio di Gouges, Vergniaud e Adamo Lux, madama Rolland e Filippo Eguaglianza, Barnave e la contessa Du Barry, Malesherbes e Rabaut Santo-Stefano, Hébert e il duca di Lauzun, Danton e Hérault de Séchelles, Westermann e Camillo Desmoulin, Lavoisier e madama Elisabetta, Robespierre e i membri della Comune di Parigi, in tutto più di 1500 vittime, che presentavano due principii, due epoche, due ci-

---

(1) Ora piazza del Palazzo di Città.

Piazza dell'Opera e Via della Pace.

viltà ed ebbero il medesimo fine!

Ma troppo lunga sarebbe la nostra escursione storica attraverso le piazze di Parigi, L'OPERA che data da ieri, vi sarebbe da fare una storia delle più voluminose. Facciamo quindi un'amputazione sul loro numero, in ve-

Piazza e Colonna di Luglio della Bastiglia.

rigi, e lo spirito forse si stancherebbe prima ancora delle gambe e degli occhi. Dalla PIAZZA DEL TEATRO DI CORDA (Estrapade), di origine la più antica, fino alla PIAZZA DEL- rità troppo lungo, e citiamo le principali:

PIAZZA DELL'ARCO DI TRIONFO DELLA STELLA da cui partono dodici bastioni e viali;
PIAZZA DELLA BORSA, che for-

Statua della Repubblica.

ma tutta una cosa col palazzo del medesimo nome: PIAZZA DEL CAROSELLO, bella prigioniera di un palazzo malauguroso; PIAZZA DEL PANTEON, in cui soffiano i venti con maggior forza; sorilievi di Dalon; PIAZZA VENDÔME, in cui sorge quella di un conquistatore; PIAZZA DEL TRONO, ultimo rifugio dei funamboli e dei saltimbanchi; PIAZZA DELFINA, colla sua forma triangolare; PIAZ-

Piazza e Colonna Vendôme.

PIAZZA DELLA BASTIGLIA, colla sua colonna che narra la vittoria di un popolo; la PIAZZA DELLA REPUBBLICA, (già del *Château d'Eau*) colla grandiosa statua di bronzo della Repubblica dei fratelli Maurice, circondata da bas- ZA DI S. SULPIZIO di aspetto quasi claustrale; PIAZZA DELLE VITTORIE con statua equestre ch'è la disperazione degli anatomisti e dei veterinari; e finalmente le piazze:

REALE, del LOUVRE, del CASTELLO D'ACQUA, di CLICHY,

di Courcelles, d'Europa, di Francesco I, Louvois, di Nostra Signora, del Palazzo Borbone, del Parvis, del Ponte S. Michele, di S. Giorgio, del Teatro Francese, del Trocadero, dei Vosgi, Walhubert e Ventimiglia.

Vie. — Tre erano le grandi passano la lunghezza di 2000 metri e sono, le vie *S. Domenico*, *Grenelle*, *S. Germano*, *S. Mauro Popincourt*, *Vaugirard*, *Sobborgo S. Onorato*, bastione *Magenta*, e via di *Vincennes*; altre come la via dell'*Università* e il bastione *Malesherbes* i 2500 metri, ed

Piazza delle Vittorie.

vie dell'antico Parigi: *S. Martino*, *S. Dionigi* e *S. Onorato*, tanto che a descriverle sarebbe stata cosa di un momento; ma non è il medesimo caso per le grandi e belle vie del Parigi moderno, che non si contano più a unità, ma a decine e a centinaia.

Tra queste alcune oltre-altre ancora come la via di *Rivoli* e la via *Lafayette* i 3000. Pochissime sono quelle che, come la via *S. Giulio*, non si prolungano che a 10 metri, ed una sola, la via dei *Degrés*, misura appena 7 metri.

In quanto all'ampiezza parecchie, come le vie *Castiglione*, della *Pace*, di *Rivoli* e *S. Onorato* hanno più di 20 metri di larghezza; altre come la via *Tronchet*, ne hanno più di 25, ed alcune poche, di cui ci sfugge il nome, più di 30.

Spazzate, inaffiate, pulite sempre, illuminate, lastricate col sistema Mac-Adam, fiancheggiate da lussuosi magazzini, inghirlandate come dalle chiome degli alberi, esse sembrano tante gallerie di un Museo, e pur restano sempre umili vie.

Passaggi. — I *passaggi* o *gallerie* di Parigi, queste vie coperte da tetti di cristallo, che sostituiscono così bene i portici, ed offrono tutti i vantaggi delle scorciatoie, sono circa 180. Pieni di vita, di luce e di commercio, essi sono le succursali dei bastioni, in tempo di pioggia, e il sacro asilo dei pedoni, nei momenti in cui abbondano troppo le carrozze.

I più frequentati sono: i passaggi del *Cairo* (Via S. Dionigi e piazza del Cairo); *Choiseul* (Via Nuova dei Piccoli Campi e via Nuova S. Agostino); *Colbert* (Via Nuova dei Piccoli Campi e via Vivienne); *Delorme* (Via S. Onorato e via Rivoli); del *Gran Cervo* (Via S. Dionigi e via delle Due-Porte S. Salvatore); dell'*Havre* (Via Caumartin e via S. Lazzaro); *Jouffroy* (Bastione Montmartre e via Grange-Batelière); della *Maddalena* (Piazza del medesimo nome e via Boissy-d'Anglas); dell'*Opéra* (Via Drouot e via Le Pelletier); dei *Panorama* (Bastione Montmartre e vie Vivienne, S. Marco e Montmartre); del *Ponte Nuovo* (Via della Senna e via Mazarino); dei *Principi* (Via Richelieu e bastione degl'Italiani); del *Salmone* (Via Montmartre e via Montorgueil); *Vendôme* (Bastione del Tempio e via di Béranger); *Verdeau* (Via Grange-Batelière e via Sobborgo Montmartre); *Vero-Dodat* (via Grenelle S. Onorato e via Croce dei Piccoli Campi); *Vivienne* (Via Nuova dei Piccoli Campi e via Vivienne).

Piazza della Repubblica e Caserma Principe Eugenio.

Il nuovo Ponte del Cambio, Palazzo di Giustizia, e di teatri Lirico e del Châtelet.

Ponte delle Arti tra il Louvre e l'Istituto.

SENNA, QUAI, PONTI, PORTI

Senna. — La Senna trae le sue origini dalla foresta di Chanceau a qualche chilometro di Saint-Seine (Costa d'Oro).

Dopo avere ricevuto al di sopra di Parigi le acque dell'Yonne, dell'Yerre e della Marna e al di sotto quelle dell'Oise e di altri piccoli affluenti, essa si getta nel mare tra l'Havre e Honfleur. Traversa Parigi da Sud-Est a Nord-Est, e divide la città in due grandi parti disuguali. La sua larghezza è di circa 50 metri al ponte S. Michele e di 263 al di là del ponte Nuovo, ove i due bracci si riuniscono; la sua profondità media è di 36 metri, verso il ponte Reale.

Quai. — Ogni *quai* di Parigi, come ognuno dei suoi bastioni, presenta un aspetto differente:

Il *quai d'Orsay*; il più lungo della capitale, è il *quai* dei pubblici edifici, delle caserme e delle ambasciate. I *quai Malaquais* e *Voltaire* sono il paradiso dei bibliofili e dei bibliomani, perchè ivi si trovano libri cattivissimi quanti ne vogliono. Il *quai Conty* è una *cimelioteca* a cielo aperto pei numismatici di facile contentatura. Il *quai del Louvre* è il vestibolo comune di parecchi stabilimenti di bagni. Il *quai degli Agostiniani*, colle sue case dai balconi istoriati, appoggiati su pietre massicce, è un piccolo museo di autografi, incisioni e manoscritti. Il *quai degli Orefici* è un'esatta riproduzione del ponte degli Orefici a Firenze, meno la bottega di Benvenuto Cellini. Il *quai di Orléans*, pacifico, austero, superbo, colle sue grandi porte chiuse, le sue case mute, la sua aria raccolta, sembra, in mezzo alle altre, una via di altri tempi e di un altro mondo. I *quai di Bercy* e *S. Bernardo*, patria naturale dei sensali di vino, celliere della Francia vinicola, non offre all'occhio che prospettive rotondate da botti.

Il *quai dell'Orologio* è la piazza forte degli ottici, degli occhialai e dei fotografi.

Ponti. — I ponti che mettono in comunicazione le varie parti della grande metropoli, sono in numero di 27.

Noi li enumereremo tutti, cominciando da quelli dell'Est:

Ponte Nazionale, tra la porta di Bercy e la porta della Stazione.

Ponte di Bercy, tra il *quai*

Ponte Nuovo.

Ponte Nuovo e Magazzini della Bella Giardiniera.

Ponte d'Auteuil destinato al passaggio della ferrovia di Cintura.

d'Austerlitz e il *quai* della Rapée.

Ponte d'Austerlitz, tra la piazza Valhubert e la piazza Mazas.

Ponte San Germano, tra il *quai* Enrico IV e il *quai* San Bernardo.

Ponte Maria, tra l'isola San Luigi e il *quai* dei Celestini.

Ponte della Torricella, tra l'isola San Luigi e il *quai* San Bernardo.

Ponte S. Luigi, tra l'isola S. Luigi e la *Cité*.

Ponte Luigi-Filippo, tra il *quai* Palazzo di Città e il *quai* Borbone.

Ponte d'Arcole, tra il *quai* Napoleone e il Palazzo di Città.

Ponte di Nostra Signora, tra la *Cité* e il *quai* di *Gèvres*.

Ponte del Cambio, tra il *quai* della *Cité* e il *quai* di *Gèvres*.

Ponte dell'Arcivescovado, tra il *quai* della Torricella e il *quai* dell'Arcivescovado.

Ponte del Doppio, tra la *Cité* e la via della *Bûcherie*.

Ponte S. Carlo, riservato al servizio dell'*Hôtel-Dieu*.

Piccolo Ponte, tra la piazza del Piccolo Ponte e la via della *Cité*.

Ponte S. Michele, tra la *Cité* e la piazza del Ponte S. Michele.

Ponte Nuovo, tra il *quai* degli Orefici e il *quai* dell'Orologio.

Ponte delle Arti, tra il Louvre e l'Istituto.

Ponte del Carosello, o dei Santi Padri, tra il Louvre e il *quai* Voltaire.

Ponte Reale, tra il *quai* Voltaire e le Tuileries.

Ponte di Solferino, tra il palazzo della Legion d'Onore e le Tuileries.

Ponte della Concordia, tra il palazzo del Corpo legislativo e la piazza della Concordia.

Ponte degl'Invalidi, tra il *quai* della Conferenza e il *quai* d'Orsay.

Ponte dell'Alma, tra l'estremità del *quai* della Conferenza e il *quai* d'Orsay.

Ponte d'Jena, tra il *quai* di Billy e il Campo di Marte.

Ponte di Grenelle, tra il *quai* di Grenelle e il *quai* di Passy.

Ponte d'Auteuil, destinato al passaggio della ferrovia di Cintura.

Porti. — I porti della Senna parigina, oltre allo stazionamento delle barche e dei battelli a vapore, che la solcano in tutte le direzioni, servono allo sbarco di una immensa quantità di pietre, legnami, carboni, vini, oli, ed altre mercanzie. Essi sono: il *porto di Bercy*, il *porto delle legna*, il *porto dei vini*, il *porto della Torricella*, il *porto dei frutti*, il *porto della Scuola*, il *porto dei Santi Padri*, il *porto di S. Nicola*, il *porto d'Orsay*, il *porto degli Invalidi*, il *porto dell'isola dei Cigni* e il *porto di Grenelle*.

GIARDINI, SQUARES, PASSEGGIATE

Giardino delle Tuileries.
— Il giardino delle Tuileries, che fa seguito al palazzo del medesimo nome, non conserva più niente della sua antica fisonomia. Campo riservato una volta alle evoluzioni dell'aristocrazia militante, esso non serve presentemente che a sciogliere le membra e ad allargare i polmoni della buona borghesia e della sua prosperosa progenie.

Per averne perfetta conoscenza, vi consigliamo di entrarvi per la via recentemente aperta lungo la facciata del palazzo, e di percorrerlo tutto fino alla piazza della Concordia.

Osservare, passando, le due terrazze che danno sulla via Rivoli e sul *quai* delle Tuileries, il bellissimo getto d'acqua del bacino Le Nôtre, e i monumenti della moderna arte scultoria di Coustou, Lepautre, Coysevox, Bosio, e di altri celebri artisti. Citiamo fra i principali: *Flora e Zefiro — Venere dalla Colomba — Diana cacciatrice — L'Apollo del Belvedere — La Venere dei Medici — Enea e Anchise — Spartaco — Pericle — Il soldato di Maratona — Fidia e l'Arrotino.*

Giardino del Lussemburgo. — Ingrandito, poi ridotto, e poi ingrandito ancora, questo povero giardino del Lussemburgo ha subito tante modificazioni e una così orribile mutilazione, che, come lo si sa, ha sollevato tra i Parigini un mormorio generale di disapprovazione, che dura ancora. Giacomo de Brosse, architetto del palazzo, ne fece il disegno, e benchè il suo piano sia stato sovente ritoccato da mano profana, pure ne resta ancora sì buona parte, da giustificare pienamente la riputazione che gode.

Sino al 1867, tutti i cambiamenti che vi erano stati fatti, avevano avuto a scopo e a risultato di abbellirlo ed ingrandirlo. Nel 1750, gli alberi perivano per mancanza di cura; bisognò surrogarli. Nel 1795, la Convenzione fece piantare il magnifico viale che si estende dal gran *parterre* all'Osservatorio.

Poco tempo dopo, essa creò, sul territorio dipendente dall'antico convento dei Certosini, il vivaio distrutto nel

1867, vera pianura campestre in mezzo alla città, bosco di rosai intersecato da boschetti, dove si andava a spasso per angusti viali, per gustare le dolcezze del silenzio e respirare un'aria pura.

Anche Luigi Filippo lasciò in questo giardino traccia del suo regno. Anzitutto ingrandì il palazzo, del che non dobbiam fargli le nostre congratulazioni; poi costrusse l'Aranciera, lungo il Petit-Luxembourg, comperò le casupole di via Vaugirard che deturpavano tutta quella parte del giardino sino a via del Pot-de-Fer, fece piantare arboscelli, seminar fiori e tracciare viali sullo spazio lasciato libero; finalmente fu messo un elegante cancello sino alla estremità del giardino.

Dall'altra parte del palazzo egli incominciò alcuni edifici attigui, demoliti dipoi, e fece riparare ed isolare la bella fontana di Giacomo de Brosse, attribuita talvolta a Rubens.

Dopo il 1848, i margini che circondano il gran *parterre* furono coronati da una balaustrata di pietra, e gruppi, colonne e statue furono collocate in vari punti.

Nel 1862, il giardino botanico della Scuola di medicina, il cui suolo era molto più basso di quello del gran viale, fu rialzato, e fu separato mediante un bel cancello dal *boulevard* Saint-Michel aperto ultimamente.

Prima della rivoluzione, malgrado i baccanali di cui il palazzo fu testimone durante la Reggenza, il giardino del Lussemburgo era solitario e triste. Situato in fondo al sobborgo San Germano, era circondato da conventi e da chiese. I conventi sono crollati, i frati scomparsi. Invece delle guglie delle chiese che da tutti i punti s'inalzavano alle nubi, alcuni comignoli di officine, sorgendo a ponente, mandano al cielo vortici di fumo; lì, come altrove, il secolo ha invaso. Soli, la cupola di Val-de-Grâce e le torri di San Sulpizio restano come testimoni del passato, ai quali sono venuti ad unirsi a levante, la cupola del Panthéon, a ponente, la sfolgorante cupola degli Invalidi, che si vede da lontano, di fondo al vialone, al di sopra degli alberi.

Due bellissimi terrazzi ombrosi, sostenuti da un pendìo di muraglia, sono circondati da una balaustrata di pietra, e sostengono alla lor volta una moltitudine di vasi in marmo. Qua e là eccellenti produzioni in marmo di Lesueur, Ottin, Gatteaux, Lemaire, Klagmann, Husson ed altri sorgono con gentile baldanza e si dispongono con ordine perfetto. All'est una graziosissima fontana rustica

Giardino delle Tuileries.

di Giacomo de Brosse, arricchita da un bellissimo gruppo di Augusto Ottin *(Aci e Galatea)* si presenta come un monumento di felice invenzione, e non fa che armonizzare collo stile del palazzo. In altre parti finalmente si trovano verdi smalti, olezzanti ajuole, freschi bacini d'acqua, viali graziosi, come quelli dell'Osservatorio, il vivajo degli aranci e due serre per le camelie.

Alcuni anni or sono, gli studenti frequentavano molto il giardino del Lnssemburgo; se non si incontrano più gli studenti, vi si incontrano in compenso, in giorni di vacanza, un gran numero di collegi dei dintorni. I terrazzi di levante e di ponente sono abbandonati loro in quei giorni, dai benestanti e impiegati in ritiro. A sinistra dello spazioso viale che conduce a via di Fleurus, i giuocatori di palla attirano quasi sempre, nelle belle giornate, un numeroso concorso di dilettanti e di curiosi.

Nella bella stagione, una musica militare fa udire i suoi concerti, nel gran *parterre*, due volte alla settimana (martedì e sabato), dalle 5 alle 6 della sera.

Giardino delle Piante, *(Piazza Walhubert)*. — Nel secolo XVIII il medico Guy della Brosse indusse Luigi XIII a fondare un giardino per la cultura delle piante esotiche, con direzione che passò in parecchie mani fino al 1718, epoca in cui fu confidato al celebre naturalista Giorgio Buffon.

Lo stabilimento, ingrandito di giorno in giorno, comprende oggi:

1.º Un giardino botanico di grande ricchezza, con magnifiche serre, ove sono piante tropicali ed alberi forestieri di tutte le regioni;

2.º Un parco di 5000 mammiferi carnivori, roditori, ruminanti, ecc., ecc.;

3.º Varie scuole e laboratorii di chimica organica, inorganica, zoologia, fisica vegetale, fisiologia e anatomia comparata;

4.º Un gabinetto o museo di anatomia comparata e storia naturale, con collezioni complete di fossili, cranii, carcami, mascelle e scheletri che formano la delizia degli antropologhi e dei frenologhi, e che avrebbero mandato in visibilio Gall Spurzheim, Ruysch e Blumenbach;

5.º Una biblioteca pubblica di 70,000 volumi;

6.º Una ventina di cattedre illustri, dalle quali insegnarono Cuvier, Geoffroy-Saint-Hilaire, Gassieu e Flourens.

Farsi un dovere di visitare il palazzo delle scimmie, le gabbie delle bestie feroci, le fosse degli orsi, la rotonda dell'elefante, le uccelliere, la fagianeria, il recinto dei

Fontana di Giacomo de Brosse.

falconi, il bacino dei caimani, coccodrilli e tartarughe, il laberinto, la colonna di Daubanton e il famoso cedro del Libano, portato in Francia da Jussieu entro un cappello.

I giardini sono aperti tutti i giorni, meno il Museo, il quale resta aperto solamente il martedì dalle 2 alle 5, e la domenica dall'1 alle 5 pomeridiane.

Giardino del Palazzo Reale. — Il giardino del Palazzo Reale è un vasto parallelogrammo di 4000 metri, circondato da portici, ornato di olmi, tigli, una vasca di venti metri di diametro, e di statue graziose. Ecco il loro soggetto e il nome del loro autore: *Giovane bagnante*, di Expercieux; *Giovane in atto di scherzare con una capra*, di Lemaire; copia in bronzo dell'*Apollo del Belvedere*; *Ulisse* di Bra; *Ninfa morsicata da un serpente*, di Nanteuil copia in bronzo di *Diana della cerva*. Un cannone ubbidiente ai cenni di una meridiana fa esplosione verso mezzogiorno, e la musica militare nelle belle sere d'estate rallegra l'aria coi suoi dolci e variati concenti.

Rotonda dell'Elefante.

Fossa dell'Orso.

Giardino del Palazzo delle Terme. — Il giardino del palazzo di Cluny e del palazzo delle Terme si distende dietro questi due edifici verso il bastione S. Michele e il bastione S. Giovanni. Le colonne e le statue che lo decorano appartengono, per la più parte, all'antica residenza abbaziale.

Vi si vedono, tra le tante curiosità, la porta maggiore dell'antica chiesa di San Benedetto, tre archi romani provenienti dall'abbazia di Argenteuil, e una croce tolta alla chiesa di S. Vladimiro a Sebastopoli. In una parola, è un giardino serio, classico, pedante, appendice di un museo, che somiglia a un cimitero, e che sente il chiuso delle catacombe anzichè l'aperto dei campi.

Loggie degli animali feroci.

Grande uccelliera.

Anfiteatro delle Scimmie.

Parco Monceaux. — Questo bel giardino, eseguito nel 1778 da Carmontel pel finanziere Grimord della Reynière (padre del famoso astronomo), e venduto più tardi al duca d'Orléans, è una delle poche glorie che siano rimaste del regno di Luigi Filippo.

Cinque ingressi, comunicanti fra di loro per mezzo di stradoni carrozzabili, larghi 15 metri, ne permettono l'accesso. I tre principali sporgono sull'antica barriera di Chartres, sulla via di Courcelles e sul bastione Malesherbes; i due secondari sull'antico bastione esteriore di Courcelles e della via di Valois.

Buttes-Chaumont. — Le Buttes-Chaumont, uno dei promontori più occidentali delle colline di Belleville, erano prima del 1866 delle vaste cave di gesso, dall'a- tempietto in forma di rotonda, cancellate risplendenti d'oro, tutto si trova al suo posto, e risponde armoniosamente al gusto generale.

Serre.

Molti sono i giardini che possono superarlo in estensione, pochi quelli che possono vincerlo in bellezza. Niente vi fu dimenticato, e niente vi sovrabbonda. Viali, cespugli, ajuole, fiori d'ogni sorta, rivi mormoranti, cascata, ponte, piramide, rocca pittoresca, grotta, vasto bacino ovale, circondato da un colonnato corintio in rovina, spetto desolante più ancora che pittoresco. Ma il nuovo Parigi si avanza sempre più bello e superbo nelle sue magnifiche indumenta, e un giorno volle scuotere i cenci anche da questa parte. E allora, come per incanto, sul letto gessoso si spiegarono le zolle feconde; allo sgretolio delle pietre successe il mormorio delle fonti; dove erano i pruni sbucciarono le rose; dov'era la polvere spuntò la molle erbetta; dov'era, insomma, un arido scoglio, deforme per gli aspri gomiti e per le ineguaglianze repentine, sorse un giardino di 22 ettari, colla sua fauna curvilinea, il magnifico lago, l'isola che sorge a picco, la cascata che si precipita fumante, la grotta co' suoi stalattiti, tutto, insomma, fino al più sottile filo d'erba. E questa è la vera missione dell'arte; richiamare alla

Parco di Monceaux: La Naumachia.

e colla sua flora, vario e piacevole per i dolci declivi.

Così, in questo giardino, non solamente sono opera dell'uomo le eleganti capanne svizzere, che per sei porte ne chiudono quasi la uscita, il tempio della Sibilla, i ponti e le balaustrate; ma la sua forma triangolare vita la natura moribonda ed arricchire colla vegetazione gli angoli di terra che parvero come da lei maledetti.

Parco di Montsouris. — Posto sulla riva sinistra della Bièvre, esso rinchiude una riproduzione esatta del palazzo del bey di Tunisi, detto il *Bardo*. Questa bella costruzione orientale, la piò bella forse che abbia figurato all'Esposizione universale del 1867, ha un aspetto grandioso e pieno di ricchezza. Lo stile moresco vi spiega tutta la sua originalità e perfezione, e lo splendore esteriore non è superato che da quello interiore.

Il giardino però pare che sappia tutto questo, e, colle proprie bellezze corrisponde alla maestà e gentilezza di tanto ospite.

Giardino Botanico della Muta. — La città di Parigi, *alma parens* dei giardinieri, più ancora che dei fiori, possiede vicino alla porta della Muta un giardino botanico di circa 4400 metri quadrati. Esso consta di 24 serre, con una superficie vitrea di circa 10,000 metri. Alcune di queste serre custodiscono in inverno le piante delicate e tenerelle, destinate in estate all'ornamento degli *square* e dei giardini pubblici. Una grande serra calda è destinata alla coltura dei più preziosi vegetali. Un' altra offre sicuro asilo alle camelie in albero. Finalmente 700 campane di vetro coprono maternamente 50 mila barbatelle, durate e rinnovate spesse volte nel corso dell'anno.

Una succursale di questo giardino esiste nel bosco di Vincennes.

- **Giardino Botanico.** — Stabilito nel 1868, sopra un terreno isolato e dipendente dal Museo di storia naturale esso è situato all'angolo delle vie Cuvier e di Jussieu.

Squares. — Lo *square*, parola e cosa importata dalla Inghilterra, è la campagna ridotta a dosi omiopatiche, il giardino sottoposto alle esigenze ed ai limiti angusti di una piazza, la passeggiata messa alla portata immediata di tutti, e qualche cosa come il Bosco di Boulogne offerto a domicilio. Giardino *in partibus*, d'aspetto qualche volta macilente, ha piante che germogliano assai timidamente, e rose che fioriscono con una modestia, che non è più in uso tra gli uomini. I suoi piccoli alberi rassomigliano a quelle tristi creaturine, che cresciute nello strettoio di viuzze immonde, non hanno mai corso pei campi e sotto un libero cielo. Alcuni di questi esuli infelici divengono calvi prima del tempo, e pagano l'esistenza col sacrificio delle loro chiome; altri tisici per tutta la vita pare che non aspettino che la morte, e, quasi tutti poi deboli e rachitici nella persona, pare che vogliano degenerare in arbusti. Ma i poveretti fanno quello che possono, e sono anche troppo generosi, se a chi loro invia polvere, gas e fumo di tabacco, offrono ombre, siano pure oc-

Parco delle Buttes-Chaumont.

chiute, e rami, siano pure spelati.

Lo *square della torre San Giacomo* è uno di quelli che si presentano meglio, ed è, se non andiamo errati, il primogenito degli *squares*.

Lo *square del Conservatorio delle Arti e Mestieri* è piccolo, ma vivo, brioso, animato, tutto gridi e rumori infantili. Una colonnetta in mezzo, una Vittoria al di sopra, quattro edicole agli angoli, pieni di balocchi e golosità, formano il vero paradiso dei piccoli re della allegrezza. Dalla mattina alla sera è un vociare, un corrersi dietro, un salticchiare continuo, e, in certi momenti, non è più uno *square*, ma un cortile di collegio durante l'ora di ricreazione.

Lo *square del Tempio* è lo *square* del popolo. Là non si giuoca, ma si riposa. Vi si prende l'aria tra l'ora della colazione e l'ora del lavoro, e qualche volta serve come sala da pranzo. Tutta la laboriosa popolazione del quartiere del Tempio, delle vie dei Gravilliers, Phélippeaux e delle Fontane vengono a prendervi l'aria e a distendervi le loro membra, come altri distendono l'arco del loro spirito al Lussemburgo.

Lo *square Montholon* non ha fisionomia propria, e partecipa degli altri tre.

Lo *square del Castello d'Ac-*

Buttes-Chaumont.

qua sembra la platea di un teatro, laonde le strade diventano scene, e attori i viandanti.

centrali, in cui la fontana funziona da maggiordomo.

Lo *square Monge* è una cattiva lezione di botanica

Torre di S. Giacomo.

Lo *square Louvois* è una succursale officiosa della biblioteca Richelieu.

Lo *square degl'Innocenti* è un'anticamera dei Mercati

con una digressione filosofica rappresentata dalla *Statua di Voltaire*.

Finalmente gli *squares Ventimiglia, Santa Clotilde,*

di *Batignolles*, della *Trinità*, *Vaugirard*, *Belleville*, *Grenelle*, *Montrouge* e *Charonne*, sono altrettanti gabinetti di lettura, per chi possiede un giornale; caffè a consumazioni d'aria e sale di conversazione a libero ingresso.

Campi Elisi. — I Campi Elisi hanno come il loro ingresso sulla piazza della Concordia, in mezzo a due cavalli di marmo ritti sui loro piedestalli e tenuti a freno da due schiavi palafrenieri. Sono i *cavalli di Marly*, ultimo avanzo di quel fastoso castello che la spirante grandezza di Luigi XIV aveva fatto elevare sui poggi della Senna. Essi finiscono all'Arco di Trionfo, intorno a cui la magnificenza municipale ha posto dodici viali come altrettante vie consolari.

Parimenti che al bosco di Boulogne non vi fanno difetto nè i panieri di fiori, nè i refriferanti boschetti, nè le fontane zampillanti, nè le mostre di balocchi, nè i *restaurant* principeschi; ma più che al bosco di Boulogne vi abbondano i teatri e i concerti, senza parlare della rotonda del *Panorama*; del *Circo*, illustrato da tante dinastie di scudieri e acrobati; del *Mabille*, scuola eccentrica dell'arte coreografica, associata alla scienza gaia; dei Caffè cantanti, ove la canzonetta succede alla romanza; dei teatri di marionette, ov'è protagonista *Guignol*, e delle carrozze tirate da capre, ove sono automedonti bamberottoli non ancora decenni. È un paradiso terrestre pieno di tentazioni, contro cui i Parigini non oppongono alcuno schermo, e a cui si lasciano andare con un gusto che pare un entusiasmo.

Vi fu un tempo in cui i Campi Elisi erano la passeggiata magna di Parigi. Oggi non è che una delle secondarie, l'atrio maggiore che mette al bosco di Boulogne.

La passeggiata però propriamente detta dei Campi Elisi non oltrepassa il *Rond-Point*. Più lungi non è che un largo viale fiancheggiato da case di bell'aspetto, che menano, per un dolce pendio, direttamente all'Arco di Trionfo.

Il mattino non vi si vede anima viva, dopo mezzogiorno e alla sera vi accorre buona parte di Parigi; ma vi è un giorno particolare della settimana in cui questo grande viale presenta un aspetto che ha il suo carattere e la sua originalità. È la domenica. In questo giorno, a partir da due ore, lo spazio compreso dai *cavalli di Marly* fino all'Arco di Trionfo, sparisce letteralmente sotto una moltitudine formata da moltitudini, e sotto una massa moventisi

Grande viale dei Campi Elisi.

Bosco di Bologna : il lago ed il Châlet.

Rotonda delle quercie presso il lago d'Auteuil.

di vetture. È una mescolanza di veicoli, di tutte le dimensioni e di tutte le forme, ed un mare di uomini e donne di tutte le condizioni e di tutte le età, in mezzo a cui s'avanzano lentamente gli omnibus come vascelli a tre ponti. tro offre tutti i lussi, tutte le dolci attrattive, tutte le civetterie, tutte le eleganze, tutte le raffinatezze aristocratiche, le fantasie e i capricci della mollezza occidentale. Londra ha l'*Hyde-Park*, Vienna il *Prater*, Ma-

Lago d'Auteuil.

Bosco di Bologna. — Il bosco di Bologna, ultimo vestigio dell'antica foresta di Rouveray rappresenta qualche cosa come il giardino di Armida, colla differenza che questo qui offriva tutti gli incanti della natura, e l'al- drid mostra con orgoglio il *Prado*, Firenze ha le *Cascine*: ma nessuna passeggiata eguaglia il bosco di Bologna. Le altre sono inglesi, spagnuole, italiane o austriache, e il bosco di Bologna è la passeggiata d'Europa, a cui Parigi comunica una parte del suo movimento e della sua vita.

Si potrebbe dire del bosco di Bologna ch'è un immenso ponti, chioschi, mulini, isole, capanne, ombrosi recessi ed altre amenità romantiche; caffè, *restaurants* ed altri conforti prosaici. Bosco ci-

Grande cascata del bosco di Bologna

parco che comincia con un viale e termina con un campo di corse. Negli intervalli s'incontrano cascate, laghi popolati di cigni e solcati da barche, parchi d'animali, vilizzato, giardino silvestre, è un microcosmo a due poli: la città e la campagna, ad instabile asse: il capriccio dell'uomo.

Si può andare al bosco di

Bologna a piedi, in omnibus, in *tramway*, in ferrovia ed in carrozza; ma di tutti i mezzi quest'ultimo ancora è il più preferibile.

L'ora della passeggiata del ceto elegante è dalle 4 alle 7 in estate e dalle 2 alle 5 in inverno.

suoi fronzuti viali, i suoi boschetti pittoreschi, le sue serre e i suoi laghi, offre delle prospettive sì varie e sì gradevoli all'occhio, che basterebbero da per loro sole a rendere contento il visitatore. Ma oltre queste attrattive possiede complete colle-

Acquario del giardino d'acclimatazione.

Giardino d'acclimatazione. (*Bosco di Bologna*). — Questo mirabile stabilimento è dovuto alla bella iniziativa d'Isidoro Geoffroy-Saint-Hilaire. I giardini, concessi a titolo gratuito dalla città di Parigi, occupano venti ettari di terreno. Il parco coi suoi sentieri erbosi, i suoi alberi ben disposti, i zioni zoologiche e botaniche che crescono di giorno in giorno, e formano un tesoro inestimabile di tipi naturali.

Animali da basto e da tiro sono messi a disposizione del grande recinto, sotto la sorveglianza e la scorta dei guardiani, per un prezzo modicissimo, che resta fissato come segue: Camelli e dromedarj: 50 cent. — Elefanti: 25 cent. — Carrozze tirate da struzzi: 50 cent. — Carrozze tirate da asini, zebri ed altri nobili quadrupedi: 25 cent. — Cavalli da sella, corsieri nani, d'Islanda, di Siam, zebri, ecc.: 50 cent.

rare tutto; dirigere il passo coscienziosamente in ogni più remoto luogo; ma non esonerarsi, per qualsiasi pretesto, di andare a vedere l'*apparecchio meccanico per ingrassare i volatili*, le *uccelliere*, la *polleria*, la *colom-*

Bigattiera del giardino d'acclimatazione.

Una ginnastica è messa a disposizione dei fanciulli, che possono divertirsi aspettando il loro turno normale o di eccentrica equitazione.

I giovedì e la domenica: dalle 3 alle 5, scelti pezzi musicali eseguiti a piena orchestra da 50 bravi professori.

Visitare, osservare, ammi-

baia militare, le *conigliere*, le *fagianerie*, il *palazzo delle scimie*, il *parco delle renni*, gli *abituri dei kangurù e degli alpagà*, i *pecorili*, le *scuderie delle razze equine, bovine e caprine*, la *bigattiera*,, l'*acquario* e le *serre*, tutte cose fondate non solamente pel piacere dei curiosi errabondi;

ma pel nobile scopo d'introdurre in Francia tutte le specie d'animali e vegetali, moltiplicarle, farne conoscere i migliori tipi, incoraggiarne l'importazione e la vendita, e servire di centro mediano tra gli allevatori di Francia e quelli di altri paesi.

Il giardino è aperto tutti i giorni, dal mattino alla sera, ed ha due ingressi: uno all'estremità Est, vicino alla porta dei Sabbioni, e l'altro all'estremità Ovest sopra Neuilly e S. Giacomo, vicino alla porta di Madrid.

I prezzi di entrata sono di un franco per persona, durante tutta la settimana, di 50 centesimi la domenica e festa, e di 3 franchi per ogni carrozza, compresi i domestici. Gli abbonamenti per anno sono in ragione di 25 franchi per gli uomini, 10 per le donne e i fanciulli, e 20 per le carrozze.

Neuilly. — Seguendo lo stradone di Neuilly, oltre l'Arco della Stella, si scorge a sinistra la porta Maillot, e a destra, a circa 100 passi, sulla strada della Revolte, sorge la CAPPELLA DI SAN FERDINANDO, inaugurata l'11 luglio 1843, sull'area della casa ove morì il duca d'Orléans dopo la fatal catastrofe del 13 luglio 1842. Visibili tutti i giorni (basta rivolgersi al custode con una mancia, e suonare alla porta della casa numero 10) la cappella forma una croce greca e appartiene allo stile bisantino mitigato da alcuni dettagli di architettura antica. Nell'interno è da osservarsi: il *cenotafio* del duca d'Orléans (sotterrato a Dreuz), scolpito da Triqueti, dai disegni d'Ary Scheffer; un piedistallo di marmo nero che sostiene la figura del principe disteso sopra un materasso e con la divisa di ufficial generale; un bassorilievo di un bel carattere; *un angelo* in marmo di Carrara, della principessa Maria; le invetriate delle facciate e delle finestre, eseguite a Sèvres, dai cartoni d'Ingres; una *Deposizione dalla croce*, pittura di Triqueti; degli *inginocchiatoi*, ricamati dalla regina Amalia, la regina dei Belgi, e dalla duchessa d'Orléans; nella sagrestia trovasi un quadro di Jacquand (1844) che rappresenta gli *Ultimi istanti del duca d'Orléans*; nel cortile, un cedro del Libano portato dall'Africa dal duca d'Orléans; nel salotto della casa occupata dal portinajo e dal cappellano, due orologi a pendolo che segnano l'ora della caduta del principe (mezzogiorno meno 10 minuti, 13 luglio 1842) e l'ora della sua morte (4 ore 10 minuti).

Bosco di Vincennes. — All'Ovest di Parigi, là, ove la Senna si evade come dalle mura di una prigione, s'incontra il bosco di Bologna. All'Est là ove la Marna si

Grande serra del giardino d'acclimatazione.

getta nella Senna, prima che questo fiume abbia raggiunto la cinta di Parigi, sorge il bosco di Vincennes. Così il primo raggio del vergine sole è per il torrione di Vincennes, e gli ultimi splendori dell'astro morente appartengono all'Arco di Trionfo. Così Parigi è una capitale presa in mezzo a due foreste.

cascate, piallati in lucidi cristalli.

Se il bosco di Bologna ha la porta Maillot, il bosco di Vincennes ha la porta *Jaune*; le mense ospitali dell'uno, sull'erba o sui deschi ambrosiati, valgono quelli dell'al-

Cappella S. Ferdinando.

Il bosco di Vincennes, come il bosco di Bologna, ha i suoi freschi tappeti di verdura, le mobili cortine d'alberi, le spesse boscaglie stormeggianti, le acque rimontanti in zampilli, ricadenti in tro; uno mostra con orgoglio il suo grande lago e lo stagno delle Cerve, e l'altro spiega con magnifica pompa il lago dei Minimi, il lago di S. Mandato e il lago di Charenton. In ambedue vi sono delle cascate, delle isole, dei chioschi, e, se a Vincennes non vi sono le frondi d'Ar-

Veduta generale di Vincennes, presa dal lato del Bosco.

menonville, vi sono le grotte
e il tempio di Diana. Due fiu-

mille tortuosità. Finalmente
anche esso possiede un ip-

Cappella del castello di Vincennes.

micelli, l'Amabile e la Pompadour, l'inaffiano e descrivono

podromo, sul quale, nella
bella stagione, vengono a far

le loro prove di forza e di de- | i due boschi, ed è che quel-
sterità i più illustri cavalli | lo di Vincennes possedereb-

Porta d'entrata del castello di Vincennes.

di Francia. Una sola grande | be a preferenza dell'altro
differenza esiste forse tra | la famosa quercia sotto la

quale S. Luigi rendeva giustizia; ma sia che la quercia appartenga al dominio della favola, o che la giustizia di Luigi IX fosse di quelle che non lasciano traccia, il fatto sta che la quercia sfugge a tutte le più accurate ricerche, si dissipa come nube, e, fino a nuovo ordine di cose, il parallelo si presta a maraviglia, e l'eguaglianza resta perfettamente ristabilita.

PROVVISIONI DI PARIGI

I principali generi di consumazione a Parigi, offrono, durante l'anno le quantità seguenti:

Pane.

Per la popolazione tutta intiera *chilogrammi*		260,114,400
Per ogni testa . »		140

Bevande ed altri liquidi.

Vini in botte . *ett.*		4,078,684
Vini in bottiglia »		17,049
Alcool puro e liquori . . . . . »		90,160
Birra importata . »		227,915
Sidro di pomi, pere e idromele . . . »		35,365
Olj di differenti qualità . . . . . »		242,560
Alcool adulterato »		6,360
Aceto di differenti generi . . . . . »		43,493
Birra fabbricata a Parigi . . . . . »		225,280

Carne di macello ed altre.

Carne di bue, vacca, vitello, castrato, capra e caprone . . . . *chil.*		111,990,487
Residui e frattaglie di vitello . . . »		2,582,940
Carne fresca e grasso di porco, cinghiali, porci da latte e lardo salato . . . . . »		19,314,825
Residui e frattaglie di porci . . . »		2,526,113

Commestibili diversi.

Salumi di tutte le qualità, carni secche *chilogrammi*		1,667,747
Carni conciate e pesci marinati »		773,684
Tartufi, pasticci, pollami e selvaggine trifolate . . »		96,339
Pollami, gallinacci, oche e conigli . . . . »		1,383,022
Pesci di mare e di acqua dolce . »		59,001
Ostriche fresche e marinate . . . »		516,693
Burro . . . . . . »		4,018,042
Ova . . . . . . »		3,023,714
Formaggi secchi »		4,126,717

Combustibili.

Legna da bruciare di differenti qualità . . *metri cubi*		709,318
Carbone di legno, carbone artificiale . . . . . . *ett.*		5,551,844
Polvere di carbone, polvere di concia carbonizzata . . »		83,785
Carbone fossile, *cok*, torba carbonizzata . . . . . . *chil.*		896,928,314

Foraggi.

Orzo . . . . . . *chil.*		4,126,714
Avena . . . . . . »		147,215,962
Fieno . . . . *fasci*		17,698,047
Paglia . . . . . . »		26,686,607

MERCATI, MACELLI, DEPOSITI DI VINI DOCK E PALAZZO DELLE VENDITE

Mercati centrali (*via del Pastore e via Rambuteau*). — Cominciata nel 1851 da Baltard e poco men che finita questa opera monumentale di ferro e di zinco comprenderà 12 grandi padiglioni, 3000 botteghe; occuperà uno spazio di 88,000 metri, e costerà su per giù la somma di 60 milioni.

Vi si vendono legumi, frutti erbaggi, burro, formaggi, carni, pollami, selvaggina, pesci ed altro ben di Dio, che farebbe risuscitare gli Apicii e i Vitellii; e di quanti vi sono poeti lirici, epici e bucolici farebbe altrettanti Berni ed altrettanti Molza. Le ricchezze primaverili vi rivivono nell'autunno, e per essi le quattro stagioni non ne formano più che una

Mercati centrali.

sola. Vi piovono insalate, vi nevicano giuncate, vi guizzano anguille, vi tempestano agrumi. Ecatombe di vitelli e di castrati; carneficine di tordi, pernici e beccacce; opime spoglie di furibondi cinghiali, prede acquatiche di famoso tridente, pendono da ogni lato, e domandano onorata sepoltura allo stomaco. Intiere piantagioni re-

Interno dei Mercati centrali.

cise o sterpate; cataste di cardi e di selleri; banchi d'ostriche, palafitte di porri, agli, e cipolle; monti scaglionati di cocuzze e di cavoli, occupano tutto il pavimento e montano fino ai tetti.

Le terre e i mari dei due mondi; tutti i fiumi e i laghi della Francia; gli stagni, vi-

le. Mani, nasi, bocche a mille a mille abbrancano, fiutano e assaggiano qualche cosa; voci stentoree e stridule dibattono i prezzi, spregiano o portano ai cieli la mercanzia; carri, cesti, sporte e sacchi si vuotano e si riempiono a vista d'occhio; piramidi e castelletti di uva e ciliege si

Mercato del grano.

vai, boschi, giardini, serre e orti di mezza Europa portano il loro tributo animale e vegetale a questo emporio di commestibili, e l'abbondanza vi regna più che nel corno d'Amaltea.

Visitando i mercati verso le sei del mattino si assiste a una scena veramente curiosa, animata, indescrivibi-

ammucchiano, si mozzano, spariscono, ricompajono e si riaguzzano, e, in mezzo a tutto questo pandemonio, questo via vai circolatorio, questo prendere e lasciare, questo flusso e riflusso, tutto parigino, si vede la murena della Provenza attortigliata allo storione del Caspio e del Volga; i carciofi di Laon e di

MERCATI, MACELLI, ECC.

Bretagna affratellati agli asparagi di Ulma e di Olanda; le pere del Gers mescolate ai pomi di Vladimiro e di Mosca, e gli aranci di Palermo e delle isole Baleari a tocca e non tocca coi cocchi delle Indie.

Oh! Babilonia! Babilonia! Quanto sei bella!

Tra i mercati secondari sparsi nei quartieri di Parigi, che cercano di mettersi al livello dei mercati centrali, citiamo il *mercato Beauvau*, nel Sobborgo S. Antonio; — il *mercato S. Onorato* o *dei Giacobini*, via del mercato S. Onorato; — il *mercato di S. Germano*, vicino S. Sulpizio; — il *mercato S. Martino*, via Montgolfier, dietro il Conservatorio delle Arti e Mestieri; — il *mercato S. Mauro*, via S. Mauro; — il *mercato dei Carmini*, vicino alla piazza Maubert; — il *mercato della Maddalena*, via Chauveau-Lagarde, ecc.

Mercato del Grano *(via di Viarmes)*. — Fu costruito nel 1763 sull'area dell'antico palazzo di Soissons, per opera dell'architetto Camus de Mé-

Mercato del Tempio.

zières. Bruciatasi la cupola nel 1802 ve ne fu costruita una di ferro e di rame. Venticinque arcate ne sostengono il peso, e un numero eguale di finestre s'aprono superiormente. Al di fuori una colonna sorge isolata, e racconta le imprese astrologiche di Caterina de' Medici; ma *tulit alter honores*, Cerere ne gode invece di Urania.

Mercato dei Fiori. — Alberghi gentili e profumati di steli, petali e corolle, ove i fiori si succedono ai fiori, con ordine, varietà e abbondanza; essi sono in numero di quattro:

Mercato dei fiori (sul marciapiede del *quai* del Palazzo di città e sulla piazza Lobau) — Mercoledì e giovedì.

Mercato della Maddalena (vicino la chiesa). — Mercoledì e venerdì.

Mercato del Castello d'Acqua (in faccia alla caserma del principe Eugenio). — Lunedì e giovedì.

Mercato San Sulpizio (nella piazza del medesimo nome). — Lunedì e giovedì.

Mercato degli uccelli (*via Montgolfier al mercato S. Martino*). — È il convegno di rosignuoli, passeri e fringuelli, cioè il loro mercato di schiavi. A loro onore però, anche qui chi vende e chi compera non sono uccelli come loro; ma uomini e sempre uomini.

Mercato dei cuoi (*Via del ferro di Mulino*). — Tutte le domeniche.

Mercato dei foraggi (*bastione d'Inferno e Bercy*). — Tutti i giorni, meno la domenica.

Mercato dei cavalli (*bastione d'Inferno*). — Mercoledì, sabato e primo lunedì del mese.

Mercato dei cani (*bastione d'Inferno*). — Tutte le domeniche.

Mercato del Tempio (*Via del Tempio*). — Celebre mercato di vecchi abiti, merletti ingialliti, acconciature fuori di moda ed altre cianfrusaglie, costruito sul recinto dell'antico Tempio.

Le nuove costruzioni aperte al pubblico contengono 2400 botteghe, e occupano una superficie di 14,110 metri. La facciata principale dà sulla via del Tempio.

Mercato del bestiame (*Via d'Alemagna*). — Si compone di tre padiglioni di ferro, uno dei quali può contenere 22,000 pecore, un altro 7,000 maiali e 4,000 vitelli, e, quello di mezzo, 4,600 bovi.

È aperto tutti i giorni.

Macelli. — I grandi macelli di Parigi, limitrofi e comunicanti col mercato del bestiame, sono di un'estensione ancora maggiore di quest'ultimo, ed hanno l'ingresso principale sulla strada di Fiandra. Là si trovano i locali dell'Amministrazione e del Dazio, e a destra e a sinistra due grandi lavacri in forma di croce greca. Altri lavacri in numero di 123, buoni per oltre 12,000 beccai, sono aggruppati intorno a 32 vasti cortili oblunghi, sono distinti con lettere dell'alfabeto, e separati da vie solcate dai binari della ferrovia. A sinistra si trovano altri locali necessari per gli usi dello stabilimento, e nelle regioni sotterranee, un vasto sistema di fogne conducenti le acque brutte al canale della Cittadella.

La superficie totale dei macelli e del mercato di bestiame è di 45 ettari.

Deposito dei vini *(quai S. Bernardo, via dei fossati di S. Bernardo, e via Jussieu)*. — Costruito dal 1813 al 1819 sul piano dell'antica abbazia di S. Vittore, questo deposito ha per iscopo di facilitare la percezione dell'imposta sui vini e di servire allo sviluppo del loro commercio. I vari edifici formano nel loro insieme un immenso quadrato di 134,000 metri di superficie, comprendente cinque grandi corpi di fabbrica, separati da viali, e divisi in cellieri, sotto i quali si estendono ampissime cantine. Degli apparecchi giganteschi servono a misurare la forza alcoolica dei liquidi.

Le cantine e i cellieri, ricostruiti in parte nel 1870 possono contenere un milione di ettolitri di vino e 150,000 ettolitri di acquavite.

La costruzione di questo deposito costa 130 milioni, e la rendita annuale che se ne ricava, per fitti ed altro, è di 500,000 franchi.

Dock, depositi e magazzini generali. — I depositi, o magazzini generali, destinati a ricevere le mercanzie coloniali o straniere, fino alla loro uscita di Francia e all'esazione dei diritti della Dogana, si dividono in cinque corpi di fabbrica, di stile quanto mai semplice, a cui sono aggiunti dei cortili e delle vaste tettoie pel carico e lo scarico delle mercanzie.

Essi sono situati sulle due rive del canale S. Martino, dietro il Castello d'Acqua e la caserma del Principe Eugenio, e sono i seguenti: *Deposito effettivo delle dogane; deposito libero* o *magazzino generale,* via di Crimea, 157; *deposito della dogana; deposito effettivo degli zuccheri indigeni*, via di Fiandra, 181; *deposito speciale dei sali*, bastione della Cittadella, 240, e via di Fiandra, 210.

Palazzo delle Vendite *(Via Drouot, 5)*. — Aperto tutti i giorni dalle 2 alle 5, eccetto la domenica; esso è chiamato altresì il palazzo dei commissarii-estimatori, perchè essi ne sono i padroni dispotici, e ad essi solamente ne appartiene il diritto di fare le vendite mobiliari agl'incanti pubblici, volontarie o forzate che siano.

Vendite libri. — Le vendite di libri si fanno usualmente nella così detta *Sala Silvestro*, via dei Buoni Fanciulli, dietro il palazzo della Banca di Francia.

QUARTIERI GENERALI, CASERME, ARSENALE, MAGAZZINI MILITARI, ecc.

Quartieri generali. — I quartieri generali del governo militare di Parigi della 19.ª divisione militare, sono situati in piazza Vendôme, N. 11 e in via del Lussemburgo, 26.

Lo stato-maggiore di piazza ha la sua sede in piazza Vendôme, N. 9.

Caserma della scuola militare (all'estremità del Viale di Sassonia). — Costruita sotto Luigi XV, dall'architetto Gabriel, ed ingrandita in questi ultimi tempi, essa ha un aspetto monumentale, e uno stile che esce un poco dall'ordinario.

La facciata principale che dà sul Campo di Marte, è decorata di un solo avancorpo di colonne corintie.

A sinistra di questo vestibolo si trova la cappella, la cui prima pietra fu posta nel 1869, e la cui vôlta, un arco schiacciato, è sostenuta da colonne corintie incastrate nel muro.

Il principal corpo di edifizio dalla parte del cortile è decorato da un ordine di colonne doriche, sormontato da un secondo ordine jonico; in mezzo sorge parimenti un avancorpo d'ordine corintio, le cui colonne abbracciano i due piani; esso è coronato da un frontone e da un attico.

Nei fabbricati in ala che cingono il primo cortile, erano stati innalzati nel 1788, una bellissima scuola di equitazione ed un osservatorio, succursale a quello del Lussemburgo. La costruzione di questo osservatorio fu diretta da Lalande; ma la scuola d'equitazione e l'osservatorio non esistono più.

Diversi edifici, taluni dei quali esistono ancora, completavano la Scuola militare la quale, dalla rivoluzione in poi, non cessò mai un istante di essere occupata come caserma.

Sotto l'Impero fu destinata alla Guardia imperiale, sotto la Restaurazione alla Guardia reale, e sotto la Monarchia di luglio alla truppa di linea.

Caserma Napoleone, dietro il palazzo di Città.

Caserma Lobau. — Fa parte della Caserma Napoleone, ed è destinata alle truppe di cavalleria.

Caserma del Principe Eugenio (piazza del Castello). — È la più vasta di tutte dopo la Caserma della Scuola militare, e le sue giuste disposizioni interiori corrispondono alla sua bella facciata.

Tra le moderne, quelle: di *Bercy, Reully, Grenelle, Bellechasse,* non che quella d'*Orsay,* costruita sotto Napoleone I. Finalmente tra quelle di genere promiscuo: le *caserme municipali dei Minimi, Mouffetard, Lobau, Tournon,* della *Banca,* le due *caserme*

Scuola militare.

Altre Caserme. — Citiamo ancora, non tanto per far numero, come per rendere perfettamente istruito il lettore, tra le antiche caserme quelle: della *via Verde,* del *Semenzajo* della *Nuova-Francia,* di *Louricine* e di *Babilonia,* quest'ultime costruite nel 1770 dalle guardie francesi.

della Città, e le caserme dei *zappatori-pompieri.*

Ospitali militari. — Vedi *Ospitali.*

Arsenale *(piazza del medesimo nome).* — Distrutto durante il regno della Comune, esso rinchiudeva la *direzione d'artiglieria,* oggi a Vincennes, e la *capsuleria,* presentemente a Bourges.

Magazzini militari. — Sotto questo nome sono compresi in una sola categoria i *magazzini di legna e foraggi* della *Rapée* e di Vaugirard; i *magazzini dell'amministrazione*, sul *quai* d'Orsay; il *magazzino centrale d'accampamento*, nell'isola di Billancourt, e i *dock dell'amministrazione militare* agl'Invalidi.

Manutenzione dei viveri della guerra *(quai di Billy, 34)*. — Abbraccia in un solo edificio dei vasti magazzini con 60,000 quintali di grano; un mulino con 21 paja di macine; i magazzini della farina con 15,000 quintali di grano macinato; 4 panifici con 4 forni ciascheduno; una panatteria; uno stanzone di biscotti; un magazzino di modelli di tutti gl'istrumenti e utensili impiegati nel servizio delle assistenze militari, ecc., ecc.

Palazzo dell'Intendenza militare *(via S. Domenico-S. Germano, 92)*. — Vi sono riuniti tutti i servizi dell'Intendenza della 19.ª divisione militare.

Deposito centrale dell'Artiglieria, in piazza San Tommaso d'Aquino.

Deposito delle fortificazioni *(via S. Domenico, 84)*. — Vi sono centralizzati i servizi dell'Artiglieria e del Genio.

Scuole militari. — Queste scuole in numero di sei sono: la *Scuola speciale militare di San Ciro*, la *Scuola politecnica*, la *Scuola d'applicazione di Stato-maggiore*, la *Scuola d'applicazione di Medicina e di Farmacia militare*, la *Scuola di Amministrazione di Vincennes* e la *Scuola normale di Ginnastica*.

Campo di Marte. — Occupa lo spazio compreso tra la Senna e la Scuola militare, cioè 1000 metri di lunghezza, sopra 500 di larghezza.

Dopo la costruzione della suddetta Scuola esso fu consacrato agli esercizj militari e alle riviste; ma l'Industria ne reclama di quando in quando la sua parte, e l'Esposizione Universale del 1889 v'inalbera ora la sua bandiera.

ASSISTENZA PUBBLICA, OSPITALI, OSPIZI ED ALTRE ISTITUZIONI

Assistenza pubblica *(quai di Gèvres, 4, e viale Vittoria, 3)*. — Non è tutt'oro quello che luce, e Parigi, questo mare immenso di ricchezza, sotto la scoria del lusso, cova inenarrabili miserie, e, dietro le cortine di una vita piena di rigoglio, nasconde un male profondo: la cancrena del pauperismo. Non cento, non mille, ma più di cento mila sono gli indigenti che partecipano ai soccorsi della carità pubblica. E dietro questi poveri, ufficialmente riconosciuti, altri poveri ignoti, celati dalla vergogna e dalla decenza degli abiti, ne raddoppiano e triplicano la cifra.

Perciò è stata istituita l'*Assistenza pubblica*, ufficio incaricato a soccorrere una parte della popolazione indigente di Parigi in qualcuno dei suoi bisogni, perchè i 29 milioni di franchi di cui l'Amministrazione può disporre, detratte tutte le spese, non apportano nemmeno 100 franchi per testa.

Creata dopo la Rivoluzione del 1789, questa istituzione è amministrata da un direttore responsabile e da un Consiglio di 20 membri.

Il personale impiegato dall'Assistenza pubblica comprende 583 individui incorporati all'amministrazione generale e ai varj stabilimenti; 141 impiegati agli uffici di beneficenza; gran numero di religiosi, che fanno il servizio degli ospitali e degli ospizi; 34 limosinieri; 93 medici; 23 chirurgi; 17 farmacisti; 234 allievi interni, 992 allievi esterni, o praticanti, e 2,902 inservienti, infermieri ed operai.

Oltre gli *ospitali generali* e gli *ospitali speciali*, altri stabilimenti dipendono dall'Assistenza pubblica, e sono: il *panificio centrale*, che fabbrica 25,000 chilogrammi di pane per giorno; piazza Scipione 13; — la *beccheria centrale*, che fornisce per anno 150,000 chilogrammi di carne; macello di Villejuif, bastione dell'Ospitale, 151; — la *cantina centrale*, che fornisce ogni anno 22,000 ettolitri di vino; deposito generale di vini, *quai* S. Bernardo; — la *farmacia centrale*, le cui spese annuali si elevano a 800,000 franchi, *quai* della Torricella, 47 ; — il *magazzino centrale*, che tien deposito di tutti gli oggetti di servizio nei varj stabilimenti; bastione dell'Ospitale, 89 ; — l'*ufficio di direzione per le nutrici*; via S. Apollonia, 18 ; — l'*ufficio centrale di ammissione*, ove si esaminano i malati e gl'infermi prima di ammetterli negli stabilimenti: piazza del Parvis-Notre-Dame, 2.

Hôtel-Dieu. — Fondato verso l'anno 660 fu recentemente ricostruito nello spazio compreso tra la via d'Arcole, il *quai* della Città, la via della Città e il Parvis-Notre-Dame.

L'*Hôtel-Dieu*, alla fine del secolo XII consisteva unicamente in due fabbricati i quali non contenevano che due sale. Fu ingrandito da Filippo Augusto; S. Luigi ed Enrico IV, Luigi XIV e Luigi XV se ne mostrarono parimente i benefattori.

Nel 1535, il cardinal Duprat, legato del papa, ci fece costruire, fra gli antichi edifizi e il Petit-Pont, una gran sala che conservò per molto tempo il nome di *Sala del Legato*.

Consultazioni gratuite tutti i giorni dalle 8 alle 9 del mattino.

Ospitale Beaujon (*Sobborgo S. Onorato, 208*). — Fondato nel 1780 dal finanziere Beaujon, questo stabilimento fu, nella sua origine, destinato al mantenimento ed alla educazione di 24 poveri ragazzi della parrocchia di San Filippo di Roule.

Per decreto del 17 gennaio 1795, la Convenzione aprì ai malati l'istituto di Beaujon, e gli diede il nome di ospedale di Roule, che ha conservato sino ai nostri giorni.

In questi ultimi anni questo ospedale fu considerevolmente aumentato. Vi furono costruite nuove sale, collegate fra loro da gallerie e terrazze che facilitano le comunicazioni interne.

In fondo vi hanno piccole sale da due letti, ove si è ammessi pagando, e che sono ricercatissime.

L'ospitale Beaujon è riputato per il meglio amministrato di tutti gli ospedali di Parigi, e per quello che è più visitato dai forestieri.

Ospitale della Carità (*Via Giacobbe, 47*). — Fondato nel 1602, e considerabilmente ingrandito nel 1864-1865.

Ospitale Cochin (*Sobborgo S. Giacomo, 47*). — Fondato nel 1779.

Ospitale Lariboissière (*via S. Ambrogio-Parata, recinto S. Lazzaro, vicino la ferrovia del Nord*). — Costruito nel 1846-1853.

Ospitale della Pietà (*Via Lacepède, 1*). — Edificato nel 1612.

Ospitale Necker (*Via di Sèvres, 151*). — Fondato nel

1779, e ricostruito or sono pochi anni.

Ospitale S. Antonio (*Via del Sobborgo S. Antonio, 184*). — Fondato nel 1795, nelle mura di un antico convento.

Ospitale clinico (*Piazza della Scuola di Medicina, 21*). — Clinica di chirurgia e ostetricia e Scuola esterna per le allieve-levatrici.

Ospitale dei fanciulli malati (*Via di Sèvres, 149*). — Fondato nel 1755.

Ospitale del Mezzogiorno (*Via dei Cappuccini S. Giacomo, 15*). — Fondato nel 1795 e consacrato agli uomini affetti da malattie segrete.

Ospitale della Maternità (*Via del Porto Reale, 5*). — Occupa l'antica abbazia di Porto-Reale, e fu aggiudicato alle partorienti.

Ospitale S. Luigi (*Via Bichat, 40 e 42*). — Fondato nel 1607 da Enrico IV, è destinato alla cura delle malattie cutanee.

Ospitale di Lourcine (*Via Lourcine, 111*). — Stabilito nell'antico convento delle monache di S. Francesco, è consacrato alle cure delle malattie veneree, e propriamente al sesso femminile.

Ospitale S Eugenio (*Via Charenton, 89 e via Sobborgo S. Antonio, 124*). — Fondato nel 1860.

Casa di Convalescenza di Rocheguyon. — Fondata dalla famiglia del medesimo nome, appartiene oggi alla amministrazione dell'Assistenza pubblica.

Ospitali militari. — In numero di quattro, essi sono conosciuti coi seguenti nomi: *Valle di Grazia*, in via San Giacomo, 177 bis. — *Ospitale del Gros-Caillou*, in via San Domenico, 188. — *Ospitale S. Martino*, in via Sobborgo S. Martino. — *Ospitale di Vincennes*, a destra del gran viale di Parigi.

Ospizio della Vecchiezza — per uomini — (*a Bicêtre*). — Costruito nel 1832 per ordine di Richelieu.

Ospizio della Vecchiezza — per donne — (*bastione dell'Ospitale, 47*). — Detto la *Salpêtrière*, uno dei più vasti d'Europa.

Ospizio degl' Incurabili (*Ivry*). — È dovuto alla fusione dell'Ospizio della via Recollet con quello della via di Sèvres, ed è diviso in due grandi quartieri distinti, uno per gli uomini e l'altro per le donne.

Ospizio dei fanciulli assistiti (*Via d'Inferno, 72*). — Fondato da Francesco di Paola per gli esposti.

Ospizio delle famiglie (*Ivry*). — Destinato puramente e semplicemente ai coniugati e ai vedovi.

Ritiro di Rochefoucauld (*Strada d'Orléans, 15*). — Fondato dai monaci della Carità e ricostruito nel 1802.

Istituzione di Santa Perina (*Piazza Santa Geno-*

veffa, 4, a Auteuil). — Fondata nel 1806 e riservata agli ex funzionari, alle vedove di impiegati e a tutti coloro che sono caduti in bassa fortuna.

Ospizio S. Michele (*Viale della Bell'Aria a S. Mandato*). — Fondato nel 1830 pei vecchi tappezzieri settuagenarj.

Ospizio della Riconoscenza (*Garches*). — Fondato nel 1838 per gli operai fonditori, gravi d'anni e impotenti al lavoro.

Ospizio di Villas (*Issy*). — Fondato nel 1832 pei cronici e gl'incurabili.

Casa Chardon-Lagache (*Auteuil*). — Fondata da Chardon-Lagache e contenente 179 letti.

Uffici di beneficenza. — Parigi conta 20 uffici di beneficenza, uno per ogni circondario, patrocinati dall'Assistenza pubblica e costituiti dal sindaco, suoi aggiunti e da 12 amministratori nominati dal prefetto della Senna.

Ospizio dei Trecento (1) (*Via di Charenton, 28*). — Fondato nel 1260, da S. Luigi

---

(1) Quinze-Vingts.

per trecento ciechi, numero che dev'essere sempre completo: esso distribuisce soccorsi a più di 1100 ciechi stranieri allo stabilimento.

Casa di Charenton (*San Maurizio-Charenton*). — Fondata del 1642, essa si divide in due grandi compartimenti, uno pei malati comuni e l'altro per gli alienati.

Istituzione dei Giovani Ciechi (*Bastione degl'Invalidi, 56*). — Fondata nel 1784, da Valentino Haüy, essa impartisce l'istruzione a 250 allievi d'ambo i sessi.

Istituzione dei Sordo-Muti (*Via S. Giacomo, 254*). È un monumento imperituro lasciato dall'abbate dell'Epée il quale ha servito di modello a mille altri stabilimenti di simil genere.

Asilo Sant'Anna (*Via Cavanis, 1*). — Creato nel 1864 e destinato per gli alienati dei due sessi.

Asilo di Vincennes. — Fondato nel 1855, e situato all'estremità meridionale del bosco di Bologna.

Asilo del Vesinet. — Costituito nel 1855 ed inaugurato nel 1859. Sporge sopra un magnifico parco di 34 ettari.

MONTE DI PIETÀ, CASSE DI RISPARMIO DI PREVIDENZA, ecc.

Monte di Pietà. — Istituito a Parigi con regio decreto in data 9 dicembre 1777 non fu insediato che nel 1786 nei fabbricati destinati al suo uso. Costretto a sospendere le sue operazioni durante la crisi rivoluzionaria, fu ricostituito con decreto del 1804, modificato dipoi da una legge sopraggiunta nel 1851.

Esso è retto, sotto l'autorità del ministro dell'interno, da un direttore responsabile, assistito da un consiglio di vigilanza. Questo consiglio presieduto dal prefetto della Senna si compone di nove membri, di cui due della commissione municipale e due del consiglio di vigilanza della pubblica assistenza.

La direzione generale e l'ufficio centrale del Monte di Pietà siedono in via dei Franchi-Borghesi, 55, al Marais. Due succursali sono stabilite in via Bonaparte, 16, e in via Servan, 32; e ventiquattro uffici ausiliari, distinti tra di loro colle lettere dell'alfabeto, sono posti nei differenti circondari di Parigi.

UFFICI AUSILIARI:

A. — Via Laborde, 13.
B. — Via dei Fossati S. Giacomo, 11.
C. — Via del Sobborgo Montmartre, 53.
D. — Via dello Scacchiere, 6.
E. — Via di Malta, 36.
F. — Via Sobborgo S. Antonio, 49.
G. — Via dei Prati a S. Severino, 2.
H. — Via del Vecchio-Colombaio, 31.
I. — Argine del Maine, 87.
J. — Viale della Regina Ortensia, 18.
K. — Via S. Onorato, 181.
L. — Via Chabanais, 2.
M. — Via del Maglio, 34.
N. — Via Laguna, 32.
O. — Via degli Artisti, a Passy, 4.
P. — Via S. Martino, 251.
R. — Via Sobborgo S. Martino, 122 e 124.
S. — Via del Sobborgo del Tempio, 80.
T. — Viale di Clichy, 54.
U. — Via di Buffon, 69.
V. — Via Roussin, 83.
X. — Via di Charenton, 241.
Y. — Via della Cappella, 37.
Z. — Via Nuova-Fontana, 4.

Cassa di Risparmio. — La Cassa Centrale di Risparmio, sita in via Coq-Héron, 9, è aperta tutti i giorni della settimana dalle ore 10 all'1 pom., per tutte le operazioni in corrispondenza allo scopo dell'istituzione.

Delle succursali sono stabilite in tutte le sezioni municipali, eccettuatone il primo e secondo circondario, alla cui mancanza supplisce la Cassa Centrale. Esse sono aperte la domenica e il lunedì dalle 9 a mezzogiorno. Altre succursali infine, aperte la domenica, dalle 9 a mezzogiorno, esistono nei comuni suburbani di San Dionigi, Courbevoie, Neully, Pantin, Bologna, Aubervilliers, Levallois-Perret, Sceaux, Charenton, Ivry, Vincennes, Choisy-le-Roi e Montrouge.

Cassa delle pensioni per la vecchiezza, *(antico palazzo di Belle-Isle, via di Lilla, 56).* — Fondata nel 1850, questa cassa ha per iscopo di creare delle rendite vitalizie a profitto di tutti i francesi che vi faranno dei versamenti non minori di 5 franchi.

La cassa delle pensioni è amministrata da una commissione permanente, sotto la presidenza del ministro dei lavori pubblici, dell'agricoltura e del commercio.

Società di mutuo-soccorso. — Si contano a Parigi una o più società di mutuo-soccorso per ogni circondario.

La maggior parte di esse sono approvate dal governo, considerate come istituti di pubblica utilità, e sottoposte alla direzione superiore del ministro dell'interno che ne propone i presidenti.

Lo Stato accordò loro un sussidio annuo.

TRIBUNALI E PRIGIONI

Alta Corte di Giustizia. — Si riunisce per giudicare, senza appello e senza ricorso in Cassazione, tutti coloro che sono accusati di crimine contro la sicurezza dello stato.

Corte di Cassazione *provvisoriamente al Palazzo Reale).* — Statuisce sui ricorsi fatti in materia criminale e civile, in opposizione alle decisioni prese dalla Corte d'Appello.

Corte di Appello *(Palazzo di Giustizia).* — Si divide in cinque camere civili, una camera di appelli di polizia correzionale, e una camera di messa in accusa.

Tribunale di prima istanza *(Palazzo di Giustizia).* — Si compone di 10 camere: 6 per gli affari civili ed espropriazioni, e 4 per gli affari correzionali. Udienza tutti i giorni, eccetto la domenica e il lunedì.

Tribunale di polizia semplice *(provvisoriamente al Tribunale di Commercio).* — Giudizi per contravvenzioni alle ordinanze di polizia.

Giudicature di pace. — Parigi conta oggi 20 giudicature di pace, una per ogni circondario, installate nelle varie sezioni municipali.

Consigli di guerra. — Nefasta istituzione, fredda e implacabile come la Nemesi antica, che ha la sua sede nell'antico palazzo di Tolosa, via del Cherche-Midi, all'angolo della via dello Sguardo.

Tribunale di Commercio. — Il tribunale di Commercio decide sopra tutte le contestazioni e le vertenze insorte tra negozianti, banchieri, e commercianti, e sentenzia definitivamente fino alla somma di 1500 franchi.

Il nuovo tribunale di Commercio, situato in piazza del Palazzo di Giustizia, fu inaugurato il 22 dicembre 1865. La sua architettura, di merito anch'essa assai *contestato*, è opera di Bailly.

Consigli degli Esperti *(al tribunale di Commercio).* — I consigli degli Esperti (1) sono in numero di 4 (metalli, prodotti chimici, tessuti e industrie diverse), ognuno dei quali si compone di padroni e operai, scelti col sistema elettivo. Presidente e vicepresidente sono nominati dal governo.

Consiglio di prefettura della Senna *(provvisoria-*

---

(1) Prud'hommes.

mente al tribunale di Commercio). — Si pronunzia sopra alcune materie contenziose, in qualità di tribunale amministrativo di primo grado.

Palazzo della Giustizia. — Vedi Palazzi.

Deposito di Prefettura *(quai dell'Orologio)*. — Luogo di detenzione provvisoria destinato alle persone arrestate per flagrante delitto, o per ordine del prefetto di polizia.

Casa d'Arresto cellulare *(bastione Mazas, 23)*. — Riceve gl'individui colpiti da mandato di cattura, e qualche condannato con pena di breve durata.

Castellaneria *(Palazzo di Giustizia)*. — Devoluto ai delinquenti che sono sul punto di comparire davanti alla giustizia.

Prigione della Ruchetta *(via della Ruchetta, 168)*. — Serve alla detenzione provvisoria dei condannati all'ergastolo, e di quelli che debbono andare a morte.

Prigione di Santa Pelagia *(via del Pozzo dell'Eremita, 14)*. — Riservato ai giornalisti, condannati per delitti di stampa, e ai debitori insolvibili.

Prigione della Sanità *(via della Sanità, 42)*. — Vasta prigione che copre una superficie di circa 26,000 metri, opera di Vaudremer.

Casa di correzione di S. Lazzaro *(Sobborgo di S. Dionigi, 107)*. — Contiene all'incirca 1200 disgraziate donne condannate a un anno e più di reclusione. Vittime della miseria, delle seduzioni, della cattiva educazione e dei tristi esempi, esse attendono il loro trasferimento in una Casa centrale.

Prigioni di giovani detenuti *(via della Ruchetta, 143)*. — Contengono 150 detenuti, a cui sono imposti il lavoro ed il silenzio.

Prigioni militari. — Nella via del *Cherche-Midi* è stabilita una casa di arresti e di correzione militare detta del *Cherche-Midi*, pei condannati di un mese fino a due anni.

Delle succursali di queste prigioni esistono inoltre nel forte di Vanves e nel forte dell'Est, vicino a S. Dionigi.

Grande scala del Tribunale di Commercio.

MORGUE E CIMITERI

La Morgue *(all'ingresso del nuovo ponte di S. Luigi).* — Destinato a ricevere i cadaveri non ancora riconosciuti, la Morgue è il più lugubre e il più malauguroso di tutti gli edifici di Parigi, tale che fa stringere il cuore di pietà e torcere il viso di ribrezzo. Alcuni lo conoscono appena, altri non vogliono intenderne parlare, ed altri ancora lo fuggono come spettro inseguitore. Non è già la calma melanconica delle tombe, lo spettacolo mesto e solenne di una cerimonia funebre, la vista imponente e terribile di un campo di battaglia; ma sono le immagini nude e sanguinose del suicidio, dell'assassinio e della disperazione; è la morte violenta nel suo più orrido aspetto, circondata dal Crimine, dal Mistero e dalla Putrefazione.

La Morgue era anticamente situata al Gran Châtelet. Poi, nel 1802, fu trasferita in un edificio eretto sulla piazza del Mercato Nuovo, e, una volta questo demolito, fu costruita all'angolo orientale dell'isola della *Cité*, ove si trova presentemente.

Essa è aperta dalla mattina alla sera, e tiene esposti tre giorni i cadaveri, salvo reclamazione.

Cimitero del Padre Lachaise. — Situato all'estremità della via Ruchetta, bastione di Menilmontant, esso è stato aperto nel 1804 nell'antico dominio del Monte-Luigi, concesso da Luigi XIV ai gesuiti, e propriamente al padre Lachaise, che gli diede il proprio nome.

Tra i duemila e tanti mausolei, di cui si compone questa metropoli, citiamo come degni di interesse o di curiosità, quelli di Visconti, architetto, Alfredo di Musset, Arago, Abelardo ed Eloisa, Casimiro Périer, Méhul, Hérold, Bellini, Grétry, Boïeldieu, Chèrubin, Laharpe, Delille, Bernardino di Saint-Pierre, di Parny, Federico Soulié, Talma, Lebrun, duca di Piacenza, Labédoyère, Tallien, Malet, Monge, Gall, Raspail e famiglia, J. Laffitte, Duchesnois, Sieyès, conte Lavalette, generale Colbert, Ney, Massena, Davoust, Suchet, Larrey, Dupuytren, Martignac, Beaumarchais, Eugenio Scribe, David d'Angers, Manuel e Béranger, generale Foy, Barras, Armando Marrast, Danton, Beniamino Constant, signora Clairon, Garnier Pagès, Racine, Molière, La Fontaine, Desaugiers, Pradier, Laplace, Gay-Lussac, Saint-Simon, Aguado, Cosio scultore, Ledru-Rollin e famiglia, Carlo Nodier, Béranger, Casimiro Delavigne, Balzac, Millevoye, Cartelier de Sèze, duca di Morny, Rossini, Dorian, Sivel e Croce-Spinelli, Amedeo Achard, Debureau, Melingue, nel *cimitero cattolico*; quelli della regina d'Oude e suo figlio, nel *cimitero musulmano*; e quelli di madamigella Rachel, delle famiglie Fould e Rothschild, nel *cimitero israelita*.

Cimitero di Montmartre (*Bastione di Clichy*). — Senza essere così vasto e sontuoso come il primo, esso si estende nulladimeno sopra 10 ettari di terreno, e contiene dei bellissimi monumenti.

Notiamo principalmente le tombe di Cavaignac, Lannes, Travot, Marrast, Hittorf, Micislao Kamienski, Millet, Alfredo Nourrit, Paolo Delaroche, Bineau, Legouvé, Enrico Mürger, Teofilo Gautier, Alfredo e Tony Johannot, Enrico Beyle, Alessandro Soumet, Paolo Niquet, Lamberto Thiboust e la tomba di Halévy, posta a parte nel cimitero ebreo.

Il più importante però di tutti i monumenti è un grande obelisco elevato alla memoria della duchessa di Montmorency.

Cimitero del Montpar- nasse (*Bastione di Montrouge*). — Le tombe principali sono quelle della famiglia Enrico Martin; del chirurgo Lisfranc; del famigerato padre Loriquet; del padre di Ravignan; del dottor Recamier; di Grégoire, antico convenzionalista; d'Orfila, il celebre chimico; del barone Gérard, di Rude; di Durmont d'Urville, il viaggiatore; di Augusto Dornes, rappresentante del popolo; di Camillo Bernay, poeta; della famiglia Fortoul; di Bocage, celebre attore; di Petit, generale; di Jouffroy, filosofo; di Egesippo Moreau, poeta; di Edgardo Quinet, storico.

Altri cimiteri. — Parigi conta in tutto 20 cimiteri, 14 dei quali si trovano nelle sue mura. Di questi 14, cinque solamente funzionano come tali, cioè quelli di Sant'Anna e di Ivry e i soprammentovati. Tra i cimiteri soppressi citiamo quello di *S. Vincenzo*, nel 18.° circondario; — il *cimitero di Auteuil e di Passy*, colla sepoltura di Prudhoun; l'antico *cimitero di Picpus*, coi resti del generale La Fayette; — l'antico *cimitero di Clamart*, ove furono sepolti Gilbert e Mirabeau; — e l'antico *cimitero di Santa Margherita*.

Tra i cimiteri suburbani citiamo quelli di Levallois-Perret, ove giace sepolto il colonnello Ferré della Comune, fucilato a Satory.

CAVE, CATACOMBE E FOGNE

Cave. — Per costruire Parigi, nei primi tempi, si ricorse senza troppo esitare ai materiali più prossimi, e tre, d'altra parte, l'intiero sobborgo S. Giacomo, la via d'Inferno, il Lussemburgo, la via della Harpe, ecc., furono

Grande fogna collettiva

l'uso che se ne fece, anzi l'abuso, fu così grande che ben presto la città si trovò circondata da caverne. Così tutto quello che si vede di arte murale in alcuni quartieri di Parigi, surse col pregiudizio di quelli futuri, mentre obbligati per sorgere di colmare antiche cavità, e rimettervi quello che altri vi avevano tolto.

Catacombe. — Le catacombe sono formate da una porzione delle cave, nelle quali furono trasportati e raccolti gli ossami esistenti nei cimiteri soppressi e nelle chiese demolite nel 1789.

70 scale all'incirca, situate della Tomba-Issoire e nella pianura di Montsouris.

Due gallerie contengono una collezione geologica di

Parigi sotterraneo.

nei differenti quartieri di Parigi, danno accesso alle catacombe. Le tre principali si trovano nel cortile del padiglione occidentale dell'antica barriera d'Inferno, nella via sostanze appartenenti a tutti i terreni del bacino di Parigi, ed una collezione di fenomeni osteologici.

Le catacombe non si possono visitare che tre o quattro volte nel corso dell'anno, mediante l'autorizzazione speciale dell' ispettore generale. Dirigersi perciò alla *Scuola delle Mine* (Vedi SCUOLE).

Fogne. — Progettate nel 1854 da Pujet, ed eseguite in meno di 20 anni, esse formano una rete inestricabile tubo che mena alla fogna della sottovia le acque pluviali e immonde di ogni cosa.

Per formarsi un'idea della vastità, del bel genere di costruzione e dell'ordine perfetto che regna in questo Parigi cunicolare, bisogna visitare almeno una delle gallerie principali. L'escursione

Catacombe.

di vie sotterranee della lunghezza di 600 chilometri, che saranno portati provvisoriamente fino a 1000 mercè la somma di 40 milioni.

Nelle ramificazioni di questo vasto sistema, si distinguono 12 tipi, dal grande smaltitoio della riva destra della Senna fino al piccolo istruttiva e interessante quanto mai, può essere fatta senza alcuna fatica e senza tema d'insudiciarsi entro barca o nei *wagons-vannes*. Essa ha luogo una volta per mese, e se ne ottiene facilmente la permissione, alla *Prefettura della Senna*, dal direttore delle acque e delle fogne.

Biblioteca Nazionale.

BIBLIOTECHE E GABINETTI DI LETTURA

Biblioteca nazionale (*Via Richelieu, 58*). — Fondata nel 1373 da Carlo V, essa possiede dei Verardi, degli Aldi, degli Elzeviri; 63 legature di Grolier; degli autografi di Racine, Corneille, Boileau, Bossuet, Franklin, Molière, Byron, Poussin, ecc.; 2,500,000 volumi stampati; 90,000 manoscritti; 250,000 tra piani e carte geografiche; 200,000 medaglie e una cattedra di archeologia.

La Biblioteca è divisa in quattro grandi dipartimenti: 1.º Libri stampati, carte e collezioni geografiche; 2.º manoscritti, documenti e diplomi; 3.º medaglie, cammei e antichità; 4.º stampe.

Chiunque sia può entrare nella sala pubblica di lettura (con ingresso provvisorio via Colbert, 3) aperta tutti i giorni, la domenica inclusa.

Vi sono inoltre delle sale speciali di lavoro, ben illuminate la sera e meglio riscaldate l'inverno. In queste sale però non si può penetrare che mediante biglietto, che bisogna domandare per lettera, esponendo la natura degli studi che si vuol intraprendere; nome, cognome, professione e domicilio, aggiungendovi, se siete forestiero, il passaporto, o una semplice nota dell'ambasciatore.

Biblioteca Santa Genoveffa (*piazza del Panteon*). — Conta più di 160,000 volumi, tra cui un'ammirabile collezione d'*incunabili*; una grande raccolta di giornali; 3500 manoscritti, a partire dal secolo XI fino al secolo XVII, e un subisso di scartafacci teologici.

Aperta tutti i giorni, meno la domenica.

Biblioteca Mazarino (*Palazzo dell'Istituto, quai Conti, 23*). — Rinchiude 200,000 volumi; 4000 manoscritti e 60 piani rilevati dei monumenti pelasgici della Grecia e dell'Italia.

Biblioteca dell'Arsenale (*all'Arsenale, via di Sully*). — 8000 manoscritti e 200,000 volumi.

Biblioteca della città di Parigi (*Palazzo Carnavalet*). — In via di formazione.

Biblioteca dell Istituto (*Palazzo dell'Istituto*). — Possiede 60,000 volumi, e non si può esservi ammesso che dietro presentazione di un accademico.

Biblioteca della Scuola delle Mine (*Bastione S. Michele*). — Possiede 6000 vo-

BIBLIOTECHE E GABINETTI DI LETTURA 235

lumi di un grande interesse tecnico.
Biblioteca della Scuola di Diritto (*Piazza del Panteon, 8*). — 10,000 volumi in circa, messi a disposizione degli allievi, tutti i giorni dalle 10 alle 3.
Biblioteca della Scuola di Medicina (*Via della Scuola di Medicina*). — Contenente 30,000 volumi.
Biblioteca Musicale (*Via del Sobborgo Poissonnière,* 15). — È aperta al pubblico, ed è esclusivamente fornita di libri musicali.
Biblioteca del Conservatorio di Arti e Mestieri (*Via S. Martino, 292*). — È posta nel Conservatorio di Arti e Mestieri, nella *piccola chiesa*, uno dei capolavori di Pietro di Montereau.
Biblioteca del Giardino delle Piante. — 70,000 volumi e magnifica collezione di disegni fatti su carta velina.

Scuola di Diritto.

Biblioteca della Scuola di Farmacia (*Via d'Arbalete, 21*). — Pochi, ma scelti volumi.

Biblioteca della Scuola normale superiore (*Via d'Ulma, 45*). — Formata in parte con quella di Cuvier.

Altre Biblioteche. — Oltre quelle del Senato, del Corpo legislativo, della Sorbona, del Collegio di Francia, della Corte di Cassazione, della Scuola delle Belle Arti, della Scuola dei Ponti e Argini, della Camera di Commercio, dell'Ordine degli Avvocati e le nominate, esistono ancora a Parigi, delle biblioteche *popolari*, *cooperative*, *militari*, *parrocchiali*, quelle degli *Amici dell'Istruzione* e una *Biblioteca socialista*.

Gabinetti di lettura. — Per tutto ciò che sia, riviste, giornali francesi, stranieri e opere in corso di pubblicazione, noi raccomandiamo il *Gabinetto letterario del passaggio dell' Opera, 11*; — il *Gabinetto letterario di Rouille*, cortile del *Commercio a Sant'Andrea, 8*; — i *saloni letterarj di Galignani*, via di Rivoli, 224; — il *salone letterario nazionale* di Graït Delalain, via Méhul, 1.

Corte della Scuola di Medicina.

BIBLIOTECHE E GABINETTI DI LETTURA

Per le ricerche storiche, scientifiche e giuridiche: i gabinetti letterari di *Morin*, cuni altri situati nelle vicinanze della Scuola di Diritto.

Conservatorio delle Arti e Mestieri.

via dei Santi-Padri, 35; — di *Madamigella Boudin*, in via Soufflot, 18; — ed al- Il prezzo per cadauna seduta varia da 15 a 20 centesimi.

COLLEGIO DI FRANCIA, UNIVERSITÀ, SCUOLE E CONSERVATORII

Collegio di Francia (*Via delle Scuole e via S. Giacomo*). — La fondazione di questo istituto rimonta all'anno 1529, epoca in cui fu creato da Francesco I. Esso comunica direttamente col ministro dell'istruzione pubblica e conta 30 cattedre.

Università. — Organo onnipotente dello Stato e monopolizzatrice per eccellenza dell'insegnamento primario, secondario e superiore, essa regna e governa su tutta l'estensione del territorio francese, e si suddivide in Accademie, presieduta ciascheduna da un rettore.

Sorbona. — Questo collegio famoso *urbi et orbi* per le sottigliezze teologiche tirate al lambicco della logica pura, e per l'intolleranza religiosa sostenuta dai roghi e dalla mano del carnefice, deve il suo stato civile a Roberto di Sorbon, cappellano di Luigi XI. Essa accoglie nel suo seno le facoltà di scienze e lettere. Corsi pubblici tutti i giorni, meno la domenica.

Istituto di Francia. — Vedi Palazzo dell'Istituto.

Facoltà di Teologia cattolica (*alla Sorbona*). — Sette cattedre per insegnare, con cento metodi diversi, che la Fede è superiore alla Ragione, il Dogma alla Verità e la Rivelazione all'investigazione scientifica.

Facoltà di Scienze (*alla Sorbona*). — Diciotto cattedre, con fabbrica di baccellieri, licenziati e dottori in scienza.

Facoltà di Lettere (*alla Sorbona*). — Dodici cattedre, coi medesimi privilegi della facoltà di scienze.

Facoltà del Diritto, piazza del Panteon, 8.

Facoltà di Medicina e dipendenze, via della Scuola di Medicina.

Scuola pratica, via della Scuola di Medicina, 15.

Cliniche di Chirurgia e Ostetricia. — Vedi Ospitale Clinico.

**Anfiteatro degli Ospi-

COLLEGIO DI FRANCIA, UNIVERSITÀ, ECC.

tali, via del Ferro-di-Mulino, quartiere S. Marcello.

Scuola d'Ostetricia, annesso all'Ospitale della Maternità. *(Vedi più sopra.)*

Liceo Enrico IV, via Clodoveo, 1.

Liceo S. Luigi, bastione S. Michele, 40, 42 e 44.

Liceo di Vanves, annesso al Liceo Luigi il Grande.

Scuola di Chartres

Scuola di Farmacia, via dell'Arbalète, 21.

Liceo Fontanes, via Caumartin, 65 e via dell'Havre, 8.

Liceo Carlomagno, via S. Antonio, 120.

Liceo-Luigi-il-Grande, via S. Giacomo, 123.

Collegio Rollin, via Lhomond, 12.

Collegio Chaptal, via Bianca, 29 e 31.

Collegio Stanislao, via Nostra Signora dei Campi, 22.

Istituzione di Santa-Bar-

bara, via Cujas, all' angolo della piazza del Panteon.

Scuola Monge, via Chaptal, 32.

Scuola pratica degli Alti Studi, alla Sorbona.

Scuola dei Diplomi, (Chartres), via Franchi-Borghesi, 58.

Scuola Politecnica.

Scuola Alsaziana, viale Vavin, 3.

Scuola normale superiore, via d'Ulma, 45.

Scuola delle Lingue orientali viventi, via di Lilla, 2. — Corsi d'arabo, persiano, turco, armeno, greco, ecc.

COLLEGIO DI FRANCIA, UNIVERSITÀ, ECC. 241

Scuola Politecnica, via Descartes, 5 e 21. - Fondata nel 1794 e riorganizzata nel 1852.

Scuola militare di San Ciro, nel dipartimento di Senna e Oisa. — Creata da

Malaquais. — Vedi PALAZZO DELLE BELLE ARTI.

Scuola speciale d'Architettura, bastione Montparnasse, 136.

Scuola di Disegno e Ma-

Scuola Centrale delle Arti e Manifatture.

Luigi XV nel 1751 e riorganizzata nel 1850.

Scuola centrale delle Arti e Manifatture, via di Thorigny, 5.

Scuola delle Belle Arti, via Bonaparte, 14, e *quai*

tematica, via della Scuola di Medicina, 5.

Conservatorio di Musica e Declamazione, via Sobborgo Poissonnière, 5.

Conservatorio di Arti e Mestieri. — Vedi più sopra.

SCUOLE D'APPLICAZIONE PRIMARIE, PROFESSIONALI, STRANIERE, SEMINARI, ecc.

Scuola dei Ponti ed Argini, via SS. Padri, 28.

Scuola delle Mine, bastione S. Michele, 60 e 62.

Scuola d'applicazione dei Tabacchi, quai d'Orsay, 63. — Vedi MANIFATTURA DEI TABACCHI.

Scuola d'applicazione di Stato Maggiore, via Grenelle S. Germano, 138.

Scuola d'applicazione di Medicina e Farmacia Militare, alla Valle di Grazia, via S. Giacomo.

Scuola normale militare di Ginnastica, ridotto della Fagianeria, vicino a Vincennes.

Scuola di Amministrazione militare, a Vincennes.

Scuole normali primarie, a Auteuil e Batignolles.

Corso pratico delle Sale d'Asilo, via delle Orsoline, 40.

Scuole normali protestanti, a Courbevoie e a Boissy-Saint-Léger.

Scuola normale primaria libera (per giovanette), a Neuilly.

Corsi della Sorbona (per giovanette), alla Sorbona.

Corsi normali della Società dell'Istruzione Elementare, via Hautefeuille, 1 bis.

Scuola Turgot, via del Verde-Bosco, 3.

Scuola Colbert, via di Château-Landon, 27.

Scuola Lavoisier, via di Inferno, 19.

Scuola d'Auteuil, via di Auteuil, 11 bis.

Scuola superiore di Commercio, via S. Pietro-Popincourt, 24.

Scuola commerciale, viale Trudaine, 23.

Scuola Municipale di Apprendisti, bastione della Cittadella, 60.

Istituzione di Nostra Signora delle Arti, bastione d'Argenson, 52, e Neuilly.

Scuole professionali per donne, vie dei Franchi-Borghesi, Laval, d'Assas, S. Onorato e Reuilly.

Scuola professionale della signora Paulin, per damigelle, premiata con medaglia all' Esposizione di Vienna. — Via Brusselle n. 10, dietro il bastione di Clichy.

Scuola di S. Nicola, via di Vaugirard, 92,

Collegio Armeno, via Signore, 10 e 12..

Stabilimento Inglese e **Seminario dello Spirito Santo**, via Lhomond, 30.

Seminari e Noviziati, nelle vie di Sèvres, 10; di Picpus, 33; dello Sguardo, 11; e Oudinot, 27.

Società sapienti. — Le Società sapienti di Parigi,

Osservatorio.

Scozzese, via di Sèvres, 31.

Collegio Irlandese, via degli Irlandesi, 5.

Seminario di San Sulpizio, o Seminario diocesano, piazza S. Sulpizio, 9.

Seminario delle Missioni Straniere, via di Bac, 129.

troppo numerose perchè a noi sia dato di citarle tutte quante, formano due grandi categorie. Le une libere, bastanti per loro stesse e viventi delle loro risorse. Le altre, riconosciute come stabilimenti di pubblica utilità, aventi diritto di ricevere legati, di comperare, alienare, e anche fruire di certe liberalità ministeriali. Ma sì le une che le altre sono riunite tra loro per mezzo del Comitato dei lavori storici e delle società sapienti, istituito nel 1834 e riorganizzato nel 1858.

Al di fuori però di tutte queste società confederate, esistono ancora altre associazioni che hanno vita autonoma e interessi tutti propri, come: la *Società degli uomini di lettere*, via Geoffroy-Marie, 5; — la *Società degli autori e compositori drammatici*, via S. Marco, 30; — la *Società degli autori compositori ed editori di musica*, via del sobborgo Montmartre, 17; — la *Società per la difesa della proprietà letteraria in Francia ed all'estero*, via Bonaparte, 1; e finalmente le associazioni di artisti drammatici, musici, pittori, istitutori, antichi allievi dei licei, ecc., ecc.

Osservatorio e Ufficio di Longitudini *(dietro il Lussemburgo)*. — Fu cominciato nel 1667 e terminato nel 1672 sotto la direzione di Claudio Perrault, il quale non vi impiegò nè legno, nè ferro. La sua forma è quella di un parallelepipedo rettangolo, le cui faccie laterali corrispondono ai quattro punti cardinali. La facciata meridionale si confonde con la latitudine di Parigi, e la linea meridiana la taglia in due parti eguali.

L'interiore è diviso in sale che si prestano ai lavori astronomici e meteorologici, ed è arricchito da una bella collezione d'istrumenti ottici.

Per visitare lo stabilimento occorre la permissione del direttore.

GRANDI CORPI DELLO STATO E MINISTERI

Assemblea Nazionale *(Palazzo Borbone)*. — Sedute pubbliche alle quali non si può assistere che domandando un biglietto a qualche deputato, o al presidente della Camera.
Senato. — *(Palazzo del Lussemburgo)*.
Consiglio di Stato, al Palazzo Reale.
Grande Cancelleria del- **la Legion d'Onore**, via Solferino, 64.
Corte dei Conti, al Palazzo Reale.

Ministero degli Affari Esteri.

I ministri e loro segretari generali accordano udienze particolari alle persone che ne fanno domanda scritta, specificandone l'oggetto.
Affari Esteri *(via della Università, 130 e quai d'Orsay)*. — Passaporti e lega-

lizzazioni, tutti giorni non festivi, dalle ore 11 antim. alle ore 4 pomeridiane.

Agricoltura e Commercio *(via S. Domenico — San Germano, 60).* — Udienze particolari, in seguito a domanda speciale, il martedì e il sabato dalle 2 alle 4.

Finanze *(al Louvre).* — L' Ufficio d'informazioni è aperto tutti i giorni, non festivi. dalle 8 alle 4.

Guerra *(via S. Domenico — S. Germano, 90).* — Uffìcii nella medesima via NN. 86 e 88. Atti di registramento e informazioni, martedì e sabato, da mezzogiorno alle 2.

Lavori Pubblici *(via S. Domenico, 60, 62 e 64).* — Il segretario generale riceve a Parigi tutti i lunedì dalle 4 alle 6, e a Versaglia gli altri giorni, eccettuato il giovedì, dalle 9 e mezzo alle 10 e mezzo.

Istruzione Pubblica *(via di Grenelle — S. Germano, 110).* — L'Amministrazione dei culti è in via di Bellechasse, 66, e la direzione delle Belle Arti in via Valois, 3. — Udienze tutti i martedì e venerdì dalle 4 alle 6.

Interno *(Piazza Beauvau).* — Direzione dell'Amministrazione dipartimentale e comunale, via Cambacérès, 7; divisione della contabilità, direzione delle prigioni, servizio della stampa e soccorsi, via Varenne, 78, bis.

Giustizia *(piazza Vendôme 11 e 13).* — Direzione degli affari criminali e delle grazie, via Lussemburgo, 36.

Marina e Colonie *(via Reale — S. Onorato, 2).* — Il ministro riceve tutti i giorni, meno la domenica, dalla 1 alle 2, e finite le sedute dell'Assemblea Nazionale.

AMMINISTRAZIONI DIVERSE

Accademia di Medicina, via dei Santi Padri, 49.

Contribuzioni dirette, al Louvre.

Banca di Francia.

Registramenti, Demanio e Bollo, al Louvre, padiglione Colbert.

Dazio, piazza del Palazzo di Città, 2.

Contribuzioni indirette, piazza del Carosello.

Dogana, al Louvre.

Acque e Foreste, al Louvre.

Pompe funebri, via d'Aubervilliers, 104.

Assistenza pubblica
Poste
Telegrafi
Cassa di Risparmio
Monte di Pietà
} *Vedi articoli precedenti.*

Tabacchi e polveri, al Louvre.

Amministrazione Municipale, al palazzo del Lussemburgo.

Officina generale del Bollo, via della Banca, 9 e 11.

Banca di Francia, via Croce-dei-Piccoli-Campi e via della Vrilliére, 1 e 2.

Banco di sconto e Sotto Banco della Ferrovia, via Pastorella, 14.

Camera degli Agenti di cambio, via Menars, 6.

Cassa di estinzione censuaria, depositi e consegne, via Lilla, 56.

Credito fondiario e Credito agricolo, via Nuova delle Cappuccine, 17 e 19.

Credito mobiliare, piazza Vendôme, 15.

Camera di Commercio, piazza della Borsa, 2.

Commissariato degli Estimatori, via Rossini, 6.

Ipoteche, via del Semenzajo, d'Inferno, e Nollet.

Consiglio degli Esperti
Tribunali
} V. capitolo: *Tribunali e Prigioni.*

Collegio di Francia
Istituto di Francia
Conservatorio di Musica e Declam.
} *Vedi articoli precedenti.*

Direzione generale degli Archivi, via Franchi Borghesi, 60.

Direzione delle Belle Arti, via Valois, 3.

Direzione generale delle Manifatture dello Stato, al Louvre.

Direzione generale dei Musei, al Louvre

Scuola centrale delle Arti e Manifatture

Scuola d'applicazione delle Manifatture dello Stato

Scuola di applicazione di Stato Maggiore

Scuola di Belle Arti

Scuola delle Mine

Scuola di Ponti ed Argini

Scuola dei Diplomi

Scuola normale superiore

Scuola Politecnica

Scuola di Medicina e farmacia militare

} *Vedi articoli precedenti.*

Stamperia nazionale, via Vecchia del Tempio, 87.

Prefettura della Senna, al Lussemburgo.

Prefettura di Polizia, bastione del Palazzo, 7.

AMBASCIATE, LEGAZIONI, CONSOLATI

Argentina (*Repubblica*) via di Berlino, 5. — Dalle 1 alle 3 pom.
Austria-Ungheria, viale dell'Alma, 9 e 7. — Dalle 1 alle 3 p. m. — Visto 5 fr. e legalizzazione 6 fr.
Baviera, via Washington, 23. — Visto gratuito pei Bavaresi e i Francesi.
Belgio, via del Sobborgo S. Onorato, 153. — Da mezzogiorno alle 2 p. m.
Bolivia (*Repubblica di*) viale Josephine, 59.
Brasile, via di Teheran, 13 e 17. — Da mezzogiorno alle 3 p. m. — Visto gratuito.
Chilì, via Monceau, 54.
Costa-Rica (*Repubblica di*) via Sobborgo-Poissonnière, 177.
Danimarca, via dell'Università, 37. — Dalla 1 alle 3 p. m. — Visto gratuito.
Equatore, via Laffitte, 7.
Inghilterra e Irlanda, via del Sobborgo S. Onorato, 39. — Dalle 10 alle 3. p. m. — Visto gratuito.
Germania, via di Lilla, 78. Consolato, via di Mailly, 2.
Grecia, viale di Messina, 19. — Visto al Consolato generale, via Taitbout, 20.
Guatemala, via di Marignan, 16.
Haiti, via Portalis, 9.
Hawaî, viale della Reine Hortense, 13.
* **Giappone,** viale Josephine, 75.
Honduras, via Decamps, 24 (*Viale dell'Imperatore*, 88).
Italia, via di Penthièvre, 11. — Consolato, via Vezelay, 4, dall'1 alle 3 p. m. Visto 3 franchi.
Monaco (*Principato di*) via Billault, 22.
Nicaragua (*Repubblica di*), viale Gabriele, 41.
Paraguay (*Repubblica di*), bastione Haussmann, 82.
Paesi-Bassi, viale Bosquet, 2. — Da mezzogiorno a 2 ore. Visto gratuito.
Perù (*Repubblica del Perù*) via Monceau, 56. — Dall'1 alle 3 p. m.
Persia, viale Joséphine, 65.
Portogallo, viale Friedland, 30.
Russia. via di Grenelle-S. Germano, 79.

Santa Sede, via di Varenne, 58.

S. Domingo (*Repubblica di*), via del Sobborgo-Poissonnière, 177.

S. Marino (*Repubblica di*) via Pergolese, 39.

San Salvatore, bastione Haussmann, 27.

Siam, via d'Amsterdam, 18.

Spagna, quai d'Orsay, 25, — Dall'1 alle 4 pom. Il visto dei passaporti ha luogo al vice consolato di Spagna, via di Ponthieu, 70, dalle 10 alle 4 pom.

Stati-Uniti d' America, via di Chaillot, 95 (*Viale Joséphine*). — Dalle 10 alle 3 pom.

Stati-Uniti della Colombia, bastione Malesherbes, 55.

Svezia e Norvegia, via Rovigo, 22. — Da mezzogiorno alle 2 pom. — Non vi è bisogno di visto.

Svizzera, via Chambon, 4. — Dalle 10 alle 3 pom.

Turchia, via Laffitte, 17. — Dalla 1 alle 2 pom.

Uraguay (*Repubblica dell'*) via di Boulogne, 5.

Venezuela, via del Colosseo, 19.

OMNIBUS

Gli omnibus, queste *associazioni rotanti*, questi *carri del progresso*, come li chiamava Edmondo About, percorrono all'incirca 32 linee, a itinerario fisso (1), e corrispondono, per convenzione fatta, alle differenti lettere dell'alfabeto, uguale od accoppiate.

Coll'immensa estensione di Parigi e colle distanze che separano un centro dall'altro, esse sono un risparmio di tempo, di fatica, e, direbbero le nostre nonne, un risparmio di scarpe.

Infatti, con 15 o 30 centesimi si percorrono fino a 10 buoni chilometri, e si arriva alla propria destinazione freschi, sani e salvi, con mezz'ora e qualche volta un'ora di vantaggio.

Siete operaio, e la vostra assiduità al lavoro vi apporta 50 o 70 centesimi all'ora? E sono 50 o 70 centesimi che voi avete risparmiati sul vostro preventivo giornaliero.

Siete negoziante, e nel corso di 60 minuti volete prendere un piccione con una sola fava? E l'omnibus vi permetterà di prendere due piccioni e qualche volta due polli.

Siete un capo ameno che vive di rendita, e non volete mancare al vostro appuntamento? E voi volate sulle ruote dell'omnibus nelle braccia della vostra bella, giusto nell'ora ch'ella le teneva aperte per voi.

Vivano dunque gli omnibus e i loro figli primogeniti i *tramwais!*

Ore. — Gli omnibus circolano per Parigi dalle 7 del mattino fino alle 11 1/2 di sera.

Prezzi dei posti:

Interno, con e senza corrispondenza, qualunque sia la lunghezza della corsa	Cent. 30
Imperiale, senza corrispondenza . . .	» 15
Idem con corrispondenza	» 30
Sotto-ufficiali e soldati, in tutti i posti	» 15

---

(1) Queste linee di Omnibus vengono, mano mano, surrogate dalle nuove linee di *tramways*, che invadono tutta Parigi, e allora prendono un altro itinerario, pur conservando le medesime lettere dell'alfabeto.

E niente i fanciulli al di sotto di 4 anni, portati sulle ginocchia.

Avvertimenti. — Gli omnibus non hanno solamente un punto di partenza e una meta; ma delle stazioni intermedie, nelle quali si prendono e si lasciano i viaggiatori. Si ha però diritto di discendere dove che sia lungo il tragitto, avvertendone il conduttore, che farà subito fermare la carrozza. Si ha diritto eziandio di montare a un certo tratto dalle stazioni, facendo cenno al conduttore, o al cocchiere, che vi attenderà, a meno che tutti i posti non siano presi. In questo caso un cartello discenderà terribile colla parola: COMPLETO, e annunzierà alla vostra fretta ch'essa deve curvarsi alla legge superiore del primo occupante.

Il miglior mezzo per assicurarsi un posto è di prendere un numero d'ordine all'ufficio, e di attendervi là il proprio turno.

Fare bene attenzione, essendo sull'imperiale, di discendere a ritroso e mettere sempre giù per il primo il piede destro. Nella istessa maniera guardarvi bene dal discendere prima che la vettura siasi perfettamente fermata. Non sono pochi gli spiacevoli casi che si sono registrati, e si van registrando, per l'imprudenza dei viaggiatori.

In caso di reclamo o di osservazione contro il servizio degli omnibus in generale e degli impiegati in particolare, si può domandare il registro speciale messo a disposizione del pubblico in tutte le stazioni.

Corrispondenze. — Occupando un posto all'interno e pagandone l'importo, ogni viaggiatore ha diritto a un bollettino di corrispondenza, che permette di portarsi da un punto qualunque di Parigi a un altro punto, se l'omnibus nel quale è salito non lo conduce direttamente.

Il bollettino di corrispondenza si domanda pagando, si custodisce gelosamente, e si presenta, montando nell'altra vettura, al conduttore insieme al numero d'ordine.

Fare bene attenzione a quest'ultima clausola, perchè una volta partito l'omnibus il bollettino diventa nullo.

Nota. — Gli omnibus delle differenti linee si riconoscono nel giorno al loro colore, e alla sera dalle loro lanterne.

QUADRO

delle diverse linee percorse dagli omnibus e lettere corrispondenti

A Da Auteuil e da Passy al Palazzo Reale.
B Dal Trocadero alla ferrovia dell'Est.
C Dalla Porta-Maillot al Palazzo di Città.
D Dalle *Ternes* al bastione delle Figlie del Calvario.
E Dalla Maddalena alla Bastiglia.
F Dalla piazza Wagram alla Bastiglia.
G Da Batignolles al Giardino delle Piante.
H Da Clichy all'Odéon.
I Dalla piazza Pigalle al Mercato dei Vini.
J Dal bastione Rochechouart alla Ghiacciaja.
K Dalla Stazione del Nord a Montsouris.
L Dalla cittadella allo square di Cluny.
M Da Belleville alle Arti e Mestieri.
N Da Belleville alla via del Louvre.
O Da Menilmontant alla stazione Montparnasse.
P Da Charonne alla barriera Fontainebleau.
Q Da Piacenza al Palazzo di Città.
R Dalla barriera Charenton a S. Filippo del Roule.
S Da Bercy al Louvre.
T Dalla stazione d'Ivry allo square Montholon.
U Dalla Casa Bianca alla punta S. Eustachio.
V Dal Maine alla ferrovia Nord.
X Da Vaugirard alla stazione S. Lazzaro.
Y Da Grenelle alla porta S. Martino.
Z Da Grenelle alla Bastiglia.
AB Da Passy alla piazza della Borsa.
AC Dalla Piccola-Cittadella ai Campi Elisi.
AD Dal Castello d'Acqua al ponte dell'Alma.
AE Dalla via degli Orsi a Vincennes.
AF Dal Panteon a piazza Courcelles.
AG Da Montrouge alla Stazione dell'Est (oggi surrogato dal Tramway).
AH Dal Cimitero St. Ouen alla Bastiglia.

ITINERARIO E INDICAZIONE DELLE LINEE

Avvertenza. — Gli uffici ove si eseguono le corrispondenze sono distinte nell'itinerario con lettere italiche, e le linee colle quali corrispondono sono distinte colle lettere majuscole.

A Da Auteuil e da Passy al Palazzo Reale.

Vetture gialle — Lanterna rossa.

ITINERARIO.

Piazza dell'Imbarcadero.
Via d'Auteuil.
Via della Fontana.
Via di Boulainvilliers.
Via di Passy.
Piazza di Passy **AB**.
Via di Passy e via Beniamino Delessert.
China del Trocadero.

Quai di Billy.
Piazza del Ponte dell'Alma, **AD**, e tramway della Stella alla stazione Montparnasse.
Corso la Regina, **AC**, **AE**.
Piazza della Concordia.
Via Rivoli.
Piazza del Palazzo Reale **C, D, G, H, R, X, Y.**

Sopra due vetture una parte da Auteuil e l'altra da Passy.

B Dal Trocadero alla Ferrovia dell'Est.

Vetture gialle — Lanterna verde.

ITINERARIO.

Trocadero.
Viale del Re di Roma.
Via di Longchamps.
Via di Chaillot.
Viale dei Campi Elisi **C**.
Via di Morny.
Piazza San Filippo-del-Roule, **D, R, AB**.
Via Abbatucci.
Bastione Malesherbes, **AF** e tramway da S. Agostino a Levallois e da S. Agostino al parco di Neuilly.

Via del Semenzajo.
Stazione S. Lazzaro **F. X.**
Via S. Lazzaro.
Piazza della Trinità, **G**.
Via di Châteaudun, **H, I, AC**.
Via di Lafayette, **J, T, AC.**
Via Farfalla.
Via Paradiso-Poissonnière.
Via della Fedeltà.
Bastione di Strasburgo.
Via di Strasburgo, **L, M, AG, AH.**

C Da porta Maillot al Palazzo di Città.

Vetture gialle — Lanterna rossa.

ITINERARIO.

Porta Maillot.
Viale della Grande Armata.
Punto-Rotondo della Stella, **AB** e tramway dalla Stella alla Cittadella e dalla Stella a Montparnasse.
Viale dei Campi Elisi, **B**.
Piazza della Concordia.
Via di Rivoli.

Piazza del Palazzo Reale, **A**, **D, G, H, XY**.
Via di Rivoli.
Via del Louvre, **I, N, V**.
Via di Rivoli.
Via S. Dionigi.
Piazza del Castelletto, **I, K, O, R, S, U. AD, AG**.
Viale Vittoria, **Q**.

D Dalle Ternes al bastione delle Figlie del Calvario.

Vetture gialle — Lanterna rossa.

ITINERARIO.

Viale delle Ternes.
Piazza delle Ternes. — Tramway della Stella alla Cittadella.
Via Sobborgo S. Onorato.
Piazza San Filippo del Roule, **B, R, AB**.
Via del Sobborgo Sant'Onorato.
Viale Reale S. Onorato.
Piazza della Maddalena, **E, X, AB, AC, AF**.
Via Duphot.
Via Sant' Onorato, **A, C, G, H, R, X, Y**.

Via del Louvre, **I N, S, V**.
Via S. Onorato.
Via del Ponte Nuovo.
Piazza S. Eustachio, **F, J, U, AE**.
Via Turbigo.
Bastione Sebastopoli, **AG**.
Via Turbigo.
Vie di Réaumur e di Bretagna.
Via delle Figlie del Calvario.
Bastione del Tempio.
Bastione delle Figlie del Calvario, **E, O, AH**.

E Dalla Maddalena alla Bastiglia.

Vetture gialle — Lanterna rossa.

ITINERARIO.

Piazza della Maddalena, **D, X, AB, AC, AF**.
Bastione della Maddalena.

Bastione delle Cappuccine.
Bastione degl' Italiani, **H, AB**.

Bastioni Montmartre e Poissonnière.
Bastione Buona-Nuova.
Bastione S. Dionigi, **K, N**.
Bastione S. Martino, **L, T, Y**.
Piazza del Castello d'Acqua.
Bastione del Tempio, **N, AD, AE, AH**, e tramway da Pantin a d'Aubervilliers.

Bastione delle Figlie del Calvario, **D, O**.
Bastione Beaumarchais.
Piazza della Bastiglia, **F, P, R, S, Z**; vie ferrate dal Louvre a Vincennes e tramway dalla Bastiglia alla Stazione Montparnasse.

F Dalla Piazza Wagram alla Bastiglia.

Vetture brune — Lanterna rossa.

ITINERARIO.

Piazza Wagram.
Bastione Malesherbes.
Vie Jouffroy, d'Asnières e di Levis.
Bastione di Batignolles, tramway dalla Stella alla Cittadella.
Via Andrieux, di Costantinopoli e di Roma.
Stazione S. Lazzaro, **B, X**.
Vie S. Lazzaro, dell'Havre e Auber.
Piazza dell'Opéra e via del 4 Settembre.
Piazza della Borsa, **I, V, AB**.
Vie N. S. delle Vittorie, Videgousset, Catinat e della Vrillière.
Via Croci-dei-Piccoli-Campi, **I, N, V, AE**.
Via Coquillière.
Punta S. Eustachio, **D, J, U, AE**.
Via Rambuteau, **I**.
Via dei Franchi Borghesi e via dei Vosgi.
Bastione Beaumarchais.
Piazza della Bastiglia, **E, P, R, S, Z, AH**, via ferrata del Louvre a Vincennes e tramway dalla Bastiglia a Montparnasse.

G Da Batignolles al Giardino delle Piante.

Vetture brune — Lanterna verde.

ITINERARIO.

Via e Bastione di Batignolles.
Bastione di Clichy, **H**, tramway dalla Stella alla Cittadella, e dalla piazza Moncey a Asnières e S. Dionigi.
Via di Clichy.
Piazza della Trinità, **B**.
Via S. Lazzaro, Argine d'Antin e Luigi il Grande.
Via del Porto-Mahon, d'An-

tin e del Mercato Sant'Ono-
rato.
Piazza del Palazzo Reale, **A,
C, D, H, R, X, Y.**
Via di Rivoli.
Via del Louvre, **I, N, S, V.**
Via di Rivoli.
Via S. Dionigi, **J, K, O, Q,
R, S, U, AD, AG.**
Piazza del Castelletto e quai
di Gesvre.
Ponte Nostra Signora e via
della Città.
Quai Montebello e quai della
Torricella.
Via di Poissy.
Bastione San Germano, **I,
T, Z.**
Via del Cardinale Lemoine e
via di Jussieu.
Via Linneo, **U.**
Via Cuvier.

H Da Clichy all'Odéon.

Vetture rosse — Lanterna rossa.

ITINERARIO.

Viale di Clichy e Piazza di Clichy.
Bastione di Clichy, **G**, tramway dalla Stella alla Cittadella e dalla piazza Moncey ad Asnières e S. Dionigi.
Vie Fontana, N. S. di Loreto e Fléchier.
Via di Châteaudun, **B, I, AC.**
Via Lepelletier.
Bastione degl'Italiani, **E, AB.**
Via Richelieu.
Via S. Onorato, **H, C, D, G, R, X, Y.**
Piazza del Palazzo Reale e Via di Rivoli.
Piazza del Carosello e Ponte dei Santi Padri.
Via dei Santi Padri e via Taranne.
Piazza San Germano dei Prati, **O, V, AD,** tramway di S. Germano dei Prati a Fontenay e Vanves.
Via di Rennes e via Signora prolungata.
Via del Vecchio Colombaio.
Piazza S. Sulpizio, **Q, Z.**
Via S. Sulpizio.
Vie di Tournon e di Vaugirard.
Via di Medici, **AF.**

I Dalla Piazza Pigalle al Mercato dei Vini.

Vetture verdi — Lanterna rossa.

ITINERARIO.

Bastione Clichy, tramway dalla Stella alla Cittadella.
Via dei Martiri e via Fléchier.

Via di Châteaudun, **B, H, AC**.
Via del Sobborgo Montmartre.
Vie Drouot, Richelieu e della Borsa.
Piazza della Borsa, **F, V, AB**.
Via Vivienne e via Nuova dei Piccoli Campi.
Via della Feuillade e piazza delle Vittorie.
Via Croce dei Piccoli Campi, **N, F, AE**.
Via S. Onorato.

Via del Louvre, **C, D, G, N, R, S, V**.
Vie S. Onorato, Albero secco, Rivoli e Ponte Nuovo.
Ponte-Nuovo.
Quai degli Orefici e Ponte San Michele.
Piazza del Ponte S. Michele, **J, L, K, Q, AG**.
Quai S. Michele e quai Montebello.
Piazza Maubert.
Bastione S. Germano, **G, T, U, Z**.

J Dal Bastione Rochechouart alla Ghiacciaja.

Vetture gialle — Lanterna rossa.

ITINERARIO.

Bastione di Rochechouart, **AH**, tramway dalla Stella alla Cittadella.
Via di Rochechouart e via Meyran.
Via Lafayette, **B, T, AC**.
Via di Treviso, Richer e Geoffroy-Maria.
Vie del Sobborgo Montmartre e Montmartre.
Punta S. Eustachio, **D, F, U, AE**.
Vie del Ponte Nuovo, dei Mercati e S. Dionigi.
Piazza del Castelletto, **C, G, K, O, Q, R, S, U, AD, AG**.
Ponte del Cambio e bastione del Palazzo.
Ponte S. Michele.
Piazza S. Michele, **I, L, Q**.
Bastione S. Michele (21) **K, Z**, tramway da Ville-Juif a Cluny.
Bastione S. Michele (65), **AF, AG**.
Vie Gay-Lussac e S. Giacomo.
Via del Sobborgo S. Giacomo.
Bastione S. Giacomo e bastione d'Italia.

K Dalla Stazione del Nord a Montsouris.

Stazione del Nord, **V, AC, TI**.
Bastione S. Dionigi, **E, N, T**.
Teatro del Chatêlet, **C, G, J, O, Q, R, AD**.

Mercato del vino, **G, E, I, T, U, Z, AE, TL, M**.
Bastione S. Marcello, **T, Q, S**.

ITINERARIO E INDICAZIONE DELLE LINEE

L Dalla Cittadella allo square di Cluny.

Vetture gialle — Lanterna rossa.

ITINERARIO.

Via di Fiandra.
Bastione della Cittadella, **M, AC,** tramway dalla Stella, dal Trono e dal Castello d'Acqua a Pantin e Aubervilliers.
Vie di Lafayette e del Sobborgo S. Martino.
Via di Strasburgo, **B, AG, AH.**
Via del Sobborgo S. Martino.
Porta S. Martino, **E, N, T, Y.**
Via San Martino e Ponte Nostra Signora.
Via della Città, Piccolo Ponte e quai S. Michele.
Piazza del Ponte S. Michele, **I, J, K, Q, AG.**
Bastione S. Michele, **Z,** e tramway da Villejuif a Cluny.
Square Cluny.

M Da Belleville alle Arti e Mestieri.

Vetture brune — Lanterna rossa

ITINERARIO.

Via di Belleville.
Via di Puebla, **N.**
Bastione della Cittadella. — **L, AC,** tramway dalla Stella, dal Trono e dal Castello d'Acqua a Pantin e Aubervilliers.
Vie Lafayette, dal Sobborgo S. Martino e di Strasburgo.
Bastione di Strasburgo, **B, AG, AH.**
Bastione di Sebastopoli.
Via Nostra Signora di Nazareth.
Via S. Martino.
Via Salomone di Caux.

N Da Belleville alla via del Louvre.

Vetture verdi — Lanterna rossa,

ITINERARIO.

Via di Puebla, **M.**
Via e *Bastione Belleville,* tramway dalla Cittadella al Trono.
Via Sobborgo del Tempio.
Piazza del Castello d'Acqua,
E, AE, AD, AH, e tramway.
Bastione e *Porta S. Martino,* **L, T, Y.**
Bastione e *Porta S. Martino,* **E, K, T.**

Via d'Aboukir e Piazza delle Vittorie.
Via Croce dei Piccoli Campi F, I, V.
Via S. Onorato.
Via del Louvre, **C, D, G, I, R, S, V**

O Da Menilmontant alla Stazione Montparnasse.

Vetture verdi — Lanterna verde.

ITINERARIO.

Via Menilmontant.
Bastione di Menilmontant, tramway dalla Cittadella al Trono.
Via Oberkampf.
Bastione delle Figlie del Calvario, **E, D, AH.**
Vie di Commines e Froissart.
Via Vecchia del Tempio e di Rivoli.
Via delle due Porte S. Giovanni, **T,** e via ferrata di Vincennes.
Via di Rivoli.
Bastione Sebastopoli.

Piazza del Castelletto, **C, G, J, K, Q, R, S, U, AD, AG.**
Quai della Concieria.
Ponte Nuovo.
Via Delfina, e di Buci.
Piazza e via Gozlin.
Piazza S. Germano dei Prati **H. V, AD,** e tramway da S. Germano dei Prati a Fontenay e Vanves.
Via di Rennes.
Stazione Montparnasse. — Tramway da Montparnasse alla Stella e alla Bastiglia.

P Da Charonne alla Barriera Fontainebleau.

Vetture gialle — Lanterna rossa.

ITINERARIO.

Via di Bagnolet.
Bastione di Menilmontant, tramway dalla Cittadella al Trono.
Bastioni di Charonne e di Fontanarabie.
Bastione Voltaire, **AE.**
Via della Ruchetta.
Piazza della Bastiglia, **E, F, R, S, Z, AH,** e via ferrata a Vincennes.

Bastione Contrescarpe.
Piazza Mazas.
Ponte d'Austerlitz, **T,** e tramway dalla Stazione Montparnasse alla Bastiglia.
Piazza Walhubert.
Bastione dell'Ospitale.
Piazza d'Italia.
Viale d'Italia, **U,** e tramway da Villejuif allo square Cluny.

Q Da Piacenza al Palazzo di Città.

Vetture verde-scuro — Lanterna rossa.

ITINERARIO.

Via di Vanves e argine del Maine.
Vie dell'Allegrezza e del Montparnasse.
Bastione del Montparnasse.
Vie Vavin e Bonaparte.
Piazza S. Sulpizio, **H, Z, AF.**
Via S. Sulpizio e Crocevia dell'Odéon.
Via dell'Antica-Commedia.
Via S. Andrea delle Arti.
Piazza del Ponte S. Michele, **I, J, K, L, AG.**
Ponte S. Michele.
Bastione del Palazzo.
Ponte del Cambio.
Piazza del Castelletto, **G, J, K, O, R, S, U, AD, AG.**
Bastione Sebastopoli.
Vie di Rivoli e S. Martino.
Viale Vittoria, **C.**

R Dalla Barriera Charenton a S. Filippo del Roule.

Vetture verdi — Lanterna rossa.

ITINERARIO.

Via di Charenton.
Piazza della Bastiglia, **E, F, P, S, Z, AH,** — Via ferrata dal Louvre e Versaglia e tramway dalla Bastiglia alla stazione Montparnasse.
Vie S. Antonio e di Rivoli.
Via delle 2 Porte S. Giovanni, **T.**
Vie di Rivoli e della Coltelleria.
Viale Vittoria.
Piazza del Castelletto, **C, G, J, K, O, K, U, AD, AG.**
Bastione Sebastopoli e via di Rivoli.
Via del Louvre, **I, N, S, V.**
Via S. Onorato.
Piazza del Palazzo Reale.
Via S. Onorato, **A, D, G, H, X, Y.**
Vie di Rohan e di Rivoli e Piazza della Concordia.
Vie Reale S. Onorato e del Sobborgo S. Onorato.
Piazza Beauveau.
Via del Sobborgo Sant'Onorato.
Piazza S. Filippo del Roule, **B, D, AB.**

S Da Bercy al Louvre.

Vetture gialle — Lanterna bianca.

Itinerario.

Quai di Bercy e della Rapée.
Bastione Mazas.
Via di Lione.
Piazza della Bastiglia, **E, F, P, R, Z, AH.** — Via ferrata dal Louvre a Vincennes e tramway dalla Bastiglia a Montparnasse.
Vie S. Antonio e di Rivoli.
Via delle Due Porte S. Giovanni, **T.**
Vie di Rivoli e della Coltelleria.
Viale Vittoria.
Piazza del Castelletto, **C, G, J, K, O, Q, U, AD, AG.**
Bastione Sebastopoli e via Rivoli.
Via del Louvre, **D, G, I, N, R, V.**

T Dalla Stazione d'Ivry allo Square Montholon.

Vetture gialle — Lanterna rossa.

Itinerario.

Quai della Stazione d'Ivry.
Quai d'Austerlitz, **P,** tramway dalla stazione Montparnasse alla Bastiglia.
Piazza Walhubert.
Quai S. Bernardo.
Bastione S. Germano, **G, I, U, Z.**
Via del Cardinale-Lemoine.
Ponte della Torricella.
Via dei Due-Ponti e Ponte-Maria.
Quai del Palazzo di Città.
Vie del Ponte-Luigi-Filippo e di Rivoli.
Via delle Due Porte S. Giovanni, **O, R, S,** e via ferrata dal Louvre a Vincennes.
Via della Vetraia e via del Tempio.
Via Rambuteau, **F.**
Via S. Martino.
Porta S. Martino, **E, L, N, Y.**
Bastione S. Dionigi.
Porta S. Dionigi, **K, N.**
Via del Sobborgo di S. Dionigi.
Via d'Enghien.
Via del Sobborgo-Poissonnière.
Vie Turchina e di Treviso.
Via Lafayette, **B, J, AC.**
Square Montholon.

U Dalla Casa Bianca alla Punta S. Eustachio.

Vetture gialle — Lanterna rossa.

ITINERARIO.

Viale d'Italia.
Piazza d'Italia, **P.**
Viale dei Gobelin.
Via del Ferro di Molino.
Via Geoffroy-St-Hilaire.
Via Cuvier, **G.**
Vie Linneo e di Jussieu.
Via del Cardinale-Lemoine.
Bastione San Germano, **I, T, Z.**
Quai della Torricella.
Ponte dell'Arcivescovado.
Quai Napoleone e Ponte di Arcole.
Piazza del Palazzo di Città.
Viale Vittoria.
Piazza del Castelletto, **C, G, J, K, O, Q, R, S, AD, AG.**
Vie S. Dionigi e dei Mercati
Via del Ponte-Nuovo.
Punta S. Eustachio, **D, F, J, AE.**

V Dal Maine alla ferrovia del Nord.

Vetture bruno-chiaro — Lanterna rossa.

ITINERARIO.

Viale del Maine.
Bastione del Montparnasse.
Vie del Cerca-Mezzodì e San Placido.
Via di Sèvres, **X.**
Crocevia della Croce-Rossa, **Z, AF.**
Vie del Forno S. Germano e di Rennes.
Piazza S. Germano-dei-Prati, **H, O, AD,** tramway da S. Germano-dei-Prati a Fontenay e Vanves.
Via Bonaparte.
Quai dell'Istituto, Conti e Ponte Nuovo.
Quai del Louvre. — Via ferrata dal Louvre a Vincennes e dal Louvre a Saint-Cloud.
Piazza del Louvre.
Via del Louvre, **C, D, I, G, N, R, S.**
Via S. Onorato.
Via Croce-dei-Piccoli-Campi, **F, N, AE.**
Piazza delle Vittorie.
Via della Feuillade e della Banca.
Piazza della Borsa, **F, I, AB.**
Via Vivienne e bastione Montmartre.
Vie del Sobborgo Montmartre e Pastorella.
Vie del Sobborgo Poissonnière e Lafayette.
Piazza e via Lafayette.
Bastione Denain, **K, AC, AH.**

X Da Vaugirard alla Stazione S. Lazzaro.

Vetture gialle — Lanterna rossa.

ITINERARIO.

Vie di Vaugirard, di Cambronne e Lecourbe.
Via di Sèvres, **V.**
Via di Bac e *Via di Grenelle*, **Z, AF.**
Via di Bac, Ponte Reale e piazza del Carosello.
Piazza del Palazzo Reale, **A, C, D, G, H, R, Y.**
Vie S. Onorato e Richelieu.

Vie Nuova dei Piccoli-Campi e Nuova delle Cappuccine.
Bastione delle Cappuccine.
Bastione della Maddalena, **D, E, AB, AC, AF.**
Piazza della Maddalena e via Tronchet.
Vie dell'Havre e S. Lazzaro.
Stazione S. Lazzaro, **B, F.**

Y Da Grenelle alla Porta S. Martino.

Vetture bruno-chiaro — Lanterna bianca.

ITINERARIO.

Via del Teatro. — Vettura pel viale S. Carlo.
Via del Commercio e Campo di Marte.
Viale di Lamothe-Piquët, **Z.**
— Tramway dalla Stella a Montparnasse.
Via Cler.
Via S. Domenico, **AD, AF.**
Via Bellechasse, dell'Università e del Bac.

Ponte Reale e piazza del Carosello.
Piazza del Ponte Reale e via S. Onorato, **A, C, D, G, H, R, X.**
Vie S. Onorato e Gian Giacomo Rousseau.
Via Montmartre.
Bastione Poissonnière.
Bastioni Buona Nuova e S. Dionigi.
Porta S. Martino, **E, L, N, T.**

Z Da Grenelle alla Bastiglia.

Vetture bruno-chiaro — Lanterna verde.

ITINERARIO.

Piazza Cambronne. — Vetture pel viale S. Carlo.

Viale di Lowendhl e viale Duquesne.

Viale di Lamothe-Piquet, **Y.**
— Tramway dalla Stella a Montparnasse.
Spianata degl'Invalidi.
Via di Grenelle S. Germano, **X. AF.**
Via di Grenelle, **V.**
Vie del Forno e di Rennes.
Via Signora, prolungata.
Via del Vecchio-Colombaio.
Piazza S. Sulpizio, **H, Q, AF.**
Via S. Sulpizio e Crocevia dell'Odéon.
Bastione S. Michele, **J, K, L, AG.** Tramway da Villejuif allo square Cluny.

Bastione S. Germano, **G, I, T, U.**
Via del Cardinale-Lemoine.
Quai e Ponte della Torricella.
Via dei Due-Ponti e Ponte-Maria.
Via delle Suore d'Hyères.
Vie di Fourcy e di Rivoli.
Via S. Antonio.
Piazza della Bastiglia, **E, F, P, R, S, AH.**
Via ferrata di Vincennes e tramway dalla Bastiglia alla stazione Montparnasse.

AB Da Passy alla piazza della Borsa.

Vetture verdi — Lanterna verde.

ITINERARIO.

Piazza di Passy, **A.**
Vie di Passy e della Pompa.
Viale dell'Imperatore.
Via Spontini.
Viale d'Eylau.
Piazza della Stella, **C,** tramway dalla Stella a Suresnes, alla Cittadella e alla stazione Montparnasse.
Viale Friedland e Sobborgo S. Onorato.

Piazza S. Filippo del Roule, **B, D, R.**
Sobborgo S. Onorato.
Via Reale S. Onorato.
Piazza della Maddalena, **D, E, X, AC, AF.**
Bastioni della Maddalena e dei Cappuccini.
Bastione degl'Italiani, **E, H.**
Bastione Montmartre e via Vivienne.
Piazza della Borsa, **F, I, V.**

AC Dalla piccola Cittadella ai Campi Elisi.

Vetture verdi — Lanterna verde.

ITINERARIO.

Via d'Alemagna.
Bastione della Cittadella, **L, M,** tramway dalla Stella,

dal Trono e dal Castello d'Acqua a Pantin e Aubervilliers.

266   PARIGI

Via del Sobborgo S. Martino.
Vie Lafayette e di Dunkerque.
Bastione Denain, **K. V, AH.**
Via Lafayette, **B, J, I.**
Via di Châteaudun, **B, H, I.**
Via Lepelletier e Lafayette.
Via dell'Argine d'Antin.

Bastione delle Cappuccine.
Bastione della Maddalena, **D, E, X, AB, AF.**
Via Reale S. Onorato e piazza della Concordia.
Corso la Regina, **A, AF.** — Via ferrata dal Louvre a Saint-Cloud.

AD Dal Castello d'Acqua al ponte dell'Alma.

Vetture verdi — Lanterna verde.

ITINERARIO.

Piazza del Castello d'Acqua, **E, N, AE, AH,** e tramway da Pantin e d'Aubervilliers.
Vie del Tempio e di Rivoli.
Via S. Dionigi, **C, G, J, K, O, Q, R, S, U, AG.**
Quai della Concieria e Ponte Nuovo.
Vie Delfino e di Buci.
Piazza Gozlin.
Via Gozlin, **H, O, V,** tramway da S. Germano-dei-Prati a Fontenay e a Vanves.

Piazza S. Germano-dei-Prati.
Vie Bonaparte e Giacobbe.
Vie dell'Università e Bellechasse.
Via S. Domenico, **Y, AF.**
Vie di Borgogna e dell'Università.
Spianata degl'Invalidi.
Via dell'Università e Viale Boschetto.
Ponte dell'Alma, **A.** — Via ferrata dal Louvre a S. Cloud e tramway dalla Stella alla stazione Montparnasse.

AE Dalla via degli Orsi a Vincennes.

Forgie d'Ivry.
Stazione d'Orléans, **P, T; T, M, S.**

Mercato del Vino, **G, I, K, U, Z; T, L.**
Piazza S. Michele, **I, J, L, Q, AI; T, G, K, Q.**

AF Dal Panteon alla piazza di Courcelles.

Vetture verdi — Lanterna rossa.

ITINERARIO.

Piazza del Panteon.
Bastione S. Michele, **J, AC.**

Via dei Medici, **H,** e via di Rotrou.

Piazza, via e crocevia dell'Odéon.
Vie dei Quattro-Venti, della Senna e S. Sulpizio.
Piazza S. Sulpizio, **Q, Z.**
Via del Vecchio-Colombaio.
Via di Grenelle - S. Germano, **V.**
Via di Bellechasse.
Via S. Domenico, **Y, AD.**
Bastione S. Germano e Ponte della Concordia.
Corso la Regina, **A, AC.** — Via ferrata dal Louvre a Saint-Cloud.

Piazza della Concordia e via Reale S. Onorato.
Piazza della Maddalena, **D, E, X, AB, AC.**
Via Chauveau-Lagarde.
Bastione Malesherbes, **B,** tramway di Levallois-Perret, di Neuilly e di Courbevoie.
Via Delaborde e viale di Messina.
Via di Lisbona e di Courcelles.
Bastione di Courcelles. — Tramway dalla Stella alla Cittadella.
Via di Courcelles e piazza di Courcelles.

AG Da Montrouge alla Stazione dell'Est.

Vetture brune — Lanterna rossa.

Viale d'Orléans, **T, S.**
Osservatorio, **T, S.**
Via Soufflot, **J, AF; TQ.**
Cluny, **J, L, Q; TH, L, M, Q.**

Piazza S. Michele, **I, J, L, Q, AT.**
Châtelet, **C.**
Via Turbigo.
Bastione S. Dionigi.

AH Dal Cimitero S. Ouen alla Bastiglia.

Via Ordener, **AJ.**
Bastione della Cappella, **T, D, P.**
Stazione del Nord, **K, V, AC.**
Stazione dell'Est, **B, L, M, TG, H.**

Piazza della Repubblica, **E, N, S, U, AD, TF, N.**
Via Oberkampf, **O; TF.**
Bastiglia, **F, P, R, S, Z, TC, K, L, T, S.**

OMNIBUS DELLE COMUNI SUBURBANE

corrispondenti colle linee interne di Parigi

---

1. — Da Belleville a Romainville.

Corrisponde colla linea **N**. — Parte ogni mezz'ora. — Prezzo nella settimana: 20 Cent.; domenica e feste: 30 Cent.; con corrispondenza: 20 in più.

2. — Dal ponte di Bercy a Ivry.

Corrisponde colla linea **T**. — Parte ogni 20 minuti, dalle 7 1/2 del mattino alle 10 della sera. — Prezzo: 45 Cent.; con corrispondenza: 60.

3. — Dalla piazza Cambronne (Grenelle) al viale San Carlo.

Corrisponde colle linee **Y** e **Z**. — Parte ogni mezz'ora, dalle 7 1/2 del mattino alle 10 di sera. — Prezzo: 10 Cent.; con corrispondenza: 30.

4. — Dal quai di Bercy a Charenton-les-Carrières.

Quest'omnibus si trova all'estremità della linea **S**; ma non dà corrispondenza. — Parte ogni mezz'ora, dalle 7 e 20 del mattino alle 10 e 20 della sera. — Prezzo nella settimana: 20 Cent.; domenica e feste: 30.

5. — Dalla barriera Charenton a Charenton, San Maurizio e Gravelle.

Quest'omnibus si trova all'estremità della linea **R**; ma non dà corrispondenza. — Parte ogni mezz'ora, dalle 8 e 20 del mattino alle 11 di sera. — Prezzo nella settimana: 20 Cent.; per S. Maurizio, 30; per Gravelle, 50. Domenica e feste: 10 Cent. in più.

6. — Dalla barriera Charenton a Charenton, Casa-Alfort e Creteil.

Quest'omnibus si trova all'estremità della linea **R**: ma non dà corrispondenza. — Parte ogni mezz'ora dalle 8 e 20 del mattino alle 11 di sera. — Prezzo, nella settimana, per Charenton: 20 Cent.; per Casa-Alfort e Creteil: 40 Cent. Domenica e feste: 10 Cent. in più.

TRAMWAY

OMNIBUS AMERICANO.

Dal quai del Louvre a Versaglia.

Lunghezza della corsa: 19 chilometri. — Durata del tragitto: 1 ora 45.

Partenza ad ogni ora.

Primo viaggio, dal Louvre, a 8 ore ant.
  »   da Versaglia, a 7   »   »
Ultimo viaggio, dal Louvre, a 9   » pom.
  »   da Versaglia, a 8   »   »

PREZZO DEI POSTI:

Dal Louvre a
- Passy . . . . L. — 20
- Punta-del-giorno . . . . » — 30
- Billancourt . . . . . . » — 40
- Sèvres . . . . » — 50
- Chaville . . . . » — 65
- Giroflay . . . . » — 75
- Versaglia . . . . » 1 —

Rete della Compagnia Generale degli Omnibus.

1. — Dal Louvre a Sèvres.

Lunghezza della corsa: 11 chilometri. — Durata del tragitto: 1 ora 10.

Primo viaggio, dal Louvre, a 8 ore 30 ant.
  »   da Sèvres   a 6   » 40   »
Ultimo viaggio, dal Louvre, a 10   » 30 pom.
  »   da Sèvres,   a 9   » 10   »

Domenica, giovedì e feste, viaggi supplementari, dal Louvre a mezzanotte e 10; da Sèvres a 10 ore 40 pom.

PARIGI

PREZZI:

		Settimana	Domenica e feste
Dal Louvre a	Passy	L. — 20	L. — 35
	Punta del giorno	» — 30	» — 55
	Billancourt . .	» — 40	» — 65
	Sèvres	» — 50	» — 75

15 Centesimi in più per chi vuole la corrispondenza.

Corrispondenze:

Piazza della Concordia colle linee: **AC, AF.** } Ponte dell'Alma: **AD.**

2. — Dal Louvre a San-Cloud.

Lunghezza della corsa: 10 chilometri. — Durata del tragitto: 1 ora.

Partenze ogni mezz'ora.

Primo viaggio, dal Louvre, a 7 ore 20 ant.
    »   da San-Cloud, a 6 » 30 »
Ultimo viaggio, dal Louvre, a 11 » 30 pom.
    »   da San-Cloud, a 10 » 50 »

Domenica, giovedì e feste, viaggi supplementari, dal Louvre a mezzanotte e 20; da San-Cloud a 11 ore.

PREZZI:

		Settimana	Domenica e feste
Dal Louvre a	Passy	L. — 20	L. — 35
	Punta del giorno	» — 30	» — 55
	San-Cloud . . .	» — 50	» — 75

Corrispondenze:

Quai del Louvre: **V,** 3.
Piazza della Concordia: **AC, AF.** } Ponte dell'Alma: **AD.**

3. — Da Vincennes al Louvre.

Lunghezza della corsa: 8 chilometri. — Durata del tragitto: 1 ora.

Partenze tutti i 5 minuti.

PREZZO DEI POSTI:

		Interiore	Imperiale
Dal Louvre a	Fortificazioni . .	L. — 30	L. — 15
	Vincennes . . .	» — 40	» — 20

Corrispondenze:

Piazza del Trono: **AE**, 5
Piazza della Bastiglia: **E, F, P, R, S, Z, AH**, 6.
Via delle Due-Porte-San Giovanni: **O, T**.
Quai del Louvre: **V**, 2.

4. — Dalla Stella alla Cittadella.

Lunghezza della corsa: 6 chilometri. — Durata del tragitto: 44 minuti.

Partenze ogni 3 o 4 minuti.

PREZZO DEI POSTI:

(I medesimi degli Omnibus ordinari.)

Corrispondenze:

Piazza della Stella: **C, AB**, 11, 23.
Piazza delle Ternes: **D**.
Bastione di Courcelles: **AF**.
Parco Monceaux: 12, 13, 14.
Bastione di Batignolles: **F**.
Piazza Clichy: **G. H.** 15, 16.
Bastione di Clichy: **I**.
Bastione Rochechouart: **J, AH**.
Bastione della Cappella: **K**, 17.
Bastione della Cittadella: **L, M, AC**, 5, 18, 19.

5. — Dalla Cittadella al Trono.

Lunghezza della corsa: 4 chilometri. — Durata del tragitto: 32 minuti.

Partenze ogni 3 o 4 minuti

PREZZO DEI POSTI:

(I medesimi degli Omnibus ordinari.)

Corrispondenze:

Bastione della Cittadella: **L, M, AC**, 4, 18, 19.
Bastione di Belleville: **N**.
Bastione di Menilmontant: **O**.
Padre-Lachaise: **P**.
Piazza del Trono: **AE**, 3.

6. — Dalla Bastiglia a S. Mandato.

Lunghezza della corsa: 4 chilometri e 700 metri. — Durata del tragitto: 32 minuti.

Partenza tutti i 10 minuti.

PREZZO DEI POSTI:

		Interiore	Piattaforma
Dalla Bastiglia a	Fortificazioni .	L. — 30	L. —
	S. Mandato . .	» — 40	» —

Corrispondenze:

Piazza della Bastiglia: **E. F, P, R, S, Z, AH**, 3.

TRAMWAY-NORD

11. — Dalla Stella a Suresnes.

Lunghezza della corsa: 6 chilometri 500 metri. — Durata del tragitto: 45 minuti.

Partenza tutti i quindici minuti.

Prezzo dei Posti:

	Interiore	Piattaforma
Dalla Stella a { Porta Maillot	L. — 20	L. — 10
Courbevoie	» — 40	» — 20
Suresnes	» — 60	» — 30

Corrispondenze:

Piazza della Stella: **AB,** 4, 23. (10 cent. in più all'interiore e 20 sulla piattaforma).

12. — Da S. Agostino a Neuilly-Bineau.

Lunghezza della corsa: 4 chilometri 400 metri. — Durata del tragitto: 28 minuti.

Prezzo dei Posti:

	Interiore	Piattaforma
Da S. Agostino a { Fortificazioni	L. — 20	L. — 10
Bineau	» — 40	» — 20

Corrispondenze:

S. Agostino: **B. AF.** | Bastione di Courcelles: 4.

Per avere diritto alla corrispondenza bisogna pagare 10 cent. in più all'interiore e 20 sulla piattaforma.

13. — Da S. Agostino a Levallois.

Lunghezza della corsa: 4 chilometri 300 metri. — Durata del tragitto: 30 minuti.

Partenza tutti i 10 o 15 minuti.

Prezzo dei Posti:

	Interiore	Piattaforma
Da S. Agostino a { Fortificazioni	L. — 20	L. — 10
Levallois	» — 40	» — 20

Corrispondenze:

S. Agostino: **B, AF.** | Bastione di Courcelles: 4.

Per avere diritto alla corrispondenza bisogna pagare 10 cent. in più all'interiore e 20 sulla piattaforma.

14. — Da S. Agostino a Courbevoie.

Lunghezza della corsa: 6 chilometri. — Durata del tragito: 40 minuti.

Partenze tutti i 12 minuti.

PREZZO DEI POSTI:

	Interiore	Piattaforma
Da S. Agostino a { Porta Champerret	L. — 20	L. — 10
Porta Maillot	» — 35	» — 20
Courbevoie	» — 55	» — 30

Corrispondenze:

S. Agostino: **B, AF**. | Bastione di Courcelles: 4.

Per avere diritto alla corrispondenza bisogna pagare 10 cent. in più all'interiore e 20 sulla piattaforma.

15. — Dalla Piazza Clichy ad Asnières.

Lunghezza della corsa: 5 chilometri. — Durata del tragitto: 30 minuti.

Partenza tutti i 10 o 15 minuti.

PREZZO DEI POSTI:

	Interiore	Piattaforma
Dalla Piazza Clichy a { Fortificazioni	L. — 20	L. — 10
Clichy	» — 30	» — 15
Asnières	» — 40	» — 20

Corrispondenze:

Piazza di Clichy: **G, H**, 4.

Per avere diritto alla corrispondenza bisogna pagare 10 cent. in più all'interiore e 20 sulla piattaforma.

16. — Dalla Piazza Clichy a S. Dionigi.

Lunghezza della corsa: 6 chilometri. — Durata del tragitto: 40 minuti.

Partenze tutti i 15 o 20 minuti.

PREZZO DEI POSTI:

	Interiore	Piattaforma
Dalla Piazza Clichy a { Fortificazioni	L. — 20	L. — 10
S. Ouen	» — 30	» — 15
S. Dionigi	» — 50	» — 25

Corrispondenze:

Piazza di Clichy: **G, H**. 4.

Per avere diritto alla corrispondenza bisogna pagare 10 cent. in più all'interiore e 20 sulla piattaforma.

17. — Dalla Cappella a S. Dionigi.

Lunghezza della corsa: 6 chilometri. — Durata del tragitto 40 minuti:

Partenza tutti i 15 o 20 minuti.

PREZZO DEI POSTI:

		Interiore	Piattaforma
Dalla Cappella a	Fortificazioni .	L. — 20	L. — 10
	S. Dionigi . .	» — 50	» — 25

Corrispondenze:

Piazza della Cappella: **K**, 4.

Per avere diritto alla corrispondenza, bisogna pagare 10 cent. in più all'interiore, e 20 sulla piattaforma.

18. — Dal Castello d'acqua a Aubervilliers.

Lunghezza della corsa: 6 chilometri e 700 metri. — Durata del tragitto: 45 minuti.

Partenza tutti i 10 minuti.

PREZZO DEI POSTI:

Dal Castello d'Acqua a	Fortificazioni.	L. — 15
	Quattro-Cammini . . .	» — 20
	Aubervilliers	» — 25

Corrispondenze:

Castello d'Acqua **E, N, AD, AE, AH.** | Bastione della Cittadella: **L, M, AC,** 4, 5.

19. — Dal Castello d'acqua a Pantin.

Lunghezza della corsa: 6 chilometri 500 metri. — Durata del tragitto: 40 minuti.

Partenza tutti i 10 minuti.

PREZZO DEI POSTI:

Dal Castello d'Acqua a	Fortificazioni.	L. — 15
	Pantin	» — 25

Corrispondenze:

Castello d'Acqua: **E, N, AD, AE, AH.** | Bastione della Cittadella: **L, M, AC,** 4, 5.

TRAMWAY-SUD

21. Da S. Germano-dei-Prati a Chatillon.

Lunghezza della corsa: 7 chilometri 800 metri. — Durata del tragitto: 55 minuti.

Partenza tutti i 10 minuti.

Prezzo dei Posti:

		Interiore	Imperiale
Da S. Germano a	Fortificazioni	L. — 30	L. — 15
	Montrouge	» — 40	» — 20
	Chatillon	» — 50	» — 25

Corrispondenze:

S. Germano dei Prati: **H, O, V, AD.**
Stazione Montparnasse: **23, e 25.**
Bastione Montparnasse: **24.**
Piazza d'Inferno: **AG.**

22. — Da Villejuif allo square Cluny.

Lunghezza della corsa: 7 chilometri. — Durata del tragitto: 45 minuti.

Partenze tutti gli 11 minuti.

Prezzo dei Posti:

		Interiore	Imperiale
Da Cluny a	Fortificazioni	L. — 30	L. — 15
	Bicêtre	» — 40	» — 20
	Villejuif	» — 50	» — 25

Corrispondenze:

Piazza d'Italia: **P.** — Bastione S. Marcello: **24.** — Square Cluny: **J, K, L, Z, AG.**
Per avere diritto alla corrispondenza bisogna pagare 15 cent. in più all'imperiale.

23. — Dalla Stazione Montparnasse alla Stella.

Lunghezza della corsa: 4 chilometri. — Durata del tragitto: 32 minuti.

Partenza tutti i 6 o 9 minuti.

PREZZO DEI POSTI :

(Medesimo prezzo degli Omnibus ordinari.)

Corrispondenze :

Stazione Montparnasse: **O,** | Piazza della Stella : **C, AB,**
21, 24. | 4, 11.
Ponte dell'Alma : **A, AD.** |

24. — Dalla Stazione Montparnasse alla Bastiglia.

Lunghezza della corsa : 4 chilometri 700 metri. — Durata del tragitto : 30 minuti.

Partenze tutti i 12 minuti.

PREZZO DEI POSTI :

(Il medesimo degli Omnibus ordinari.)

Corrispondenze :

Stazione Montparnasse: **O, 23.** | Stazione d'Orléans: **P, T.**
Bastione Montparnasse : 21. | Bastiglia : **E, F, R, A, Z,**
Bastione S. Marcello : 22. | **AH.**

25. — Da S. Germano-dei-Prati a Vanves.

Lunghezza della corsa : 6 chilometri. Durata del tragitto : 40 minuti.

Partenze tutti i 10 minuti.

PREZZO DEI POSTI :

		Interiore	Imperiale
Da S. Germano a	Fortificazioni .	L. — 30	L. — 15
	Vanves. . . .	» — 40	» — 20

Corrispondenze :

San Germano dei Prati : **H,** | Stazione Montparnasse : 21,
O, V, AD. | 23, 24.

BATTELLI-OMNIBUS

Tre servizi di battelli a vapore, o battelli-omnibus, sono organizzati sulla Senna. Il primo fa la traversata di Parigi: il secondo dal Ponte Reale va fino a Suresnes, e il terzo dal ponte Napoleone va a Charenton.

Itinerario del primo servizio.

STAZIONI IN CUI SI PUÒ DISCENDERE O SALIRE	RIVA CHE TOCCA	LUOGHI PIÙ PROSSIMI ALLA STAZIONE
1. Ponte Nazionale.	*destra*	Ferrovia di Cintura. Stazione Nicolai.
2. Quai della Stazione	*sinistra*	Ferrovia d'Orléans-Merci.
3. Ponte di Bercy	*destra*	Bercy. Stazione di Lione-Merci.
4. Ponte d'Austerlitz	*sinistra*	Stazione di Lione. » d'Orléans. Giardino delle Piante.
5. Ponte della Torricella	*sinistra*	Deposito dei Vini. Bastione S. Germano. Panteon.
6. Quai della Grève	*destra*	Palazzo di Città. Via di Rivoli. Nostra Signora.
7. Ponte del Cambio	*destra*	I Mercati. Bastione Sebastopoli. Palazzo di Giustizia.
8. Ponte-dei-Santi Padri	*sinistra*	Sobborgo S. Germano. Istituto.
9. Ponte Reale	*destra*	Palazzo Reale. Louvre. Tuileries.
10. Ponte della Concordia	*destra*	Campi Elisi. Palazzo Borbone.
11. Ponte degl'Invalidi	*destra*	Palazzo dell'Industria. Campi Elisi.
12. Ponte d'Iena	*sinistra*	Campo di Marte. Scuola Militare.
13. Quai di Passy	*destra*	Passy. Trocadero.
14. Ponte di Grenelle	*destra*	Opificio Cail. Auteuil. Passy.

15. Auteuil, Punta-del-Giorno . . . . . *destra* { Punta del Giorno. Bosco di Bologna. Ferrovia di Cintura.

Il prezzo della corsa, dalla più prossima come alla più lontana stazione, è di 15 centesimi. Essa ha luogo ogni 10 minuti.

La prima partenza dalle stazioni estreme ha luogo alle 8 del mattino e l'ultima alle 9 pomeridiane.

Itinerario del secondo servizio.

1. Ponte della Concordia (*riva destra*); — 2. Ponte degli Invalidi (*riva destra*); — 3. Ponte d'Iena (*riva sinistra*); — 4. Quai di Passy (*riva destra*); — 5. Ponte di Grenelle (*riva destra*); — 6. Ponte d'Austerlitz (*riva destra*); — 7. Billancourt (*riva destra*); — 8. Basso-Meudon (*riva sinistra*); — 9. Sèvres (*riva sinistra*); — 10. S. Cloud (*riva sinistra*); — 11. Longchamp (*riva destra*).

Il prezzo dei posti, tra le stazioni estreme, cioè tra le stazioni di Longchamp e il ponte della Concordia, è di 60 cent. nella settimana, e di 1 franco nelle domeniche e giorni di corsa a Longchamp. Tra tutte le altre stazioni è di 50 cent. la settimana e 75 cent. le domeniche.

Itinerario del terzo servizio.

1. Ponte Nazionale (*riva dest.*) | 3. Carrières . (*riva destra*)
2. Ivry . . . (*riva sinistra*) | 4. Charenton . (*riva destra*)

Il prezzo dei posti è fissato a 15 centesimi nella settimana e a 20 nella domenica.

Oltre i battelli-Omnibus, o *mosche*, altri ne esistono in concorrenza, e che fanno i seguenti servizi:

1. Tra il ponte Reale e la Punta-del-Giorno,
2. Tra il ponte Reale e Longchamp,
3. Tra il ponte d'Austerlitz e Longchamp.

TARIFFA.

	Settimana	Dom. e feste
Dal Ponte Reale alla Punta-del-Giorno L. —	C. 15	C. 20
Dal Ponte Reale a S. Cloud . . . . . . » —	» 75	» —
Dal Ponte Reale a Longchamp . . . » 1	» —	» —
Da S. Cloud a Longchamp . . . . . » —	» 50	» —
Dal Ponte d'Austerlitz al Ponte Nazionale . . . . » —	» 10	» 15
Dal Ponte Nazionale a Charenton . . » —	» 10	» 15
Stazioni di Parigi per le Comuni vicine » —	» 20	» 30
Stazioni delle Comuni vicine per Parigi » —	» 20	» 30

Teatro dell'Opera.

TEATRI, CIRCHI, CAFFÈ-CONCERTI E BALLI

Se la signora di Staël ha lasciato detto sul teatro in genere ch'esso è *la letteratura in azione,* con più ragione si potrebbe dire del teatro parigino, preso a parte, ch'esso è *l'azione della satira.* Infatti dal *Tartufo* di Molière fino al *Joseph Prud'homme* di Enrico Monnier, e dal *Figaro* di Beaumarchais fino al *Robert Macaire* di Beniamino Antier e Federico Lemaître, la comica e la drammatica francese sono una lunga serie di capolavori che mirano, tutti o quasi tutti, alle passioni e le rappresentano; mordono i vizj della società e li contraffanno; colpiscono senza misericordia presenti ed assenti, chi plaude e chi fischia, e li riproducono come sòno.

Al di fuori però di questo concetto astratto dell'istituzione, il teatro francese, preso come ambiente, è la magna residenza del Lusso e della Civetteria, la reggia dello Spirito e della Frivolezza, una succursale ai centri della Conversazione, l'agone alla concorrenza rovinosa delle toelette, il campo dei trionfi effimeri della Moda, ove l'invidia delle occhiate è vinta appena dalla maldicenza delle parole.

Gli autori v'entrano e siedono come parenti; i giornalisti come giudici, e i banchieri come protettori. Gli Adoni vi vengono per mostrare l'abilità dei loro sarti e dei loro parrucchieri, e cariche di giojelli più che di vesti, le mille

. . . . . . *belle raccolte
Più spettacol si fan che spet-
[tatrici.*

Così la Corruzione sta nella platea e l'Alta Morale nella scena, il bene ed il male si trovano ancor'una volta posti di fronte; da che quell'eterno contrasto della vita ch'è un piacere ed è un'istruzione.

Opera. — L'antico teatro dell'Opera, costruito nel 1820 in via Drouot, è stato distrutto da un incendio nel 1873.

Ricostruito tra il bastione delle Cappuccine e il bastione Haussmann, sotto la direzione di C. Garnier, esso è stato inaugurato nel 17 gennaio 1875 e con tale e tanta solennità che parve quella di un grande avvenimento. Le costruzioni che coprono 11,237 metri, hanno costato 36 milioni incirca.

La facciata principale si compone al pianterreno di

Scalone del Teatro dell'Opera.

un basamento ad archi, che danno accesso ad una vasta sala detta dei *Passi perduti*. Tra le arcate graziosissime statue, a cui non si può mai troppo rimproverare il fare ammanierato, simboleggiano le arti liriche. I lampioni a luce elettrica della piazza illuminano questa magnifica prospettiva, e danno all'oggetto d'arte dei riflessi fantastici.

Un colonnato d'ordine corintio a fusti gemelli occupa il primo piano, e forma un portico o galleria aperta, sopra la quale sorge un attico ornato di figure e fogliami. Tra le colonne un ordine minore regge i busti o medaglioni dei più grandi compositori. Tutto questo insieme è in marmo colorato. Agli angoli della facciata avanzano due sporti terminati a fronte circolare. Gruppi in bronzo dorato sulla balaustrata dell'attico. Cupola a costole salienti, dietro il peristilio. Immenso frontone triangolare, più dietro ancora, e facciate laterali interrotte verso l'estremità da piccoli sporti e padiglioni di forma cilindrica.

In quanto all'interno i vestiboli, sale, corridoi, scale, gallerie, volte, pavimenti, scene dipinte da Baudry, porte monumentali, specchi alti sette metri, lampadario di 340 fiammelle, platea capace di 2,156 posti, pitture di grandi artisti contemporanei, sculture, decorazioni, tutto vi è magnifico e corrisponde degnamente al bell'esteriore. La *grande scala* è una delle parti dell'edificio che meritano più; ricca, elegante, di belle proporzioni, non ha che a mostrarsi, come Frine, per confondere i suoi detrattori, vincere la severità dei suoi giudici e giustificare pienamente il rumore che ha provocato intorno a lei.

Il teatro dell'Opera riceve ogni anno un sussidio governative.

È aperto il lunedì, il mercoledì, il venerdì e sovente il sabato.

L'amministrazione fa degli abbonamenti annuali, pei quali si ha diritto di assistere, una o tre volte alla settimana alle rappresentazioni.

Teatro Francese (*Via di Richelieu, all'angolo della piazza del Teatro Francese e del Palazzo Reale*). — I primi artisti della capitale v'interpretano con una rara intelligenza le migliori produzioni classiche del repertorio francese, tragico e comico.

È un Panteon glorioso, in cui vicino alle statue dei grandi drammaturghi, che riproducono freddamente e infedelmente i loro tratti, si eleva un monumento ben altrimenti imperituro, che fa rivivere ogni giorno i loro

Ridotto del Teatro dell'Opera.

capolavori e con essi il loro genio.

Fu costruito nel 1782 e recentemente rimodernato. — Abbonamento annuo: 300 franchi.

Odéon (*Piazza del medesimo nome, vicino al Lussemburgo*). — Era il più importante di tutti i teatri di Parigi alla fine del secolo XVIII e al principio del secolo XIX. Fino allora delle meschine costruzioni fabbricate in fretta e in furia, delle miserabili baracche a cui era stato dato il nome di teatro per corbellatura, accoglievano lo scelto pubblico, ammiratore dei capolavori di Corneille, Racine e Molière. Una volta però surto il teatro dell'Odéon, ne sursero degli altri, e di primario divenne secondario.

Ricostruito nel 1818 e interamente restaurato nel 1865, esso ha l'aspetto a metà monumentale, pei suoi portici e le sue colonne, e a metà dottrinale pei suoi libri e per le sue scansie. Eppure non è ancora una biblioteca, e non è stato mai un capolavoro di architettura! È invece un teatro, ove si recita la buona commedia, meno sostenuta però e meno classica che al teatro Francese. Spettacolo ogni sera dal 1 settembre al 1 giugno. Numero dei posti: 1650.

Teatro Lirico. — Sussidiato dallo Stato, ed installato altra volta nella sala detta del Teatro Lirico (*piazza del Châtelet*) non' è stato ancora ricostituito.

I locali però esistono sempre, e sono oggi occupati dal *Teatro Historique*, nel quale si rappresentano drammi spettacolosi.

Ginnasio (*Bastione Buona Nuova*). — Costruito nel 1820 sui disegni di Rougevinet e di Guerche.

Dopo i successi che vi hanno ottenuto i drammi di Augier, Sardou, Feuillet e Dumas, figlio, esso tende a divenire il *Teatro Francese* del dramma contemporaneo; ma vi si oppone l'allegra canzonetta, che nei momenti i più solenni fa capolino e mescola al serio il faceto.

Tutte le sere: commedie, drammi e *vaudevilles*.

Numero dei posti: 1000.

Vaudeville (*all'Angolo della via dell'Argine d'Antin e del bastione delle Cappuccine*). — Se il nome vi dice la cosa, fidatevene, ma non però completamente, perchè non solamente vi si rappresentano dei *vaudevilles* briosi e licenziosetti, in cui si aguzza tutto lo spirito francese; ma drammi spettacolosi a sviluppo sanguigno, commedie pesanti come le colonne corintie della sua facciata, e farse che farebbero piangere perfino l'Apollo che orna la cima dell'edificio.

Teatro Francese.

Questo teatro venduto dal Municipio, che n'era proprietario, sarà probabilmente demolito.

Varietà (*Bastioni Montmartre*, 7). — È un regno a limiti mal definiti, e che perciò invade i dominj e le attribuzioni degli altri. Infatti ora sono dei *vaudeville*, ora delle *riviste dell'anno*, come alle *Folies Dramatiques*, ora delle produzioni magiche, come al *Châtelet* ed ora finalmente delle operette alla Offenbach come ai *Bouffes-Parisiens*. Suo carattere è non averne alcuno, e se il suo nome non fosse *Varietà*, verrebbe voglia di azzeccargli quello di *Volubilità*.

Teatro del Palais-Royal (*Palazzo Reale*, *peristilio*

Teatro Lirico.

Montpensier). — Costruito nel 1784 e restaurato nel 1831.

Teatro *sui generis*, che poco penetrato delle massime di Epitteto, cerca di far ridere il suo pubblico: *sovente, lungamente* e *fragorosamente*.

Ogni sera: commedie tutte da ridere, e *vaudevilles* esilarantifche uccidono la noia e guariscono dall'umor nero.

Teatro della Porta San busti, cariatidi e bassorilievi.

È uno dei teatri più popo-

Teatro del Vaudeville.

Martino (*Bastione San Martino*, 16 e 18). — Incendiato nel 1871 e ricostruito di poi. — Bella facciata ornata di lari di Parigi, a cui forniscono un contingente di pubblico perfino i sobborghi. Vi si rappresentano drammi di

V. Hugo, Delavigne e Dumas; *vaudeville* vergini ancora di palcoscenico; balletti e fiabe, con sparizioni, trasformazioni e trasfigurazioni; meccanismi che fanno trasecolare, ed illusioni ottiche, con bengala e senza.

Teatro della Renaissance (*all'angolo della via di Bondy e del Bastione S. Martino*). — Edificio di stile composito-moderno, con discreta facciata e pitture all'interno di **Rubé** e Chaperon. Vi si dà esclusivamente l'operetta. È il teatro favorito del maestro Lecocq, che ogni anno vi fa rappresentare un suo nuovo lavoro.

Teatro delle Varietà.

Teatro della Gaîté (*Square delle Arti e Mestieri*). — Costruito nel 1861-1862 dall'architetto Hittorf. Anche questo è uno di quei teatri che dalla prosa sdrucciola insensibilmente nella musica. Vi si rappresentano le *Féeries* o le operette di Offenbach a gran spettacolo.

Attualmente aperto per lo spettacolo d'opera italiana per cura del nostro editore Edoardo Sonzogno che non lasciò cure e fatiche perchè lo spettacolo riuscisse degno di lui e dell'Italia.

Ambigu comique (*Bastione S. Martino,* 2) Sebbene anch'esso si permetta qualche volta l'operetta e il *vaudeville,* pure è fra i pochi teatri, ove il dramma è tenuto in onore; ma, intendiamoci bene, il dramma a tinte fosche e cariche, con soggetto a piacere, ma con varianti invariabili tolte a prestito a produzioni, come il *Corriere di Lione* di Moreau, Siraudin e Delacourt.

Châtelet (*Piazza del Castelletto*). — Antico circo trasformato in noce di Benevento e in palazzo incantato, ove la fata Morgana e il mago Merlino vengono a ballare dei minuetti per divertire il rispettabile e l'inclita.

Gode il favore del pubblico, e sbarca il lunario colle tregende di Valpurga e la cabala di Rotterdam. È una delle molte volte in cui il diavolo ha posto la sua coda, e ne è uscito qualche cosa di buono.

Teatro della Porta S. Martino.

L'ampiezza del vaso, il lusso della *messa in scena* lo fanno il primo teatro del genere fantastico.

Bouffes Parisiens (*Passaggio Choiseul e via Montigny, 4*). — Teatro diretto già | *Trebisonda* ed altri bei gingilli musicali che valicarono l'Alpi e passarono i mari.

Teatro della Renaissance.

da Offenbach, ove nacquero, crebbero e prosperarono: *Orfeo all'Inferno*, *l'Isola di Tulipatan*, *la Principessa di* | **Folies Dramatiques** (*Via di Bondy, 40, e bastione San Martino*). — Teatro, ove si rappresentano sempre le ope-

rette di Lecocq, Offenbach, Hervé, Planquette, ecc.
Teatro di Cluny (*Bastione* secondo il vento che tira, ora un dramma, ora una commedia ed ora un *vaudeville*.

Teatro della Gaîté.

S. Germano, 71). — Teatro che sa benissimo conformarsi alle esigenze ed all'umore del pubblico, e che rappresenta,

L'Eden Teatro in *via Boudreau*, non lungi dall'Opéra e dai gran *boulevards*, curiosa costruzione di stile indiano, nel quale si rappresentano specialmente balli, pantomime e *féeries*, è frequentato dagli scapoli e da mondane. È all'*Eden* che si rappresentò il ballo *Excelsior* del Manzotti.

Teatro del Château d'eau

Scribe, 17). — Costruito nel 1866. Vi si rappresentano Riviste comiche e *vaudevilles*.

Delassements Comiques. Via del Sobborgo del Tempio, 60.

Teatro Dejazet (ora 3.° *Théâtre Français*). — Bastione

Circo dei Campi Elisi.

(*Via di Malta*, 46). — Tutti i giorni, cioè tutte le sere, drammi appetitosi, riviste indigeste e magie pletoriche, che riempiono spesso i 1800 posti di cui può disporre, e non raramente le 1800 teste che si lasciano prendere all'esca.

Teatro dell' Ateneo (*Via*

del Tempio, 41. — Tutte le sere: *vaudevilles*, operette e riviste.

Teatro Beaumarchais. — Bastione di Beaumarchais, 25. — Drammi e *vaudevilles*.

Pazzie Marigny. — Campi Elisi. — *Vaudevilles*, operette e riviste.

Teatro delle Arti. — Ba-

TEATRI, CIRCHI, CAFFÈ-CONCERTI E BALLI

stione di Strasburgo, 14. — Drammi, operette, *Vaudevilles*.

Gran Teatro Parisien. — Via di Lione, 12. — Rappresentazioni drammatiche.

Teatro della Tour d'Auvergne. — Via del medesimo nome, 22. — Più che un teatro è una scuola pei giovani artisti.

Teatro delle Folies Montholon. — Via Rochechouart, 7.

Teatro dei Funambuli. — Bastione di Strasburgo, 17.

Teatro dei Gobelin. — Via dei Gobelin.

Teatro La Fayette. — Via La Fayette, 211.

Teatro dell'Alhambra. — Via del Sobborgo del Tempio, 23.

Panorama Nazionale.

Teatro Montmartre. — Via Orsel.

Teatro di Belleville. — Piazza del Teatro.

Teatro Montparnasse. — Via dell'Allegrezza.

Teatro di Grenelle. — Via Croce Nivert, 55.

Circo dei Campi Elisi. —

Aperto dal 1 maggio alla fine d'ottobre. — Esercizi acrobatici e spettacoli equestri.

Circo d'Inverno. — Bastione delle Figlie del Calvario. — Dal 1 novembre al 30 aprile. — Medesimi spettacoli del precedente.

alle 5 1|2 ed alla sera dalle 8 alle 11.

Panorama Nazionale. — Ai Campi Elisi, vicino al Palazzo dell'Industria. — Vedute dell'Assedio di Parigi.

Teatro Roberto Houdin.

Concerto dei Campi Elisi.

Circo Fernando. — Bastione Rochechouart, all'angolo della via dei Martiri. — Rapprsentazioni varie.

Ippodromo dei Campi Elisi. — All'angolo del viale dell'Alma e del viale Giuseppina. — Rappresentazioni equestri di giorno dalle 2 1|2

— Bastione degl'Italiani, 8. — Giuochi di prestigio.

Teatro Miniatura. — Bastione Montmartre, 12. — Teatro meccanico.

Teatri di Guignol. — Ai Campi Elisi, nel giardino del Lussemburgo, e nello square di via di Sèvres. — Burattini.

TEATRI, CIRCHI, CAFFÈ-CONCERTI E BALLI

Georama Universale. — Parco Montsouris.

Frascati. — Via Vivienne e via Richelieu. — Concerti o Balli ogni mercoledì e venerdì.

Folies Bergère. — Via Ri-

Alcazar d'Estate. — Campi Elisi. — Concerti, ecc.

Caffè degli Ambasciatori. — Campi Elisi. — Concerti e giuochi giapponesi.

Padiglione dell'Orologio

Caffè-Concerto des Ambassadeurs.

cher, 32. — Rappresentazioni varie.

Eldorado. — Bastione di Strasburgo, 10. — Spettacoli variati di musica e canto.

Alcazar d'Inverno. — Bastione Poissonnière, 10. — Musica e canto.

— Campi Elisi. — Caffè-concerto.

La Scala. — Bastione di Strasburgo, 13. — Idem.

Ba-ta-clan. — Bastione Voltaire, 50. — Idem.

Concerto dei Porcheron. — Via Cadet, 27. — Idem.

Concerto Parigino. — Sobborgo S. Dionigi. — Idem.
Gran Concerto Europeo. — Via Biot, 5. — Idem.
Ballo Bullier. — Crocevia dell'Osservatorio. — Ballo ogni giovedì, lunedì, e domenica.
Ballo Valentino. — Via S. Onorato, 251. — Martedì, giovedì, sabato e domenica.
Château rouge. — Argine di Clignancourt. — Ballo: Domenica, lunedì e giovedì.
Tivoli-Wauxhall. — Via della Dogana, 12, 14 e 16, piazza del Castello d'Acqua. — Balli mascherati nel carnevale.

Citiamo infine: il *Ballo Bourdon*, bastione Bourdon, 13. — *Eliseo Menilmontant*, via Giuliano Lacroix, 8 e 10. — *Eliseo Montmartre*, bastione Rochechouart, 80. — *Giardino e Salone della Stella*, viale Wagram, 39 *bis*. — *Ballo della Regina Bianca*, bastione di Clichy-Montmarre, 88, ecc.

Skating-Rink, della Chaussée d'Antin. — Via Blanche. — Aperto di giorno e di sera. Musica dalle 3 alle 6 e dalle 8 alle 11.
Skating-Rink del Viale del Bois de Boulogne. Altro stabilimento come sopra.

Corse del Bosco di Bologna. — Ippodromo di Longchamps.

SPORT

Corse di Longchamps. — Le riunioni di primavera a Longchamps hanno sopratutto il privilegio di attirare la folla elegante. Le tribune coperte e il recinto del peso che riuniscono il pubblico aristocratico, offrono un aspetto brillante e animato; le panchine dei grandi *pavillons* si guarniscono di spettatori, l'interno dell'Ippodromo è ingombro da cavalieri e da ricchi equipaggi. Quanto al pubblico che non può o che non vuole pagare più di 1 fr., esso si accalca intorno alle corde che formano lo steccato.

Prezzi d'ingresso: per una persona a piedi, 1 fr.; per uno a cavallo, 5 fr.; per una vettura a un cav., 15 fr.; terrazza del mulino, 2 fr.; grandi *pavillons*, 5 fr.; biglietto per il recinto del peso (uomini), 20 fr.; id. (donne), 10 franchi.

Corse di Chantilly. — *Itinerario.* — La ferrovia del Nord (Stazione, piazza Roubaix) conduce direttamente a Chantilly (40 chil. da Parigi) in 40 min., 1 ora o 1 ora e 26 min. I giorni di corsa, alcuni treni speciali partono da Parigi tutte le ore. Prezzo ordinario: biglietti semplici, 1ª cl., 4 fr. 60 c.; 2ª cl. 3 fr. 45 c.; 3ª cl. 2 fr. 55 c.; andata e ritorno, 1ª cl. 6 fr. 90 c.; 2ª cl. 5 fr. 20 c.; 3ª cl. 4 fr. 35 c. I giorni di corse alcuni avvisi posti su tutti i muri di Parigi annunziano i prezzi speciali di andata e ritorno.

Alberghi a Chantilly. — Albergo del Gran Cervo, dirimpetto alle grandi scuderie. — Albergo del Cigno, dei Bagni d'Inghilterra e del Leone d'Oro.

Dappertutto si trovano rimesse, camere e appartamenti ammobiliati da affittarsi, per il tempo delle corse.

Chantilly è una città del dipartimento dell'Oise, popolata da 3322 abitanti. Non staremo qui a fare nè la storia nè la descrizione del suo castello che fu costrutto dal contestabile Anna Montmorency, abitato dai Condés, e la cui magnificenza superava, prima del 1789, quella di Versailles. Rimanderemo per quanto concerne questa principesca abitazione agli *Environs de Paris illustrés*, di Ad. JOANNE (Paris, Hachette e C).

Ippodromo di Chantilly.

Fino dall'anno 1832, il duca d'Orléans e il duca d'Aumale avevano accettato il patronaggio delle corse che la Società d'incoraggiamento si proponeva di fare a Chantilly. Nel 1834, l'ippodromo fu disegnato e le corse furono organizzate. Attualmente a Chantilly vi sono tre riunioni di corse: la prima in primavera comincia nella seconda settimana di maggio; le due ultime nell'autunno, l'una verso la fine di settembre, nella domenica che succede alle corse di Parigi, l'altra, nell'ottobre, incomincia la domenica susseguente alle dette corse. Nel maggio, il primo giorno che cade in domenica, e il secondo giorno che è un giovedì, sono consacrati alle corse ordinarie. La domenica seguente, si concorre al premio del Jockey-Club, riserbato ai puledri ed alle puledre di tre anni. Questo premio è di 70,000 fr., con 1000 fr. d'ingresso per ogni cavallo che parte. Il secondo riceve 2000 fr. sugl'ingressi.

Il giorno del Jockey-Club è un gran giorno per gli assidui alle corse. Ciascuno si prepara alle emozioni della corsa definitiva con le emozioni preliminari sul libro delle scommesse (*betting book*). Fare il suo *book*, nel linguaggio del *turf* è combinare le sue scommesse su diversi cavalli, in modo da realizzare delle vincite, compensate tutte le probabilità di perdita e di vincita. Questa scienza, in inglese, si chiama *Kedging*.

L'IPPODROMO, che ha 2000 metri di circonferenza, è di forma ellipsoide. Occupa circa la metà della estensione del prato; da una parte è cinto dai folti filari del bosco col quale confina, e dall'altro da una fila di case le cui finestre hanno veduta sovr'esso; a levante sono le scuderie storiche e la abitazione dei Condé. Le tribune destinate al pubblico sono di una architettura elegante, leggiera e graziosa; furono costrutte sui disegni dell'architetto Grisart.

Il terreno, quasi piano, permette agli spettatori di ben seguire con lo sguardo le corse.

« Il suolo poco vegetabile, a motivo del tufo che è appena coperto da un po' di terra e da una rada prateria, offre ai cavalli il prezioso e raro vantaggio di una consistenza solida, che una pioggia ordinaria non altera quasi mai, tanto è rapido l'assorbimento delle acque. »

I prezzi d'ingresso sono gli stessi che quelli di Longchamps. (V. più sopra).

RIMPATRIO

Non sappiamo se, come dice la favola, gli stranieri mangiando il loto d'Egitto dimenticassero la patria loro; ma quello che sappiamo certamente è che, mangiando il crescione di Parigi, si guarisce quasi radicalmente dalla nostalgia. La patria, questo oggetto di prima necessità in altri siti, diventa qui un oggetto di lusso, e l'*ubi bene ibi patria* vi riceve la sua consacrazione.

La partenza, protratta di qualche giorno, si prolunga qualche volta di parecchie settimane, diventa un soggiorno e finalmente una dimora stabile. Così moltissimi ch'erano venuti a Parigi per restarvi solamente qualche ora vi son rimasti tutta la vita.

Lasciamo questi dimentichi delle patrie tradizioni colla loro filosofia e forse colle loro giuste teorie umanitarie, e veniamo a coloro che attendono l'ora e il momento per volare al loro nido.

Informazioni. — Una volta deciso il giorno e l'ora della partenza, prima cosa di pensare è di procurarsi una carrozza che vi porti fino alla stazione. Per questo non avrete che a rivolgervi, se di pieno giorno, ad una delle tante vetture pubbliche, colle quali voi avrete già fatta conoscenza; e, se di primo mattino, non farete che avvertire, o scrivere preventivamente, all'Amministrazione degli Omnibus attinenti alla Ferrovia, e, all'ora che vi piace, avrete alla vostra porta la carrozza richiesta. È indispensabile prendere questa misura, perchè, sul fare del giorno, le carrozze pubbliche non s'incontrano che raramente.

Nel caso poi che vogliate sbarazzarvi dei vostri bagagli con poca fatica e qualche tempo prima della partenza, non avrete che a rivolgervi ad una delle tante succursali ferroviarie, che si trovano per tutta Parigi, e ne sarà fatta spedizione a piccola o a grande velocità fino alla loro destinazione, senza il disturbo per voi di andare alla stazione.

Linee di Ferrovia. — Uccisa la Carrozza dalla Locomotiva, e inaugurato il regno del vapore, al viaggiatore che vuole uscire da Parigi, non rimane altra alternativa che di mettersi a cavallo di quel Satana che

Corrusco e fumido
Come i vulcani
Sorvola ai baratri,
Divora i piani,

o di lasciarsi andare pacificamente per le vie carrozzabili e carreggiabili.

Per coloro che hanno questo gusto.... in ritardo col secolo, informi la *Compagnia generale delle vetture*, piazza del Teatro Francese, N. 1, e per lei l'*Ufficio delle Locazioni*, bastione Montmartre, 17.

Per gli altri indichiamo le principali Stazioni, con rispettive notizie:

Stazione di Lione. — Linee del Mediterraneo, Italia e Savoia, bastione Mazas, 26.

Amministrazione centrale, via S. Lazzaro, 88.

Stazione dell'Ovest. — Linee di Normandia, Rouen, Havre, via S. Lazzaro, 124, e via d'Amsterdam, 9.

Linee di Versaglia e della Bretagna, bastione Montparnasse, 44.

Amministrazione, via S. Lazzaro, 124.

Stazione del Nord. — Linee del Belgio, dell'Olanda e di Germania per Colonia, piazza Roubaix.

Stazione dell'Est. — Linee di Germania e Svizzera.

Amministrazione centrale, sale e uffici di partenza, piazza di Strasburgo.

Stazione d'Orléans. — Uffici e sale di partenza, quai d'Austerlitz, vicino al giardino delle Piante.

Linea speciale d'Orsay e di Limours, piazza d'Inferno.

Ultime ore. — Appena giunto alla stazione, consegnate le vostre valigie, ritirate il vostro bollettino, prendete il vostro biglietto, entrate nella sala d'aspetto, tenetevi pronto al segno della campana, salite, prendete posto nel *wagon* ed aspettate. Una scossa vi avvertirà ben presto che Parigi sfuma dinanzi a voi come un sogno, o un'interna commozione risponderà a questa scossa. È allora che vi pare d'aver lasciato qualche parte di voi a Parigi, cioè un briciolo del vostro cuore, e di portare qualche cosa di Parigi con voi, cioè un raggio della sua intelligenza. È uno scambio, in cui il sentimento sente tutta la gratitudine che deve alla ragione, e l'uomo, in genere, di quanto è debitore a questo gran centro dell'Umanità.

STORIA DELL'ESPOSIZIONE

Il panorama e la pianta dell'Esposizione Universale che sono uniti a questo volume, permettono d'abbracciare di un colpo d'occhio l'immensa estensione di terreno sulla quale sono sorti come per incanto palazzi e giardini.

L'ammirazione, lo stupore si impongono irresistibilmente dinanzi ad un simile complesso di cose meravigliose, prova sorprendente del genio umano, dell'onnipotenza del lavoro e della scienza.

La Francia appare più che mai grande agli occhi dell'umanità, rinnovata dagli sforzi incessanti de' suoi figli, risollevata dai passati disastri mercè la tenacia nel lavoro. Lo spettacolo attuale non può a meno di inspirare una fede immensa nell'avvenire, nella conquista degli ideali più elevati, nel progresso e nella fratellanza umana.

No, i popoli non potranno uscire di là irreconciliabili! ha esclamato un illustre scrittore. Ammirando ciò che è dato di fare al genio dell'uomo, non potranno più oltre pensare a intralciarne gli splendidi voli. L'Esposizione si traduce in un congresso universale: una volta i popoli muovevano verso un punto della terra, sitibondi di vendetta, collo spirito della distruzione. Oggidì è una crociata pacifica, una crociata della pace e del pensiero.

La Repubblica francese ha convocato tutti i popoli alle feste del genio universale, fiera di mostrare i progressi raggiunti non solo nelle arti e nelle scienze, ma ben anche nella libertà.

I preparativi.

Nel 1883 alcuni deputati proposero al ministro del Commercio di aprire un'Esposizione nazionale a Parigi, nel 1885.

Il progetto fu dapprima generalmente combattuto. All'avvicinarsi del centenario del 1789, quale manifestazione più imponente di una mostra mondiale? ribattevano gli altri.

Giulio Ferry, allora presidente del Consiglio, agli oppositori, per la tema di una diserzione da parte delle altre nazioni, osservò che i principii dell'89 erano stati accettati da tutto il mondo civile e il presidente della Repubblica firmò la proposta di Rouvier ministro del Commercio, il decreto che fissava il 5 maggio di quest'anno per l'apertura della Esposizione centenaria, che riassumesse tutto quanto la libertà del lavoro, iniziata un secolo fa, ha prodotto nel mondo.

L'impresa fu organizzata dallo Stato col concorso di una società di garanzie e il ministro del Commercio, era allora Lockroy, assunse il titolo di commissario generale dell'Esposizione, con tre direttori generali sotto i suoi ordini immediati: Alphand, per i lavori, Berger per l'esercizio, e Grison per le finanze.

Nel 1886 un decreto ministeriale determinò il regolamento generale e cominciarono i lavori. La spesa totale fu stabilita in 43 milioni.

I lavori si iniziarono al Campo di Marte, che si stende tra la facciata della Scuola militare e la riva sinistra della Senna, per una superficie di 42 ettari.

Una descrizione pittoresca.

Come l'artista che ha concepito e disegnato in tutte le sue parti un immenso progetto architettonico, ne vede chiaramente la realizzazione cogli occhi della mente, così ci è ormai dato, con uno sforzo d'imaginazione, di farci una idea di questo immenso e superbo complesso di artistiche ed arditissime creazioni.

Trasportiamoci colla fantasia sotto il portico circolare del Trocadero, nel centro della linea imaginaria fra il ponte di Jena e la torre Eiffel, volgendo intorno lo sguardo per abbracciare il panorama splendido.

Al primo piano della prospettiva, dinanzi al portico del Trocadero, si rizzano le statue d'oro delle parti del mondo, ravvolte nella luce smagliante del sole: ai piedi si svolgono le aiuole, i *parterres*, i laghetti e cantano poco lungi le cascatelle.

Al di là, il ponte di Jena, la Senna, la torre Eiffel, di cui l'arco della base giunge appunto all'altezza del palazzo delle macchine, celato dietro il padiglione delle gallerie industriali. Sull'ultimo piano a destra della torre, il palazzo delle Belle Arti, a sinistra quello delle Arti liberali.

A destra Grenelle e le alture di Châtillon, Meudon, Bellevue; a sinistra tutta la grande ed immensa Parigi, la cupola d'oro degli Invalidi, il Pantheon tutto grigio, le torri gibbose di San Sulpizio, poi quelle di Notre-Dame e le brume lontane, all'orizzonte.

Il Trocadero.

I giardini del Trocadero che si stendono ai piedi di chi osservi il panorama dal punto che abbiamo indicato, sono interamente consacrati all'Esposizione d'arboricoltura e di orticoltura, dominate dai padiglioni delle Foreste e delle Serre. A sinistra, ove nel 1878 si accedeva all'Acquario, si apre un'escavazione celata tra i fiori: la torre Eiffel in senso inverso, un vero viaggio al centro della terra.

Si discenderà nel nero orificio per mezzo di una gabbia come quelle che scendono nelle miniere: ma il viaggio sarà illusorio; se ne avrà un'idea per l'oscillazione impressa alla gabbia, mentre si svolgeranno dinanzi agli occhi le fogne di Parigi, le catacombe, le miniere, ecc. Il ponte di Jena, di comunicazione al Campo di Marte sarà riparato dai troppo cocenti raggi del sole da un immenso ed artistico velario e tutto adorno di chioschi eleganti. Allo sbocco del ponte, d'ambo i lati, ecco le quarantanove minuscole ed interessantissime costruzioni dell'abitazione umana, del periodo preistorico e del periodo storico, riassumenti ciò che la casa fu ed è presso tutti i popoli, nelle diverse civiltà, circondata dalla flora e dalla fauna, completata dai relativi accessorii.

Il parco del Campo di Marte.

Tutto intorno alla torre Eiffel si stende il parco del Campo di Marte, co' suoi ruscelli, le sue cascate, le ondulazioni di suolo, le macchine, ecc., fra cui sorgono i padiglioni di tutti gli Stati dell'America centrale e meridionale.

Qui è lo spazio di 20,000 metri quadrati, riservato per un teatro della giovinezza. Nella parte di sinistra del parco, verso Parigi, sono stati eretti il padiglione dei tabacchi, la casa svedese, la costruzione dei telefoni, il padiglione della stampa, l'esposizione del gas, che di sera risplende tutta con curiosi effetti di trasparenza. Scipion e Daubray celebri comici hanno ottenuto di aprire qui un *café-concert* che si annuncia come uno dei più vasti, eleganti ed importanti della Mostra.

I giardini.

Uscendo dal parco e ritornando verso la torre Eiffel, collo sguardo rivolto alla Scuola militare, ecco un parco inglese capricciosissimo, un giardino francese a due piani e una miriade di *réstaurants* e di birrerie ove si aggirano nei loro pittoreschi costumi le *mozos*, le *manolas*, le *kellnerinnen*, le *moujiks*, le tirolesi, le *girls*, ecc., mescendo vino e birra dei loro paesi, l'*ale*, il *gin*, l'idromele, il *kümmel*, il *curaçao*, ecc. Guai se si fossero ascoltati tutti gli inventori di nuovi liquori, di aperitivi e simili! Sarebbero sorte tante *buvettes* da non poter essere contenute in tutta la vasta e pittoresca plaga dei giardini.

Il palazzo delle macchine.

Il palazzo delle macchine, che di sera appare tutto in uoco, come una vasta fornace, è una creazione gigantesca, dalle proporzioni smisurate. È questa parte dell'Esposizione qualcosa di inconcepibile per la vastità e la molteplicità dei mostri di ferro che là dentro agitano le braccia possenti, respirano coll'alito infuocato, ruggono e fischiano.

La forza che nel palazzo è in continuo sviluppo è di 2500 cavalli a vapore, che si distribuisce fra migliaia e migliaia di congegni; ponti movibili all'altezza degli alberi massimi delle macchine, trasporteranno i visitatori da un punto all'altro del palazzo.

Colla torre Eiffel è una delle più maestose costruzioni della Mostra. Il palazzo misura 429 metri di lunghezza, è largo 115, alto 45, con gallerie laterali di 15 metri e un piano superiore alto 8 metri, cui si ascende per quattro scaloni. L'armatura è pressochè tutta in ferro; la muratura sopporta una carica verticale di 412,000 chilogrammi e una spinta orizzontale di 115,000 chilogrammi.

All'ingiro del palazzo, sovra un largo viale che lo recinge sorgono il *bazar* egiziano, i *souks* tunisini, i caffè moreschi e una vasta scuderia con cento asinelli candidi, bassi, tranquilli, che si noleggiano per trasportare i visitatori e sopratutto le visitatrici da un punto all'altro dell'Esposizione, su vaste selle, comodissime, sorta di poltrone mobili.

Poco lontano è la Casa giapponese, i chioschi del Marocco, i padiglioni persiani e siamesi.

Le Esposizioni diverse.

La parte più bassa, verso la città, è riservata ai padiglioni industriali, dei grandi stabilimenti metallurgici e delle miniere, cogli attigui arsenali pei pezzi maggiori e i *fac-simili* dei magli immensi. Scendendo al fiume, sulla sinistra si ammira l'Esposizione del materiale di navigazione, di salvataggio, di pesca, e quello della Compagnia Transatlantica, ove il pubblico s'imbarca sovra una parte, di grandezza naturale, del ponte di un transatlantico, la *Champagne*. Le altre parti del *paquebot* sono artisticamente simulate e l'illusione è completa con una magnifica tela panoramica rappresentante la rada dell'Havre.

Il gruppo dell'Agricoltura occupa lo spazio del *quai* di Orsay fino alla Spianata degli Invalidi, 30,000 metri quadrati circa, divisa in vaste parti del viale che conduce alla Cupola, riservato questo alle Colonie francesi, al ministero della guerra, all'esposizione di Economia sociale e ad un Caffè di temperanza ove non si beve che *the*, acqua e limonata. In un angolo sorge il *Tout-Paris*, panorama nel quale si ammirano riprodotte le curiosità parigine e si aggirano le personalità più note.

I villaggi tipici delle diverse colonie francesi, cogli abitanti, la flora, la fauna, i monumenti più curiosi, sorgono lungo il palazzo del ministero degli esteri.

Le manifatture francesi nazionali.

Le manifatture nazionali francesi sono raccolte in una vasta Rotonda che sorge al centro del giardino, in faccia al ponte d'Jena. Colà gli ammiratori dei Sèvres, dei Gobelins, dei Beauvais, dei mosaici, passano e passeranno le ore ed i giorni, tanta è la varietà e la ricchezza delle artistiche manifatture esposte.

Il palazzo delle Belle Arti e delle Arti liberali.

Il palazzo delle Belle Arti è posto lungo l'*avenue* della Bourdonnaie; quello delle Arti liberali si stende parallelo all'*avenue* di Suffren. Opere entrambe dell'architetto Formigé, inalzano fino a 56 metri dal suolo la loro cupola elegante, e sono lunghi 130 metri e larghi 85. Nessuna monotonia nelle costruzioni, ammirabili per originalità tutta moderna.

L'architettura policroma impiegata sobriamente e artisticamente imprime ai palazzi una fisionomia tipica.

Esposizione retrospettiva del lavoro.

Nello stesso palazzo delle Arti liberali è stata disposta l'esposizione retrospettiva del lavoro e delle scienze antropologiche, una fra le più interessanti, che offre argomento a studii curiosi ed istruttivi per ogni ceto di persone.

È una costruzione interna in legno scolpito, divisa in sezioni diverse, elegantissima. In essa l'osservatore si inizia alla storia dei processi del lavoro manuale e del lavoro meccanico, che attraverso ai secoli hanno prodotti i complessi utensili moderni delle scienze e delle arti. È una esposizione specialmente storica e tecnica, che non esclude però la parte artistica. Gli antichi non avevano al par di noi la smania della rapidità e del buon mercato.

Se era un danno per le industrie era forse un vantaggio per le arti; dai musei di Stato, dalle collezioni municipali dei grandi centri industriali sono stati inviati arnesi di tutte le forme, di tutte le dimensioni, i ferri del mestiere delle più svariate industrie. Presso gli utensili e le macchine sono esposti gli oggetti di aspetto decorativo, che hanno tutti valore di arte o importanza storica.

Qua e là.

L'esposizione delle case allestita da Carlo Garnier è la estrinsecazione felice di una felicissima idea. Presso la casa assira, sorge la casa chinese, vicino alla comoda e ricca casa moderna ecco la capanna preistorica e il rifugio dei selvaggi dell'Oceania.

Sulla Spianata degli Invalidi le mostre dell'Algeria, della Tunisia, dei paesi sotto il protettorato francese, il palazzo internazionale d'igiene, quello dell'esposizione retrospettiva dell'arte militare organizzata dal Ministero della guerra, i padiglioni dell'isola Maurizio, del Transvaal, un villaggio dell'India neerlandese, il curioso panorama della *Tout-Paris*, il padiglione gastronomico, sorgono di contro al padiglione delle Poste e Telegrafi.

L'Algeria, l'Annam, hanno inviato operai indigeni e li si vedono lavorare nelle loro caratteristiche industrie: ricordano il Tonkino le tipiche pagode; le costruzioni della Sezione tunisina sono adorne di candide torricelle. Sorgono vicini il padiglione tonchinese, la pagoda di Angker, un casolare indiano, un ristorante creolo, un villagio senegalese, una fattoria del Congo, case della Nuova Caledonia, una via del Cairo, un teatro annamita, ecc.

La torre Eiffel.

Quante discussioni e quante critiche acerbe non sono sorte da principio al progetto dell' ingegnere Eiffel di costruire una gigantesca torre di 300 metri!

Ora, mentre il pubblico ammira stupefatto l'aspetto imponente della costruzione, gli ingegneri, i tecnici, i meccanici di tutti i paesi la studiano nelle sue ammirabili particolarità.

Sin dai primordi Eiffel diceva: « Io credo che la mia torre non sarà brutta. Perchè siamo ingegneri tutti vorranno negarci la facoltà di comprendere ed estrinsecare il bello? C'è sempre nel colossale un' attrazione, un fascino che vale quanto i lenocinii dell' artificio. Forse che le Piramidi hanno impressionato l'imaginazione delle genti in tutti i secoli per dovizia d' arte, piuttosto che per la loro grandiosità? La mia torre sarà l'edificio più alto elevato dall'uomo; perchè ciò che si è ammirato da tutti in Egitto non lo sarà anche a Parigi? È falso che gli alti edifici soffochino i minori adiacenti: la grandiosità trascina e completa, nè i pinacoli di Nostra Signora, nè la cupola degli Invalidi, nè le altre sommità di Parigi, non resteranno menomamente eclissati nella loro artistica bellezza dalla torre gigantesca. »

I fatti hanno dato piena ragione all'ardito costruttore: la torre è sorta nelle proporzioni inaudite da lui progettate e tutti ormai ammirano questo bizzarro trionfo della volontà umana.

L' impiego del ferro.

Il ferro sembrò tosto all'Eiffel l'unico materiale possibile per la soluzione del suo problema di statica. La pietra fu già nell'antichità e nel medio evo adoperata per così dire all'ennesima potenza delle arditezze architettoniche e sarebbe forse vano il tentare di più. Il ferro aveva fatto in questi tempi prove mirabili di resistenza e di facilità di impiego nelle più coraggiose costruzioni d'America e di Europa ed era naturale che di ferro dovesse sorgere il gigante dei nostri tempi, che potrebbero dirsi una seconda età del ferro, nel senso provvido e civile della espressione.

Quanto alla forma dell'edificio essa è improntata alla forza ed all'imponenza.

Le basi sembrano una cosa sola col suolo: l'ossatura è atletica. La galleria cui fanno capo i quattro montanti è vasta 4,200 metri quadrati. Al secondo piano si stende una seconda galleria di 30 metri di lato. Dalla cupola vetrata alla vetta si domina un panorama indescrivibile per ampiezza, e a' piedi rumoreggia la vasta Parigi. Fra i quattro pilastri della base, Saint-Vidal ha costrutto una magnifica fontana, alta 9 metri, ampia 12, con cinque statue raffiguranti le cinque parti del mondo e un artistico gruppo simbolico nel mezzo.

L'utilità scientifica della torre.

La torre Eiffel non ha soltanto l'interesse della curiosità, ma benanche procurerà considerevoli vantaggi alla scienza. Il signor Hervé-Maugon alla Società meteorologica di Francia ha notato che la torre Eiffel permetterà una serie di osservazioni interessanti, sulle diverse quantità di pioggia che cadono lungo una verticale.

Il signor Pietro Puiseux, astronomo addetto all'Osservatorio di Parigi, ha indicato dal punto di vista specialmente astronomico tutti i vantaggi della torre Eiffel:

« È fuor di dubbio — egli scrive — che la torre potrà ricevere applicazioni utili agli studi astronomici. La mobilità della piattaforma sotto l'influenza del vento esclude senza dubbio le osservazioni che hanno per scopo di fissare la posizione precisa degli astri, ma lascia il campo libero alla maggior parte delle ricerche dell'astronomia fisica. Spettroscopi destinati ad analizzar la luce del sole e delle stelle e a constatar il movimento proprio degli astri per lo spostamento delle striscie, funzionerebbero meglio a 300 metri d'altezza che al livello del suolo.

« L'eliminazione delle polveri e della nebbia locale, permetterebbe di seguire il sole più presso all'orizzonte.

« Da ciò è venuto un serio avanzamento per lo studio delle striscie telluriali dovute all'assorbimento della luce solare da parte dell'atmosfera. Un apparecchio fotografico lunare o solare sarebbe anche eccellente; il suo sarebbe sopratutto indicato nel caso del passaggio di Mercurio e di eclissi effettuantisi presso l'orizzonte.

« Le fotografie di stelle o di nebulose esigendo una posa apprezzabile, sarebbero esposte ad esser contrariate dal vento e dovrebbero esser riservate per le notti calme. Nondimeno bisogna fare attenzione, che una traslazione laterale dell'istrumento non ha influenza nociva; l'essenziale è che l'asse ottica resti parallela a sè stessa. Par molto difficile decidere prima dell'esperienza, se i movimenti causati dal vento saranno o no di questa natura.

« In tutti i casi, gli aspetti fisici della luna, dei pianeti e delle nebulose, potranno essere studiati e disegnati in condizioni favorevoli. »

Aggiungiamo che la torre Eiffel, rappresenterà la parte di un immenso parafulmine proteggendo un largo spazio intorno ad essa, riparerà sotto di sè, anche durante i più violenti uragani tutti gli ascensionisti.

Limitiamo qui il nostro commento; ma perchè si possa giudicar bene il cammino da noi percorso da un secolo ad oggi, dalla Rivoluzione francese in poi, riassumeremo pei nostri lettori la storia e l'origine delle nostre successive Esposizioni.

Cent'anni! Non è nulla per una nazione; ma quanti progressi compiuti! Giudichiamone.

IL SUCCESSO DELLA ESPOSIZIONE.

Appena inaugurata, l'Esposizione del 1889 fa stupire il mondo; gli inglesi non si stancano di encomiarla; gli americani hanno fissato tutti i posti sui piroscafi fino al mese di giugno. Anche una volta, l'universo, come il mondo dell'Islam va alla Mecca, si reca in pellegrinaggio a Parigi.

Ogni Esposizione realizza un progresso su quella che l'ha preceduta. Quale fu dunque la prima Esposizione? Si è lungamente stati senza precisa indicazione sulla data che bisognava assegnare alla Esposizione iniziale, tanto furono oscuri, vaghi e indecisi gli esordi di queste Mostre. Per un gran pezzo si è fatto omaggio della idea creatrice a Francesco di Neufchâteau. Ma questa priorità non gli appartiene, checchè ne sia stato detto.

Nella *Revue de Famille* un erudito, Guglielmo Depping,

ci dice chi fu il vero iniziatore della idea. Egli si chiama il marchese di Mazade.

Questo gentiluomo, che era stato amministratore dell'Accademia di musica, nell'anno V, sotto il Direttorio, divenne commissario del governo presso le manifatture nazionali di Sèvres, della Saponeria e dei Gobelins. Colpito dallo stato lamentevole di questi stabilimenti, per ricondurre l'attività nelle officine deserte, in cui gli operai morivano di fame accanto ai magazzini rigurgitanti di prodotti che non si vendevano, formò il progetto d'una Esposizione. Egli scrisse un rapporto, lo sottopose al ministro che era Francesco di Neufchâteau, e fu autorizzato a realizzare il suo piano.

Gli si concesse il palazzo di Saint-Cloud, col suo castello disabitato e il parco. Per dar attrattiva all'Esposizione, in un'epoca in cui la frivolezza riprendeva così imperiosamente, progettò giuochi nei giardini, spettacoli delle grandi acque e una macchina di fuochi artificiali tutte le sere. La serie delle feste fu aperta, mentre si lavorava sempre all'ammobiliamento interno del palazzo, per l'Esposizione industriale propriamente detta. Le sale erano decorate co' più ricchi tappeti. Sèvres aveva fornito i suoi più bei modelli. In mezzo alla sala principale, sorgeva una gran ruota, la *ruota della Fortuna*, destinata alla estrazione di una lotteria a 12 franchi il biglietto.

Una disillusione.

Il giorno fissato per l'apertura, parecchie carrozze avevano condotto una folla elegante che aspettava nei vestiboli del palazzo che l'accesso alle sale gli fosse permesso, quando una staffetta arrivò recando un piego pel commissario generale.

L'Esposizione era rimandata ad una data indeterminata. Era il 18 fruttidoro, e il Direttorio aveva *fruttidorizzato* i suoi avversari, e, nella sua qualità di nobile, anche l'ex marchese d'Avèze cadeva sotto il decreto d'espulsione.

Egli fu costretto ad esprimere il suo rammarico ai visitatori, a dare una buona parola di consolazione ai disgraziati operai che vedevano sparir l'ultima loro tavola di salvezza, e ad andare ad intendersi col generale Augereau, perchè le ricchezze accumulate a Saint-Cloud, fossero messe in sicurezza.

Un anno dopo egli rientrava in Francia, senza aver rinunziato al suo progetto; incominciava le sue pratiche e si faceva accordar la *casa d'Orsay*. « Sognava di rinnuovare a Parigi, lo splendore di quelle solennità che attiravano la Grecia intiera nelle pianure d'Olimpia. »

Ma, aspettando la realizzazione di questo programma grandioso, si contentò d'impiantar nei giardini, giuochi, corse, balli, pretesto ad una Esposizione industriale che si teneva nel palazzo.

Undici locali dell'edifizio contenevano dei gruppi ciascuno.

Vi si notavano capolavori d'ebanisteria firmati Riesener, antico fornitore della Corte; Jacob, la cui riputazione cominciava a far capolino, e Boule. Le orologerie venivano dalle officine di Leroy e Lepine. Le manifatture nazionali occupavano una sala speciale.

La prima sezione si componeva di stoffe, giojelli, libreria di lusso ed era chiamata galleria *Lodoïska*, dal nome della moglie del convenzionale Louvet che aveva un celebre magazzino al *Palais-Royal*.

Prima Esposizione ufficiale.

Alcuni mesi più tardi, il 1° vendemmiale, si aprì la Esposizione ufficiale organizzata sul medesimo piano di Francesco di Neufchâteau, che se ne attribuiva l'onore.

Questa Esposizione che si tenne durante i cinque giorni complementari delle feste sanculotte, nel 1798, fu un ardito esperimento. Veniva fatta nel momento in cui la Francia, sossopra da cima a fondo, era appena rimessa dalla sua terribile scossa.

Giammai epoca parve meno favorevole al successo d'una festa del lavoro. E nondimeno i suoi risultati furono incomparabili. È vero che gli espositori erano poco numerosi: centodieci, rappresentanti sedici dipartimenti sopra ottanta; ma l'interesse era nei prodotti esposti.

In quell'Esposizione non si vedeva, nè raso, nè broccato, nè trine, e il tessuto che fissava l'attenzione del giurì e riportava il premio, era il cuopricapo domestico dell'ex Terzo Stato, il berretto di cotone.

Questa rivoluzione nei costumi, s'era manifestata il giorno in cui Roland osò presentarsi a Luigi XVI, con le scarpe senza fibbie, legate semplicemente da nastri. In quel giorno il re aveva compreso che tutto era perduto.

Le industrie di lusso erano emigrate; i parrucchieri si

trovavano a Londra; la signorina Bertin era stata seguita oltre Manica dai negozianti di mode; ma in compenso, questa Esposizione provava che la nuova industria poteva bastare ai bisogni della Francia, che non temeva la concorrenza e realizzava infine il voto di Monge: « Tutto ciò che è utile al trionfo de' nostri soldati, tutto ciò che prima si chiedeva all'estero, è rinchiuso nel nostro suolo; non si tratta che di strapparnelo. »

Dunque, la vera Esposizione nazionale fu proprio quella organizzata da Neufchâteau al Campo di Marte in un modesto porticato costrutto da Chagrin, nel 1798; ma è certo che egli ne aveva attinta l'idea nei progetti sottoposti alla sua approvazione dal marchese De Mazade d'Avèze, progetti che furono realizzati due volte dalla sola forza d'una iniziativa privata energica ed intelligente. Quel disgraziato Mazade, morì senza aver potuto fare stabilire il suo diritto di priorità, non lasciando, per difender la sua causa, che un opuscoletto, datato dal 1844.

Constatato ciò, non ci rimane che a seguire la marcia cronologica, e ci basterà riassumere l'introduzione dei rapporti del giurì internazionale dell'Esposizione del 1878, introduzione che forma un intiero volume firmato da Giulio Simon.

Il giurì e le ricompense nel 1798.

Chaptal, che era entrato nell'Istituto e che era anch'esso un grande industriale, un fabbricante di prodotti chimici tanto considerevole che la Prussia e l'America l'avevano disputato alla Francia, Chaptal fu uno dei membri del giurì. Egli s'incaricò di scriverne il rapporto; ma come l'ha giustamente fatto notare il relatore generale dell'Esposizione del 1878, il ministro e lui, furono presso a poco i soli a comprendere la grandezza di ciò che s'iniziava.

In quella Esposizione il pubblico non vide che una festa del lavoro, secondo i termini del programma; la maggior parte dei fabbricanti non ci videro che un'occasione di vendere i loro prodotti, « una fiera. »

In tutti ne vennero centodieci.

Per dir la verità, era una festa improvvisata i cui preparativi erano stati tanto rapidi che i dipartimenti lontani, avvisati troppo tardi, non cominciarono l'Esposizione delle loro mercanzie che dopo l'apertura della Mostra.

Del resto quell'Esposizione non doveva durare che tre

giorni. Venne prolungata d'alcune settimane, fino al 10 vendemmiale, anno VI (1798) e il pubblico vi prese gusto: vi fece affari: tutto ciò che era esposto si vendè a buone condizioni.

Si erano promessi dodici premi; il giurì, dietro esame, credette dover aggiungere tredici menzioni onorevoli. Fra le ricompense figurano alcuni nomi celebri nell'industria francese: Bréguet, per l'orologeria; Lenoir, per gli istrumenti di precisione; Didot, editore; Conté, che provocò l'anno seguente la creazione del Conservatorio d'Arti e Mestieri e di cui Gaspare Monge diceva: « Egli ha tutte le scienze nella testa e tutte le arti nelle mani. » Conté fu premiato per la sua fabbrica di lapis a piombaggine.

I dotti furono colpiti dai progressi specialmente per la concia delle pelli e per i prodotti chimici, nonchè, cosa che però non doveva sorprendere a quell'epoca, per la fabbricazione delle armi.

« Questa prima Esposizione, dice Francesco di Neufchâteau, ha realizzato nella maniera più splendida le paterne viste del Direttorio esecutivo. »

Il ministro esagerava a disegno l'importanza dell'istituzione che aveva creato, ed aveva ragione; ma in realtà, alcuni anni prima, al tempo delle corporazioni, quell'impresa sarebbe stata affatto impossibile.

Francesco di Neufchâteau aveva deciso che a Parigi ci sarebbe tutti gli anni un'Esposizione; nondimeno non ce ne furono nè nel 1789, nè nel 1800.

Chaptal, divenuto alla sua volta ministro, dopo il ritiro di Luciano Bonaparte, ristabilì le Esposizioni e decise che si farebbero ogni cinque anni. Questa regola non fu mai osservata, come vedremo.

1801.

Trentadue dipartimenti della Francia attuale e sei dipartimenti ora non più francesi, Deux Nethes, Dyle, Haut Rhin, Leman, Mont Blanc, Ourthe, presero parte all'Esposizione dell'anno IX (1801). Vi concorsero 220 espositori e più di 400 prodotti esposti. Non si aprì, come l'Esposizione del 1798, nel mese di settembre. L'avevano impiantata nella corte del Louvre. Un colonnato, alto fino alla prima cornice del palazzo, pareva formasse parte del monumento.

I cuoi impermeabili, i panni, i velluti, i tessuti di cotone, i marocchini, la berretteria, l'orologeria, le armi da guerra e di lusso, le seghe e le lime, industria nuova in Francia, la chincaglieria e le tele metalliche, l'ebanisteria, i caratteri da stamperia, erano riuniti in quello spazio ristretto che fu costantemente invaso dalla folla.

1802.

L'Esposizione dell'anno X (settembre 1802) che fu fatta dopo la conclusione della pace, attirò naturalmente più espositori e visitatori che quelli dell'anno precedente. Vi si videro figurare 73 dipartimenti e 540 espositori. Il giurì distribuì 254 ricompense.

1806.

Fu soltanto dopo un intervallo di quattro anni, al ritorno dalla campagna d'Austerlitz, nel settembre 1806, che Napoleone I, convocò nuove assise industriali. Questa volta l'Esposizione ebbe un gran successo: 104 dipartimenti, 1422 espositori vi presero parte.

La corte del Louvre era insufficiente; bisognò costruire, sulla spianata degli Invalidi, un palazzo dell'Industria.

Furon accordate 610 ricompense e fra i più celebri espositori si notano Oberkampf la cui fabbrica di tele dipinte acquistò rapidamente una gran fama; Jalus, il fabbricante de' movimenti d'orologeria; Pietro e Firmino Didot, ecc.

Questa gran festa del lavoro dopo tante feste militari, queste opere della pace succedenti al rumore ed alle emozioni di guerre lunghe e pericolose, parvero la conferma delle speranze d'un lungo periodo di calma e di prosperità, speranze troppo presto dimenticate. Si doveva fare una nuova Esposizione nel 1809; ma non fu fatta. Era l'anno della guerra di Spagna, l'anno della quinta coalizione. Non si pensava più che ai bollettini delle battaglie. Poi vennero le tragedie del 1813, del 1814 e del 1815, e l'Esposizione del 1806 non fu seguita da una nuova Esposizione se non dopo un intervallo di tredici anni.

1819.

Quando al principio di quell'anno comparve l'ordinanza che fissava la data d'apertura, gli eserciti degli alleati avevano ripreso la via dell'Austria, della Prussia e della Russia, dopo un soggiorno di tre anni sul suolo francese.

Quelle brave genti che erano venute, come si sa, per salvar la Francia... o per dir meglio il trono dei Borboni, portavano seco una contribuzione di 265 milioni di franchi.

Il fatto capitale del 1819 fu l'apparizione del vapore; non già che le macchine fossero esposte isolatamente e per esse stesse, ma si ritrovava la traccia del vapore in un gran numero di prodotti che dovevano al suo impiego la loro moltiplicazione, la diminuzione del loro prezzo e la regolarità più uniforme della loro fabbricazione; citiamo a cagion d'esempio le macchine da cardare e da filar la lana pettinata.

Il numero e l'importanza delle tessitorie di cotone furono pure uno dei contrassegni nuovi e caratteristici dell'Esposizione del 1819, e la nuova industria prendendo subito lo slancio, si sparse in tutta l'Alsazia e in tutta la Normandia.

Oltre ai progetti in tutte le operazioni della filatura e nei panni, negli scialli e nei tessuti rari, si segnalò il miglioramento della coltura del baco da seta, il progresso delle tintorie nella preparazione dei vini, nell'impulso dato alla fabbricazione dell'acciajo, dell'orologeria, degli istrumenti d'ottica, ecc., ecc.

La litografia fu per il pubblico una delle più grandi attrattive di questa Esposizione, cui presero parte 1662 industriali, nello stretto spazio della corte del Louvre.

Fino a quell'anno non vi furono altre Esposizioni che in Francia. Gli altri Stati la imitarono l'anno seguente.

1823 e 1827.

Queste due Esposizioni della Restaurazione sono interessanti dal punto di vista della storia delle industrie francesi; ma sentirono molto le conseguenze degli avvenimenti.

Furono entrambe tenute nella solita corte del Louvre e si aprirono, la prima in agosto, la seconda in maggio. Il numero degli espositori non variò molto. Non fu che di 1642 nel 1823, e di 1693 nel 1827.

1834, 1839 e 1844.

Durante il regno di Luigi Filippo, essendo i tempi più calmi l'industria francese ingrandì.

L'Esposizione del 1834, che si aprì il 1.° maggio, contò 2447 espositori. Si fu obbligati di costruire un locale sulla piazza della Concordia. L'idea d'un palazzo dell'industria fu messa innanzi e discussa ardentemente dalla stampa. Si davano sopratutto ragioni economiche; nessuno prevedeva ancora che verrebbe un giorno in cui lo stesso Campo di Marte sarebbe insufficiente e gli oggetti esposti rifluirebbero sulla spianata degli Invalidi e le alture del Trocadero.

Nel 1839 gli espositori furono 3821; nel 1844 ve ne furono 3,960.

Il flotto saliva.

Queste due Esposizioni vennero fatte ai Campi Elisi.

A poco a poco la industria francese prende il primo posto in Europa. Gli scialli Ternaux, lottano in bellezza coi prodotti delle Indie; la manifattura dei Gobelins si assicura il primato per le tende e i tappeti in lana. Importanti fabbriche sono stabilite a Parigi e a Beauvais, e fin dal 1834; i tappeti d'Aubusson acquistano la loro giusta riputazione. Il cauciù comincia ad esser bene impiegato. La fabbricazione dello zucchero indigeno diventa considerevole. Gli istrumenti aratorii sono in serio progresso. La consumazione del carbon fossile aumenta. Le miniere di rame e marmi si moltiplicano; ma allora la ricchezza principale minerale della Francia è il ferro, la cui consumazione è addoppiata in venti anni.

Il vapore e le ferrovie, aumentano in proporzione quasi favolosa la forza produttiva delle officine metallurgiche.

È l'epoca in cui compariscono gli Schneider, i Cail, i Durenne e cento altri che debbono portar tant'alto la prosperità e lo splendore della metallurgia francese.

Poi i fabbricanti d'istrumenti chirurgici, gli ottici, gli orologiari fanno meravigliosi progressi, mentre la chimica industriale comincia, durante questo periodo, la serie delle sue scoperte feconde, e l'illuminazione a gaz facilita il lavoro delle officine.

1849.

La Repubblica del 1848, malgrado lo stato di convulsione dell'Europa, non esitò a far la sua Esposizione nazionale dei prodotti dell'industria.

Si parlò di collocarla alle Tuileries; ma il palazzo non aveva che una superficie di 6000 metri, e nel 1844 ce n'erano voluti 24,000.

Si trattò allora nuovamente di costruire un palazzo permanente nei Campi Elisi, progetto abbandonato perchè si prevedevano i futuri ingrandimenti, ma si decise la costruzione di due edifizi per gli animali viventi. Il governo non sperava una vera Esposizione dell'agricoltura; ma voleva dare questa prova d'interesse e di fiducia ai produttori agricoli, e ciò fu l'onore della seconda Repubblica e il carattere più notevole dell'Esposizione del 1849, che s'aprì il 1° maggio ai Campi Elisi con un numero considerevole di espositori.

L'industria francese rispose a ciò che si attendeva da lei. Le commozioni politiche, le inquietudini degli anni precedenti avevano illanguidito il lavoro; nondimeno tutte le officine si trovarono pronte. E ci fu tanto maggior ardore a prender parte al concorso, che se ne sperava, e con ragione, la ripresa degli affari.

L'elettricità comincia a mostrar la sua applicazione; la fotografia fa la sua comparsa; le locomotive sono perfezionate; tutte le industrie, in una parola, hanno progredito, ma sopratutto i prodotti chimici e le macchine agricole.

Qui termina la nomenclatura delle Esposizioni francesi, che dovevano infallibilmente diventar Esposizioni internazionali.

Esposizioni internazionali.

Si era pensato a render l'Esposizione del 1849 internazionale. L'idea della fratellanza dei popoli era una di quelle che la Rivoluzione di febbrajo aveva rese popolari.

In origine le Esposizioni nazionali erano una delle forme della guerra che i popoli si facevano fra essi. Le relazioni stabilite attraverso il mondo dal vapore e dai telegrafi, sono un avviamento verso la soppressione delle frontiere, e l'appello agli stranieri, è il principio del libero scambio. L'Inghilterra lo comprese, ed è a Londra che fu tenuta, nel 1851, la prima Esposizione internazionale, alla quale i francesi figuravano per un decimo degli espositori.

I parigini non tardarono ad imitar l'esempio de' loro vicini ed a far meglio di essi, malgrado la splendida riuscita della loro Esposizione.

1855.

Il numero degli espositori a Parigi, alla Mostra universale e internazionale del 1855, fu per la sezione dell'industria di 21,779, divisa per metà fra i paesi esteri e la Francia; così pure per la sezione delle Belle Arti e dell'Agricoltura; in tutto, quasi 30,000 espositori.

In quell'occasione fu costruito il palazzo dell'Industria ai Campi Elisi, palazzo troppo piccolo, quantunque di 56,000 metri quadrati; si dovette costruire un annesso sulla riva e un locale speciale per le Belle Arti a piè della collina del Trocadero e fin d'allora apparve evidente che ciò non potrebbe bastare alle Esposizioni seguenti.

1867.

Nel 1867 bisognò emigrare al Campo di Marte, e questa Esposizione parve colossale. E per quell'epoca lo fu.

In totale 52,000 espositori. Ne vennero dalla Persia, dalla China, dal Giappone, dal Siam, da Tunisi, dal Marocco, da tutte le repubbliche americane. Quasi tutti i sovrani, il sultano compreso, si recarono a visitarla. Si valuta a più di 140,000 il numero medio dei visitatori d'ogni giorno; e a 30 milioni il loro numero totale.

Giungendo all'Esposizione, che cuopriva una superficie di 165,816 metri quadrati, il visitatore si trovava nel parco, in mezzo a cui sorgeva il palazzo formante un ellisse.

Un immenso giardino si trovava nel centro di questo palazzo diviso in sette gallerie concentriche e tagliate da sedici strade dividenti le gallerie in settori, di maniera che facendo il giro della galleria ci si trovava nel medesimo gruppo, e se, invece, s'andava in linea retta, si restava nella medesima nazione e si poteva studiar a nostro bell'agio l'insieme d'un gruppo e l'insieme del paese.

Non entreremo qui nei particolari dei progressi industriali; ci abbisognerebbe per ciò uno spazio troppo considerevole, e noi ci contentiamo di rinviare i nostri lettori cui questi studi interessano, al rapporto di M. Chevalier, pubblicato nel 1868.

1878.

Fra due date, 1867 e 1878, stanno la guerra, l'invasione tedesca, la caduta del secondo impero, la fondazione della terza Repubblica, la dispersione degli eserciti francesi, lo smembramento delle provincie, le perdite materiali in numerario, in edifici e in istrumenti di lavoro, perdite che si possono arditamente portare a più di dieci miliardi.

Quando nel 1876 si decise di mantener la promessa fatta, erano appena due anni che le ultime truppe tedesche avevano evacuato il territorio francese. La Francia non possedeva una costituzione regolare che da quattro anni; i suoi eserciti non erano stati riorganizzati. Ma non si arretrò. Nondimeno i preparativi dell'Esposizione furono attraversati da gravi avvenimenti politici; una lotta ardente fu ad un tratto suscitata fra la Repubblica e i partiti ostili; per un momento si potè credere imminente una nuova rivoluzione. Nè le lotte interne, nè le preoccupazioni esterne, nè lo stato degli opifici e degli affari commerciali, incepparono la presa risoluzione.

Nulla era terminato però per la data fissata. Si aprì ad ogni costo. La parola della Francia fu mantenuta. Quindici giorni dopo, tutti gli impianti erano terminati e il palazzo brillava di tutti i suoi splendori, e la Francia dette la prova della sua potente vitalità, dimostrando una volta di più che si può vincerla ma non abbatterla.

Con la Repubblica, le officine si erano rialzate; la forza materiale rinasceva e la forza morale era aumentata. Le due Camere fecero prova di patriottismo e di fede e non si deve dimenticare la parte che presero all'opera Teisserenc de Bort, ministro del Commercio, sotto la presidenza del maresciallo Mac-Mahon, e l'ingegnere Krantz, direttore dei servizi.

Non enumereremo nemmeno le meraviglie di questa Esposizione del 1878; esse sono ancora presenti a tutte le memorie, e basta ricordare che tutte le ricchezze del mondo e tutti i capolavori della mano d'opera furono concentrati per parecchi mesi fra la Scuola militare e le alture del Trocadero, in uno spazio di 745,530 metri quadrati.

Il 1889 ha sorpassato questa misura, e si sa in quali proporzioni quasi favolose!

Utilità delle Esposizioni.

« L'Esposizione del 1889 — diceva recentemente uno dei direttori generali incaricati d'organizzarla — deve essere considerata come un *oasi* in mezzo allo straripamento attuale della politica, della sua effervescenza e de' suoi avvenimenti. Il mondo delle arti, delle industrie e degli affari, non deve dimenticare, alla vista ed all'ombra della bandiera dell'Esposizione, che gli uomini possono esser divisi, ma non sulle questioni che interessano lo sviluppo effettivo del benessere materiale e morale delle classi, il progresso tecnico ed economico — industrialmente legato al progresso sociale — l'avvenimento razionale del bello e dell'utile. »

FINE.

INDICE DELLE MATERIE

Prefazione	5
Introduzione	7
Arrivo a Parigi	11
Alberghi	12
Ristoranti e Trattorie	16
Caffè e Birrerie	18
Nostro itinerario. — Otto e quindici giorni a Parigi	33
I Musei	39
I Palazzi	66
Manifatture	104
Chiese	105
Torri, Archi, Statue, Colonne, Fontane e Obelischi	141
Servizio delle Acque	155
I bastioni (*boulevards*)	159
Piazze, Vie e Passaggi	166
Senna, Quai, Ponti, Porti	176
Giardini, Squares, Passeggiate	181
Provvisioni di Parigi	209
Mercati, Macelli, Depositi di vini, Docks e Palazzo delle vendite	210
Quartieri generali, Caserme, Arsenale, Magazzini militari, ecc.	216
Assistenza pubblica, Ospitali, Ospizi ed altre istituzioni	219
Monte di Pietà, Casse di Risparmio, di Previdenza, ecc.	223
Tribunali e Prigioni	225
Morgue e Cimiteri	228
Cave, Catacombe e Fogne	230
Biblioteche e Gabinetti di Lettura	234
Collegio di Francia, Università, Scuole e Conservatorii	238
Scuole d'Applicazione, primarie, professionali, straniere, Seminarii, ecc.	242
Grandi Corpi dello Stato e Ministeri	245
Amministrazioni diverse	247
Ambasciate, Legazioni, Consolati	249
Omnibus	251
Quadro delle diverse linee percorse dagli omnibus e lettere corrispondenti	253
Itinerario e indicazione delle linee	254
Omnibus delle Comuni suburbane, corrispondenti colle linee interne di Parigi	268
Tramway	269
Tramway-Nord	272
Tramway-Sud	275
Battelli-Omnibus	277
Teatri, Circhi, Caffè-concerti e Balli	280
Sport	298
Rimpatrio	301
Storia dell'Esposizione	303

INDICE DELLE INCISIONI

1	Stazione di Parigi	11
2	Grand-Hôtel, Hôtel Scribe e Grand-Café	13
3	Corte d'onore del Grand-Hôtel	15
4	Sala da pranzo del Grand-Hôtel	17
5	Sala da pranzo dell'Hôtel du Louvre	19
6	Restaurant Ledoyen	20
7	Caffè Riche	21
8	Caffè della Rotonda	23
9	Bagni della Samaritana	25
10	Facciata principale della corte del Louvre (al mezzo del padiglione Sully)	41
11	Un padiglione della corte del Louvre	42
12	Galleria d'Apollo	43
13	Salone quadrato	44
14	Grande Galleria del Louvre	45
15	Padiglione di Enrico IV	47
16	Sala delle Cariatidi	51
17	Sala delle sculture antiche (la Venere di Milo)	53
18	Palazzo di Cluny	58
19	Interno del Museo di Cluny	59
20	Il Louvre a volo d'uccello	67
21	La colonnata del Louvre	69
22	Padiglione Richelieu	71
23	Palazzo delle Tuileries prima dell'incendio del 1871	72
24	*Tuileries*. — Padiglione di Flora	73
25	*Piazza del Carosello*. — Porticina di San Pietro	75
26	Palazzo Reale, facciata verso la piazza	76
27	Galleria d'Orléans	77
28	Palazzo del Lussemburgo	78
29	Palazzo degli Invalidi	79
30	Cupola degli Invalidi	80
31	Tomba di Napoleone I	81
32	Facciata del Palazzo di Giustizia	82
33	Nuova sala dei Passi Perduti nel Palazzo di Giustizia	83
34	Torre dell'Orologio	84
35	Galleria di S. Luigi	85
36	Cortile del Palazzo delle Belle Arti	86
37	Palazzo del Corpo Legislativo	87
38	Palazzo dell'Istituto	88
39	La Borsa	89
40	Interno della Borsa	90

41 Palazzo delle Monete 91
42 Palazzo dell'Industria 93
43 Palazzo di Città 95
44 Palazzo Pompejano 97
45 Palazzo di Sens 99
46 Casa di Francesco I 100
47 Casa dove morì Corneille, in Via d'Argenteuil . . . 101
48 Notre-Dame 106
49 Abside della Chiesa di Notre-Dame 107
50 *Notre-Dame*. — Facciata dal lato meridionale . . . 108
51 Sant'Ambrogio 110
52 Interno della Santa Cappella 111
53 Interno della Chiesa di Sant'Eustachio 112
54 Santa Genoveffa 115
55 S. Germano l'Auxerrois 117
56 S. Gervasio e Protasio 119
57 La Maddalena 121
58 Interno della Maddalena 122
59 S. Merri 123
60 Nostra Signora delle Vittorie 125
61 S. Rocco 126
62 La Sorbona 127
63 S. Stefano del Monte 129
64 Interno della Chiesa di S. Stefano del Monte . . . 130
65 S. Sulpizio 131
66 La Trinità 133
67 La Valle di Grazia (*Val de grâce*) 135
68 S. Vincenzo di Paola 137
69 Chiesa russa 138
70 La Sinagoga della Via della Vittoria 139
71 Arco di Trionfo della Stella 142
72 La Marsigliese, di Rude (*Arco della Stella*) 143
73 Arco di Trionfo del Carosello 144
74 Porta S. Dionigi 145
75 Porta S. Martino 146
76 Statua d'Enrico IV, sul Ponte Nuovo 147
77 Monumento a Leone Gambetta 148
78 Fontana Louvois 149
79 Fontana degli Innocenti, nello stato attuale . . . . *ivi*
80 Fontana degli Innocenti, di Giovanni Goujon . . . 150
81 Fontana Molière 151
82 Fontana del Châtelet 152
83 Fontana Wallace 153
84 Pompe a fuoco di Chaillot 155
85 Spaccato del laboratorio del parco di Passy, nel momento in cui l'acqua che sgorga è giunta al livello del suolo . . 157
86 Vetture parigine 160
87 Boulevard Montmartre 161
88 Boulevard S. Michele 163
89 Piazza della Concordia 165
90 Piazza dell'Opera e Via della Pace 167

INDICE DELLE INCISIONI

91 Piazza e Colonna di Luglio della Bastiglia	.	168
92 Statua della Repubblica	.	169
93 Piazza e Colonna Vendôme	.	170
94 Piazza delle Vittorie	.	171
95 Piazza della Repubblica e Caserma Principe Eugenio	.	173
96 Il nuovo Ponte del Cambio, Palazzo di Giustizia ed i Teatri Lirico e del Châtelet	.	174
97 Ponte delle Arti tra il Louvre e l'Istituto	.	175
98 Ponte Nuovo	.	177
99 Ponte Nuovo e Magazzini della Bella Giardiniera	.	178
100 Ponte d'Auteuil, destinato al passaggio della ferrovia di Cintura	.	179
101 Giardino delle Tuileries	.	183
102 Fontana di Giacomo de Brosse	.	185
103 Rotonda dell'Elefante	.	186
104 Fossa dell'Orso	.	ivi
105 Loggie degli animali feroci	.	187
106 Grande uccelliera	.	ivi
107 Anfiteatro delle scimie	.	ivi
108 Serre	.	188
109 Parco di Monceaux: la Naumachia	.	189
110 Parco delle Buttes-Chaumont	.	191
111 Buttes-Chaumont	.	192
112 Torre di S. Giacomo	.	193
113 Grande viale dei Campi Elisi	.	195
114 Bosco di Bologna: il lago ed il châlet	.	196
115 Rotonda delle quercie presso il lago d'Auteuil	.	197
116 Lago d'Auteuil	.	198
117 Grande cascata del bosco di Bologna	.	199
118 Acquario del giardino d'acclimatazione	.	200
119 Bigatteria del giardino d'acclimatazione	.	201
120 Grande serra del giardino d'acclimatazione	.	203
121 Cappella S. Ferdinando	.	204
122 Veduta generale di Vincennes, presa dal lato del bosco	.	205
123 Cappella del castello di Vincennes	.	206
124 Porta d'entrata del castello di Vincennes	.	207
125 Mercati centrali	.	210
126 Interno dei Mercati centrali	.	211
127 Mercato del grano	.	212
128 Mercato del Tempio	.	213
129 Scuola militare	.	217
130 Grande scala del Tribunale di Commercio	.	227
131 Grande fogna collettiva	.	230
132 Parigi sotterraneo	.	231
133 Catacombe	.	232
134 Biblioteca Nazionale	.	233
135 Scuola di Diritto	.	235
136 Corte della Scuola di Medicina	.	236
137 Conservatorio delle Arti e Mestieri	.	237
138 Scuola di Chartres	.	239
139 Scuola Politecnica	.	240
140 Scuola Centrale delle Arti e Manifatture	.	241

141 Osservatorio 243
142 Ministero degli Affari Esteri 245
143 Banca di Francia 247
144 Teatro dell'Opera 279
145 Scalone del Teatro dell'Opera 281
146 Ridotto del Teatro dell'Opera 283
147 Teatro Francese 285
148 Teatro Lirico 286
149 Teatro del Vaudeville 287
150 Teatro delle Varietà 288
151 Teatro della Porta S. Martino 289
152 Teatro della Renaissance 290
153 Teatro della Gaîté 291
154 Circo dei Campi Elisi 292
155 Panorama Nazionale 293
156 Concerto dei Campi Elisi 294
157 Caffè-Concerto des Ambassadeurs 295
158 *Corse del Bosco di Bologna.* — Ippodromo di Longchamps. 297
159 Ippodromo di Chantilly 299

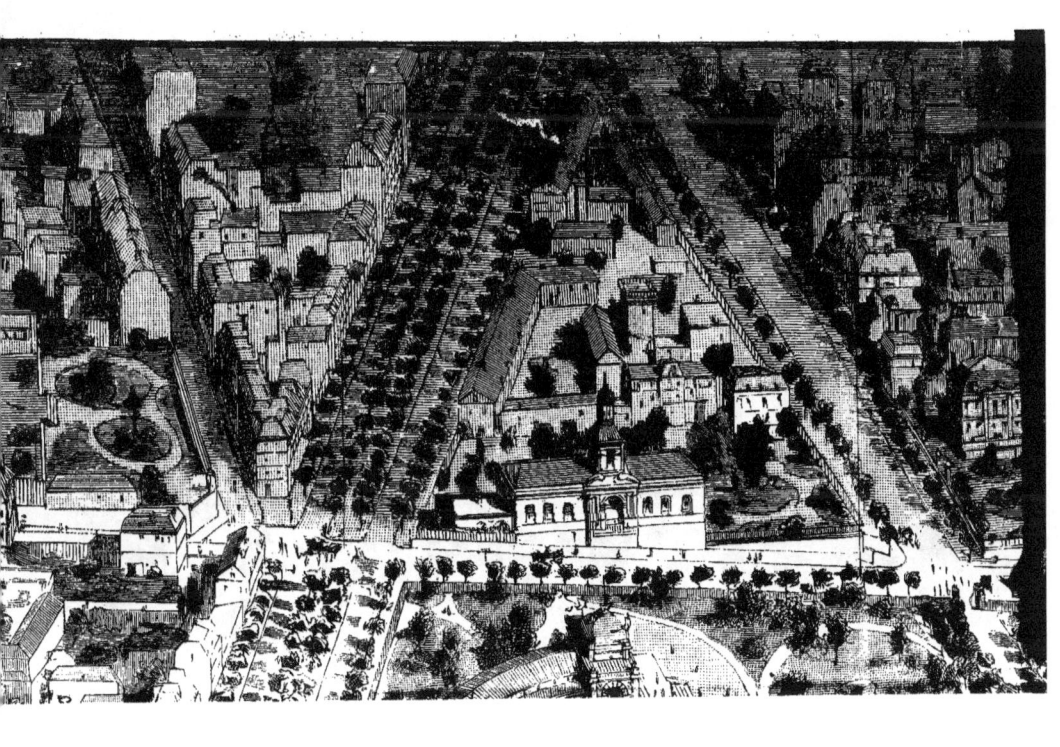

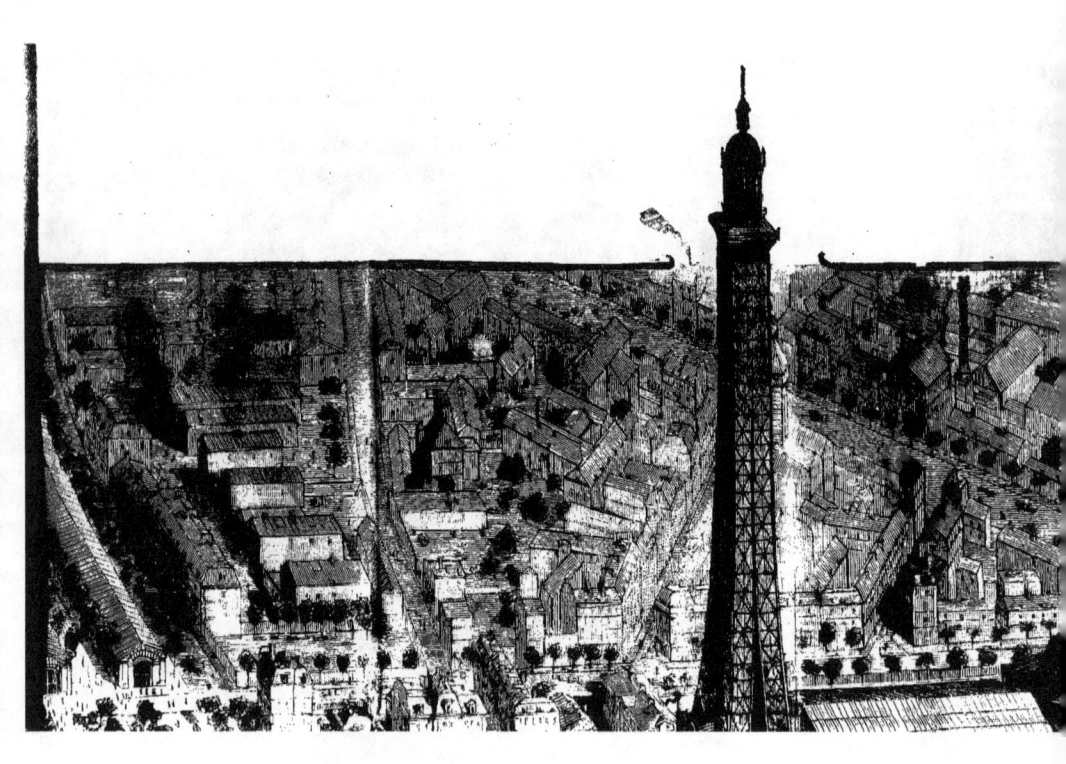

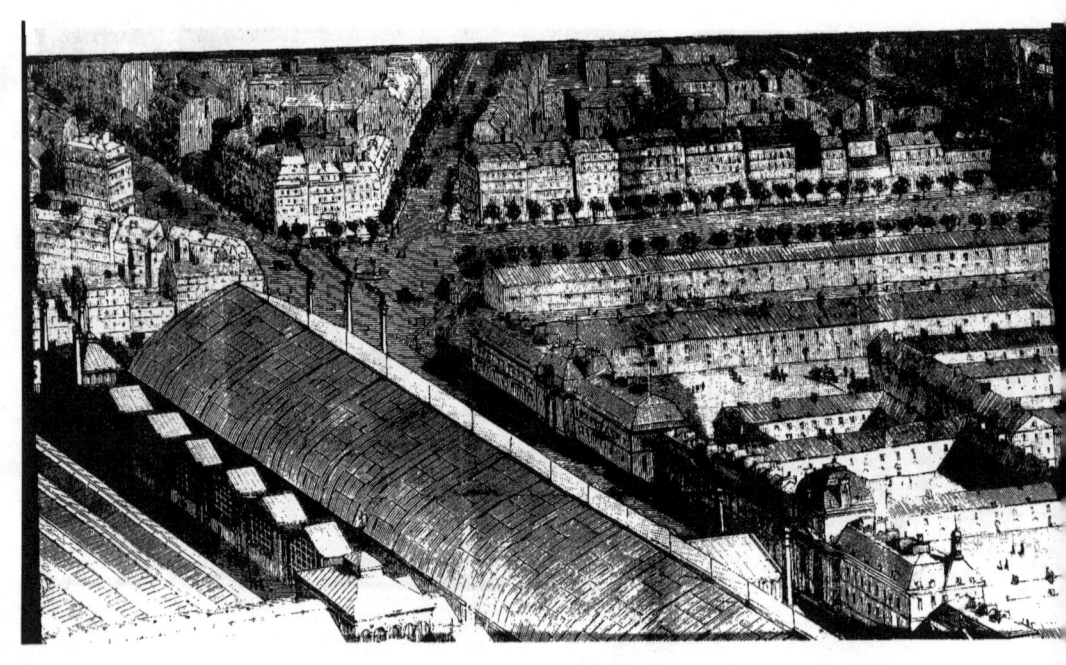

PIANO GENERAL
DELLA
Esposizione di Parigi d

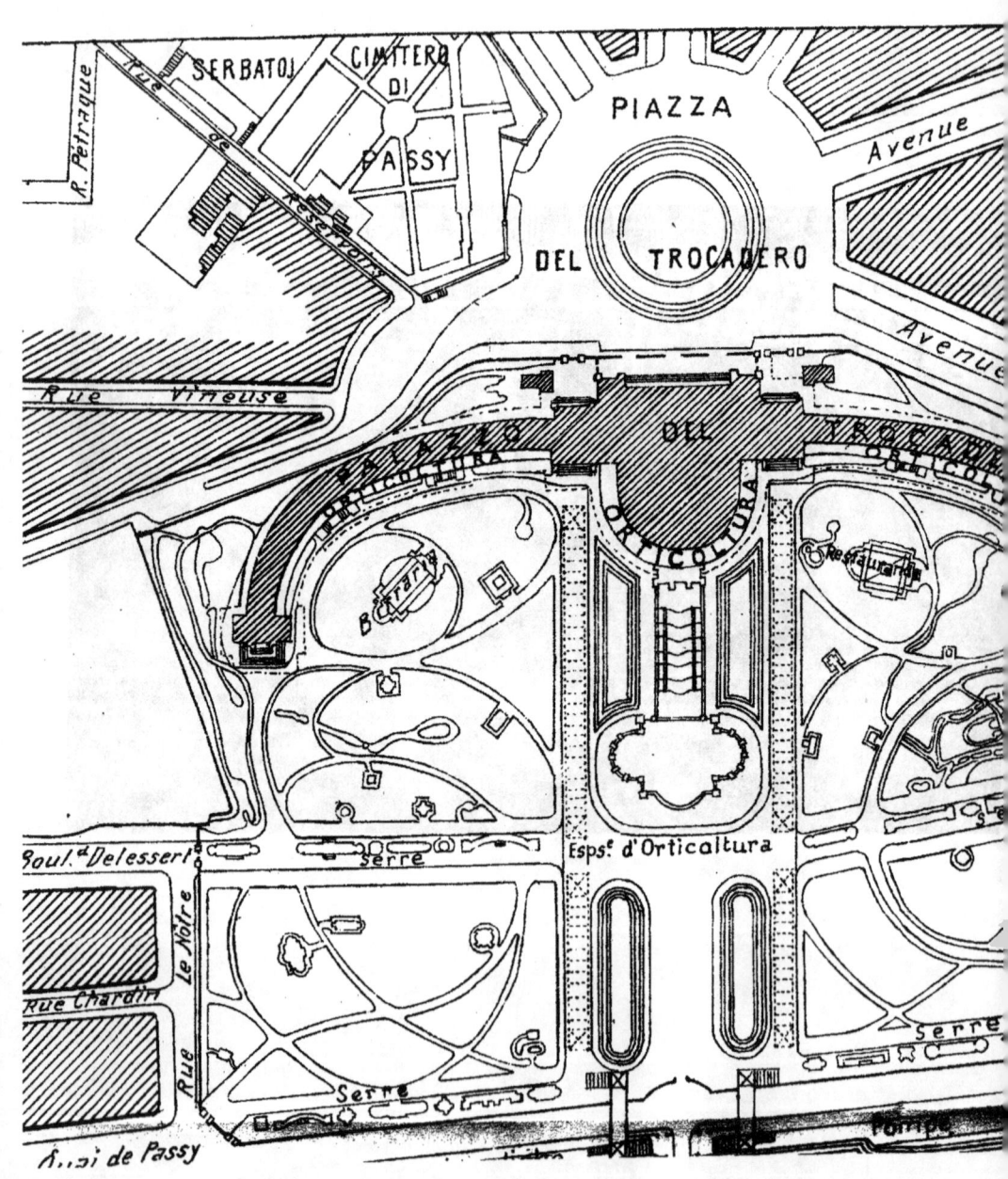

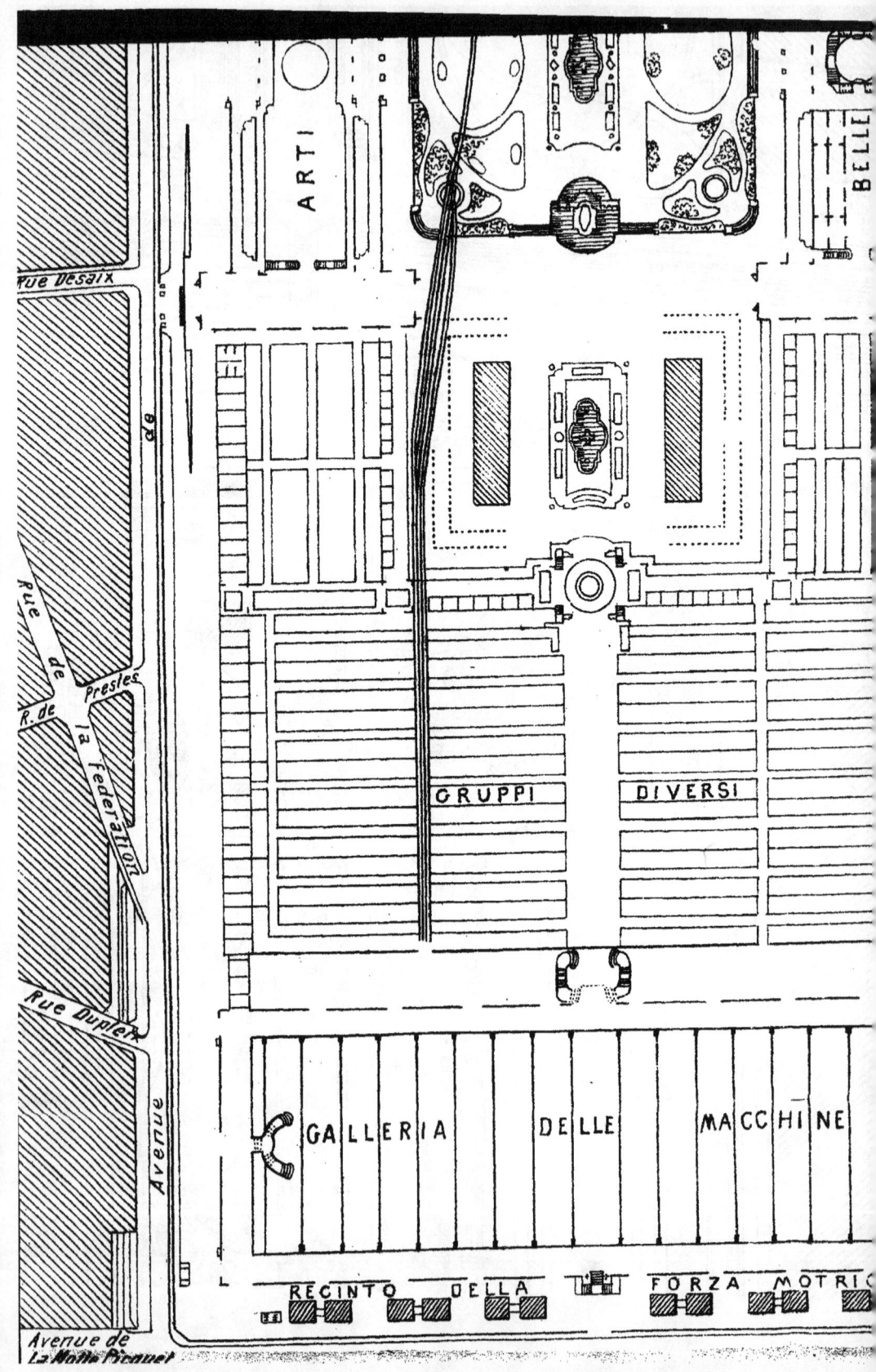

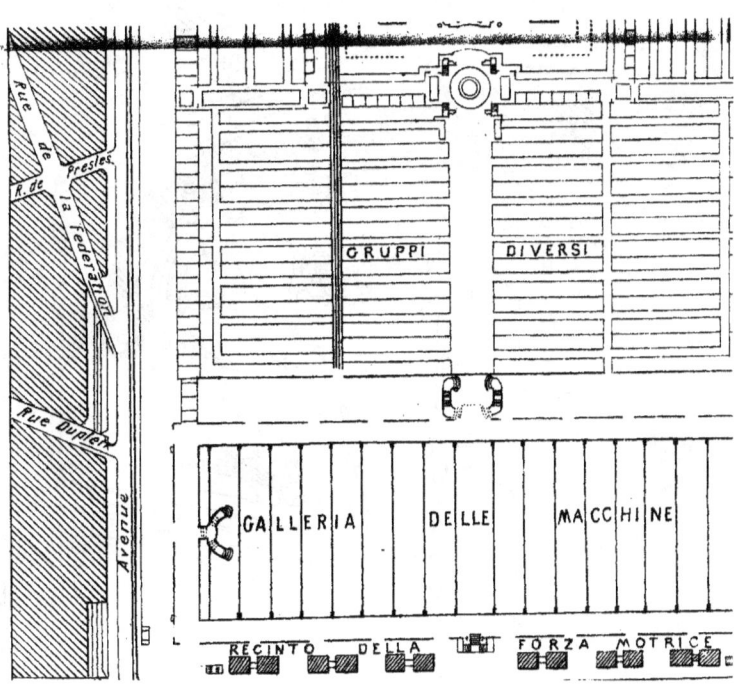

one di Parigi del 1889.

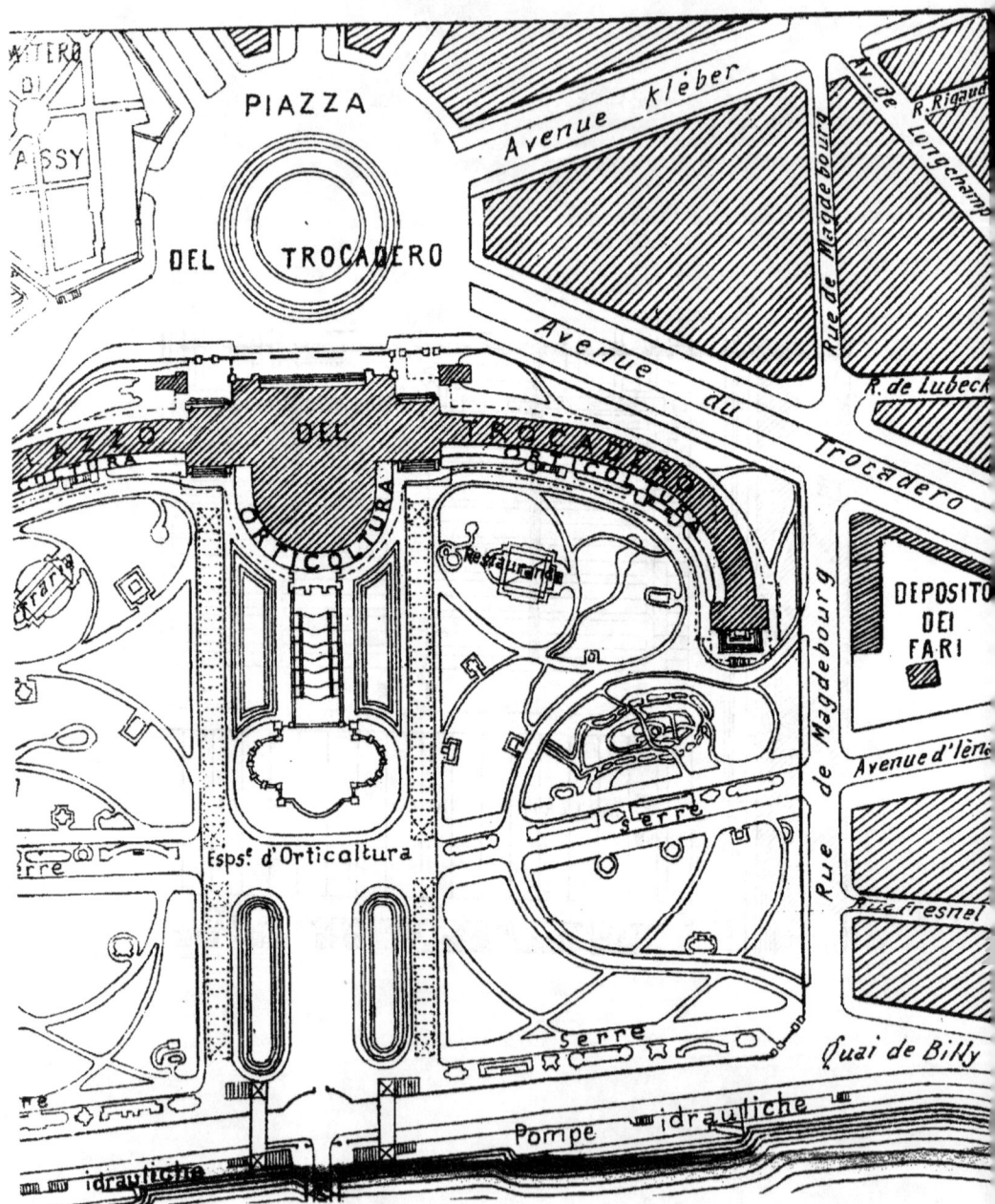

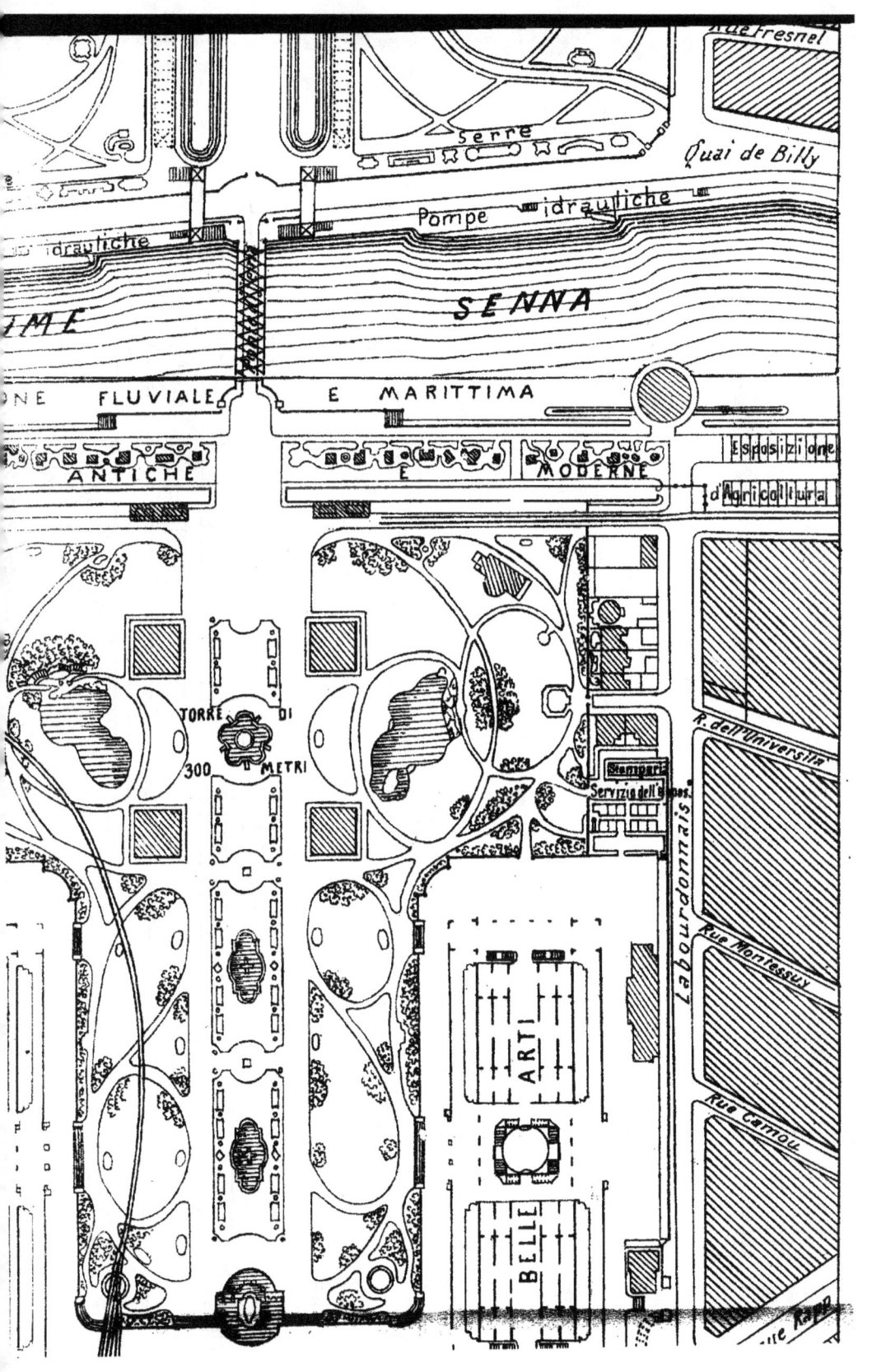

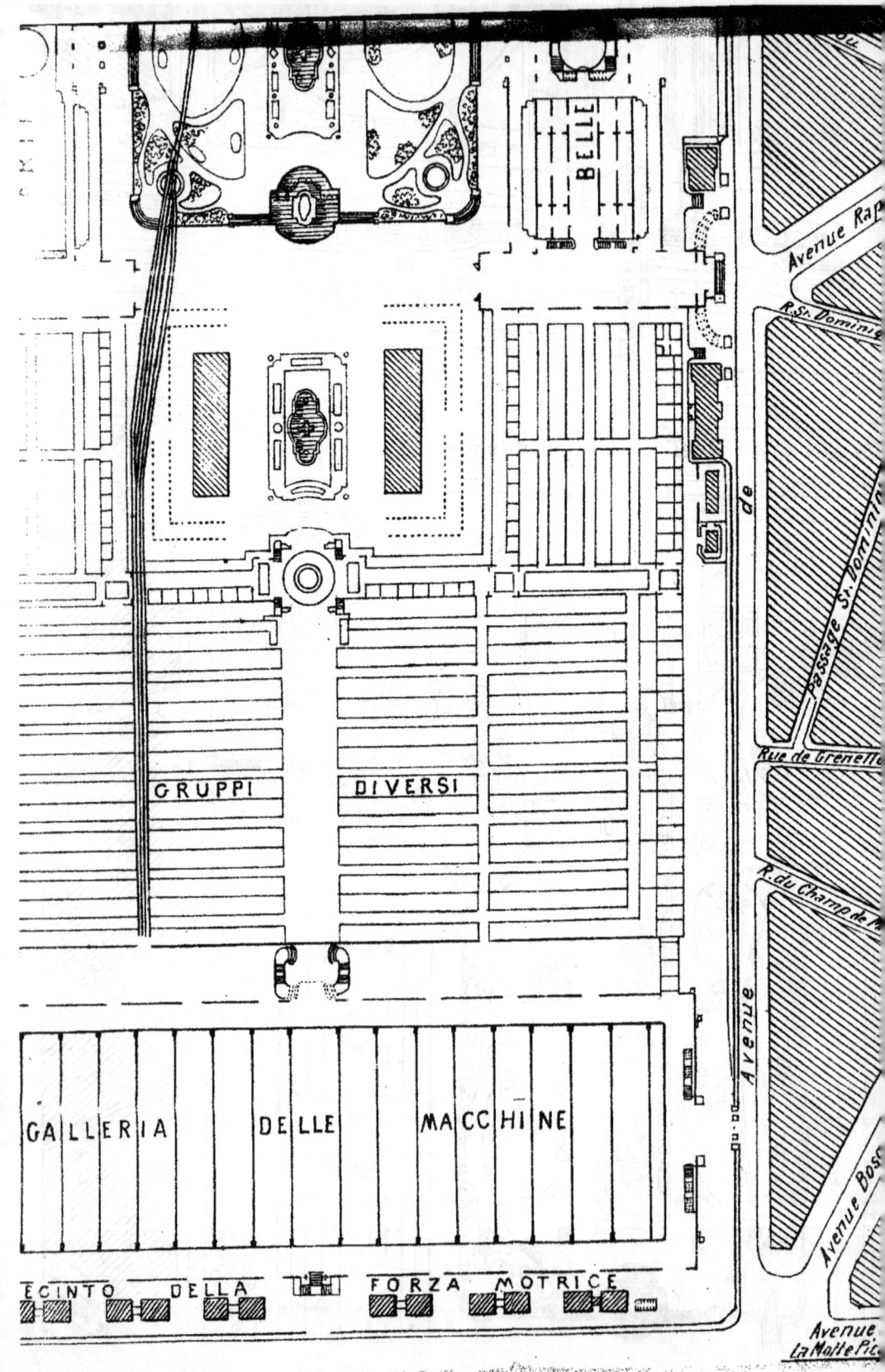

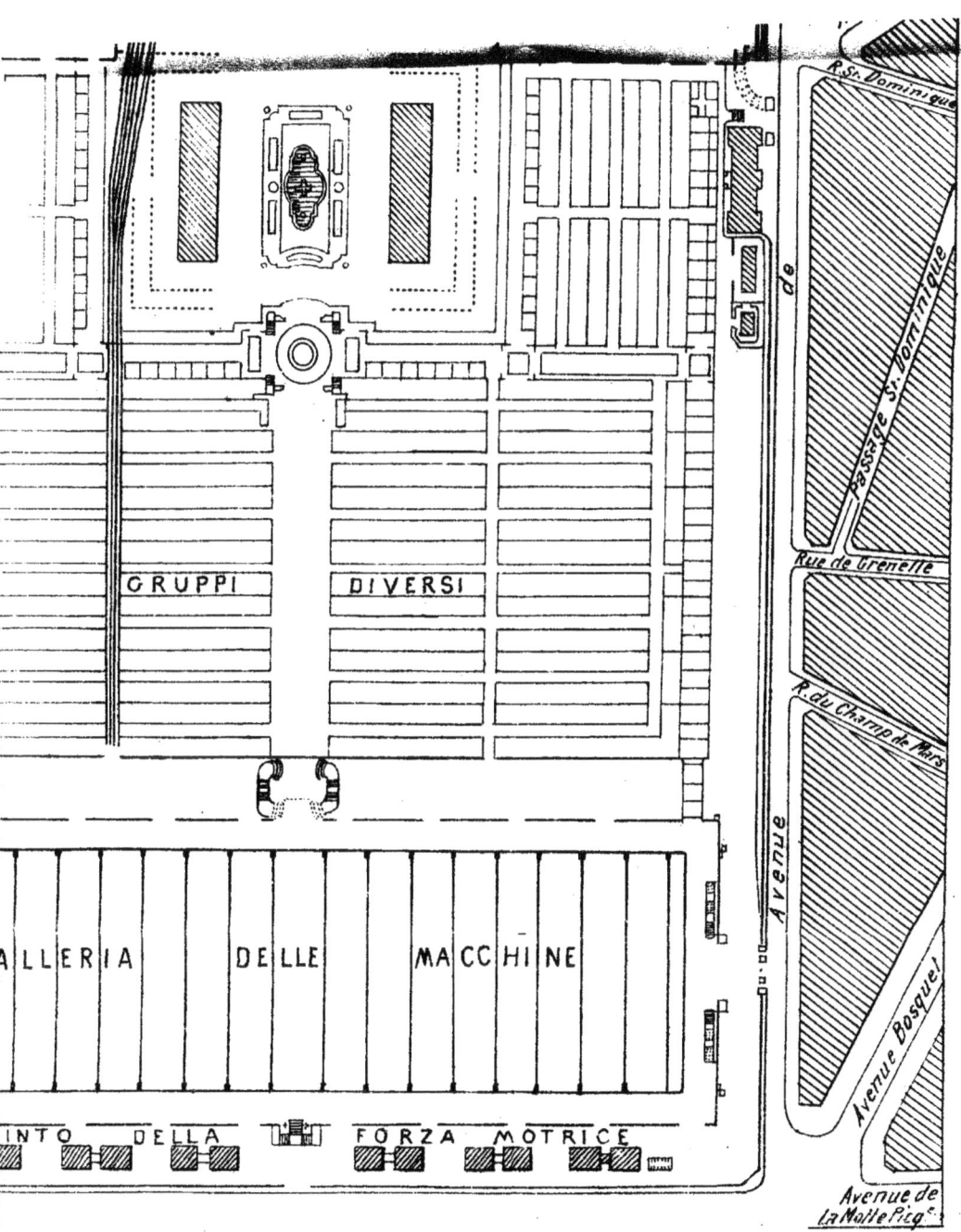

www.ingramcontent.com/pod-product-compliance
Lightning Source LLC
Chambersburg PA
CBHW050805170426
43202CB00013B/2566